생각은 내가 아니요 내속에 거하는 죄니라

생각은 내가 아니요 내속에 거하는 죄니라

초판 1쇄 인쇄 | 2016년 1월 15일
초판 1쇄 발행 | 2016년 1월 22일

지은이 | 김종수
교정/편집 | 이수영 / 권윤미
표지 디자인 | 권윤미
펴낸이 | 서지만
펴낸곳 | 하이비전

신고번호 | 제 305-2013-000028호
신고일 | 2013년 9월 4일 (최초 신고일 : 2002년 11월 7일)

주소 | 서울시 동대문구 신설동 97-18 정아빌딩 203호
전화 | 02) 929-9313
홈페이지 | hvs21.com
E-mail | hivi9313@naver.com

ISBN 978-89-91209-53-4 (03200)

값 15,000원

생각은 내가 아니요 내 속에 거하는 죄니라

김종수 저

하이비전

이 책을 쓰는 목적

생각의 세계, 지식의 세계는 두 가지가 있습니다. 하나는 70억 인간들 속에 육신을 위해 이 땅에 살고자 하는 지식이고, 또 다른 하나는 "성경의 세계"라는 세계입니다. 두 개의 세계 중에서 이 세상에 사는 모든 사람들이 따라가는 육체를 섬기는 지식은 우리를 엄청나게 힘들게 합니다. 그뿐만 아니라 그 지식만으로 살다가는 내세(오는 세상, 죽어서 만나는 세상)에는 영원한 지옥에 갑니다. 그래서 이 지식을 따라가는 사람들에게 그것을 포기하도록 하고 끝까지 성경의 지식을 받게 하기 위해서 이 책을 씁니다.

인간은 올바른 생각을 할 수 없습니다. 예를 들면 누군가 "편하게 돈을 많이 벌고 싶습니다."라고 했다면, 돈 주는 사람 입장에서 보면 손해보고, 더 나아가면 죽으라는 것과 같습니다. 모두가 자기만 좋고 돈 벌고 싶어 하기 때문에 우리 인간은 끝없는 욕심과 자신의 생각대로 살아갑니다. 성경의 세계를 받지 않은 사람은 정상적인 삶을 살아갈 수가 없습니다. 이 땅에서 이루어지는 모든 사람들의 생각이 틀렸기 때문에 그 지식을 포기시켜야 성경의 지식이 그 사람 마음에 임하게 됩니다.

사람이 세상에 살지만 말씀이 마음에 들어오면 마음은 하나님의 세계에 들어갈 수 있습니다. 즉, 하나님의 세계가 성경의 세계이고, 성경의 세계가 하나님의 세계입니다. 인간이 태어날 때에는 성경의 세계가 없었습니다. 그래서 성경의 세계를 받으려면 꼭 한 가지 해야 되는 것이 있습니다. 바로 내 생각을 포기하는 것입니다. 그러므로 성경의 세계를 받아들이기 위해서는 우리의 세계를 당연히 완전히 포기해야 합니다.

자기 스스로 포기할 수 있는 것이 아니라 성경이 내 지식을 포기시켜줄 때 포기할 수 있습니다. 그런 후에 성경의 세계가 들어옵니다. 하지만 사람들은 자기 세계를 포기하지 못하기 때문에 성경의 세계가 들어오지 못합니다. 그렇다고 해서 성경의 세계가 없는 것이 아닙니다. 그것은 성경이 증거를 하고 있습니다. 이 증거를 바탕으로 70억 인구 전체가 자기 세계를 포기하고 대신 하나님의 세계를 넣어주기 위해서 이 책을 씁니다.

이 책을 쓰는 것이 성경으로 봤을 때는 옳은 일이지만 사람들이 봤을 때는 정신병자로 보일 수도 있습니다. 그러나 육신의 형제들도 예수님을 미쳤다고 했고, 왕도 사도 바울에게 미쳤다고 했습니다.

이 성경의 지식을 가진 사람들이 세상 사람들에게는 미친 것으로 보일 수도 있습니다. 사실 미친 것일지도 모릅니다. 왜냐하면 지금의 세상이 틀렸다는 것을 증명하려고 하는 일이기 때문입니다. 그렇기 때문에 책 속에 하나님 말씀이라는 증거로 성경 구절을 적었습니다. 이 책의 목적을 정리하면 아래와 같습니다.

· 서론 ·

우리 사람은 원래 에덴에서 살았습니다. 에덴에서 우리가 살 수 있었던 이유는 우리 마음에 하나님의 말씀이 있었기 때문입니다. 어느 날 뱀이 찾아와서 우리를 "더 잘되게 해준다."고 자기의 생각을 불어 넣었습니다. 그래서 하나님의 생각을 버리고 더 좋게 되기 위해서 뱀의 생각을 우리가 받아들였습니다. 결과는 더 좋게 된 것이 아니라 에덴에서 쫓겨나서 이 세상에 옵니다. 모든 인생들 즉, 아담의 후손들은 뱀의 지식을 가지고 살고 그 뱀의 지식 때문에 저주가 왔습니다. 그것은 바로 수고와 질병, 사망입니다.

우리 인간에게 말씀이 있을 때는 질병이 있거나 수고를 해야 되거나 죽거나 하는 일이 없었습니다. 우리가 하나님의 말씀, 하나님의 영, 하나님의 생각을 버리고 나서 뱀의 영, 뱀의 생각, 뱀의 말을 들으면서 수고와 질병과 사망을 겪게 되었습니다. 그러면 우리가 다시 우리의 생각을 버리고 끝을 내면서 하나님의 말씀을 받으면 다시 에덴으로 갈 수 있습니다.

책을 쓰게 된 동기는 하나님의 생각이 옳다, 좋다, 생명이다, 라는 것인데 우리가 도로 에덴으로 돌아가기 위해서입니다.

· 본론 ·

모든 사람을 에덴으로 돌아가게 하기 위해서 이 책을 쓰는데 그러기 위해선 성경의 내용을 인용해서 이야기를 해야 합니다. 결국 그 목적은 "너희 생각은 거짓이다." 이 말입니다. 인간의 생각은 거짓입니다. 이것을 버려야만 참 곧 진리인 하나님의 말씀이 우리 마음에 들어오는 것입니다. 우리 마음에 하나님의 말씀이 들어오면 우리는 이미 이 세상에서 사는 것이 아니라 마음은 에덴에서 살게 됩니다. 이 세상에 살지만 늘 마음은 만족한다는 것입니다.

내 생각이 끝나면 하나님의 말씀이 들어옵니다. 즉, 하나님의 말씀 안에 에덴이 있다는 겁니다. 그래서 인간의 생각이 원하는 대로 살면 수고와, 질병과 사망과 슬픔의 인생이 됩니다. 하나님의 생각에는 안식과 기쁨과 평안과 즐거움과 만족이 있습니다. 우리가 인간의 생각으로 하나님의 세계를 얻으려고 아무리 노력해도 안 됩니다. 그런데 하나님의 말씀이 들어오면 우리 마음이 변해버립니다.

우리가 열심히 노력한다는 것은 인간의 생각을 신뢰한다는 겁니다. 인간의 생각을 포기하게 되면 우리는 노력하지 않고 늘 하나님의 뜻만 바라보게 됩니다. 그러면서 그 뜻에 맞추려고 합니다. 하나님의 말씀 안에서 머물러 있으면 어떤 노력도 필요가 없기 때문입니다. 손님이 찾아와서 우리 사람이 하나님이 되고자 했다며 에덴보다 더 나은 곳을 추구한다고 유혹합니다. 그것은 뱀이 가져다준 지식으로 거짓이고 사기입니다.

결국 우리는 하나님이 된 것이 아니라 저주가 왔고 또한 하나님을 떠나게 되면서 뱀이 넣어준 생각에 맞는 세상이 만들어졌습니다. 그러나 뱀의 생각이 우리에게 진짜로 주고자 했던 것은 수고와 슬픔과 사망과 질병입니다. 그렇기 때문에 우리가 뱀이 넣어준 지식을 따라서 노력하면 노력할수록 더 불행하게 되는 것입니다.

· 결론 ·

　우리가 이 불행을 이길 수 있는 길은 이 생각을 끝내는 것입니다. 끝을 내도 우리가 끝을 낼 수가 없습니다. 오직 하나님의 말씀을 들을 때 끝이 납니다. 끝을 내고 잃어버린 하나님의 말씀이 우리 마음에 부활되면 우리의 형편은 또 다시 에덴으로 돌아갈 수 있는 조건이 됩니다. 우리가 돌아갈 수 있는 조건은 말씀이지 우리의 노력이나 우리의 행위가 아닙니다. 즉, 하나님의 말씀이지 우리의 생각은 아니라는 말입니다. 우리가 우리 생각을 신뢰하고 있는 동안은 저기 하나님의 세계로 갈 수가 없다는 뜻입니다.

　하나님의 말씀을 받아야 되는데 하나님의 말씀을 받으려고 하면 인간의 생각으로 자신을 속이고 있습니다. 그래서 우리가 어떤 노력을 하더라도 에덴에 갈 수 없습니다. 우리 생각이 끝나면 하나님의 말씀이 임합니다. 그래서 우리 생각을 어떻게든 포기를 시키기 위해서 이 책을 쓰는 것입니다.

　결론적으로 에덴에서 뱀으로 인해서 잊어버린 하나님 말씀을 우리 마음에 받게 되면 우리는 다시 "에덴으로 돌아간다."는 것입니다.

| 차례 |

이 책을 쓰는 목적

서론 ……………………………… 6
본론 ……………………………… 7
결론 ……………………………… 9

1. 세 분류의 신앙 ……………………………… 12
2. 선과 악 ……………………………… 32
3. 사람에게 구원은 없다 ……………………………… 50
4. 베드로의 믿음 ……………………………… 70
5. 하나님이 계신 곳 ……………………………… 90
6. 예수님을 찾아간 사람 ……………………………… 112
7. 질그릇 안의 보배 ……………………………… 126
8. 천국과 지옥 ……………………………… 148
9. 예수님이 찾아간 사람들의 마음 ……………………………… 162
10. 복과 저주 ……………………………… 178
11. 우리가 끝나는 날 예수님을 만난다 ……………………………… 196
12. 생명을 원했던 여자 ……………………………… 216
13. 죄에 대해서 ……………………………… 226
14. 성령의 법 ……………………………… 250
15. 완전한 믿음 ……………………………… 268
16. 자기의 포기로 이룬 기적 ……………………………… 290
17. 마음의 기적 할례 ……………………………… 306
18. 생각의 세계 ……………………………… 326

1 세 분류의 신앙

세 분류의 신앙

• 아모스 7장

14 아모스가 아마샤에게 대답하여 이르되 나는 선지자가 아니며 선지자의 아들도 아니라 나는 목자요 뽕나무를 재배하는 자로서
15 양 떼를 따를 때에 여호와께서 나를 데려다가 여호와께서 내게 이르시기를 가서 내 백성 이스라엘에게 예언하라 하셨나니
16 이제 너는 여호와의 말씀을 들을지니라 네가 이르기를 이스라엘에 대하여 예언하지 말며 이삭의 집을 향하여 경고하지 말라 하므로
17 여호와께서 이와 같이 말씀하시기를 네 아내는 성읍 가운데서 창녀가 될 것이요 네 자녀 들은 칼에 엎드러지며 네 땅은 측량하여 나누어질 것이며 너는 더러운 땅에서 죽을 것이요 이스라엘은 반드시 사로잡혀 그의 땅에서 떠나리라 하셨느니라"

에덴으로 돌아간다"는 것입니다.
아모스 선지자가 자기에 대해서 간증을 했습니다. 자기는 선지자가 아니라는 겁니다. 하나님에 대해서 공부한 사람이 아니라는

말이지요. 선지자의 아들도 아니다, 나는 하나님을 정말 본 적이 없다, 하나님에 대해서 공부한 적도 없고 하나님에 대해서 들어본 적도 없다고 했습니다. 나는 하나님의 지식과 거리가 먼 목자요, 뽕나무를 재배하는 사람이라는 겁니다. 자신의 육신을 위해서 살았던 사람이었습니다.

그런데 15절을 보면 아모스 선지자는 하나님에 대해서 공부한 것도 없고, 또 아버지가 가르쳐준 것도 없고, 자기는 육체를 따라서 뽕나무를 재배하고 양떼를 쳤다고 말합니다. 하나님에게 전혀 관심이 없었다는 것이지요. 그런데 어느 날 여호와께서 아모스를 찾아와서 데려다가 이스라엘 백성에게 예언하게 했습니다.

그래서 아모스를 선지자라고 합니다. 지금으로 말하면 하나님께서 목사의 역할을 하게 한 것입니다.

예언이 뭡니까? 다가올 일을 미리 이야기하는 것입니다. 하나님의 말씀은 미래의 지식이고, 인간의 지식은 과거의 지식입니다. 하나님의 지식은 앞으로 다가올 것, 예언, 경고, 미래의 지식입니다. 인간의 지식은 모두 경험한 것, 이미 지나간 것, 과거입니다. 아모스 선지자는 하나님의 말씀을 듣고 예언을 합니다.

16절에서는 이스라엘 백성이 하나님 이야기를 하지 말라고 합니다. 이삭에 대해서, 이삭의 자손 이스라엘에 대해서 예언하지 말라는 겁니다. 하나님의 말씀을 하지 말라고 듣기 싫다고 합니다. 그런데 아모스 선지자가 "그래, 듣기 싫으면 앞으로 어떤 일이 일어날 것인가를 이야기하겠다."고 말합니다.

17절에 하나님의 말씀을 듣지 않으면 우리들 인생에 다가올 것을 하나님이 아모스 선지자를 통해서 이야기하신다고 했습니다. 우리는 하나님의 말씀이 우리 생각에 맞지 않다고 해서 "하나님의 말씀이 틀렸어"라며 듣지 않지만, 아모스 선지자가 이스라엘 백성에게 경고한 것은 네 아내는 성읍 가운데서 창녀가 된다는 것이었습니다. 아내가 창녀가 되면 그 남편은 죽느니만 못한 끔찍한 일을 목격하게 되겠지요.

말씀을 거부하면 이것과 비슷한 상황이 됩니다. 그리고 네 자녀들은 칼에 엎어진다고 했습니다. 자녀들이 칼에 죽게 된다는 거지요. 네 땅은 측량하여 나누어질 것이라는 말은 재산도 모두 잃게 된다는 뜻입니다. 그리고 더러운 땅에서 형편없이 살다가 죽는다고 했습니다. 하나님 말씀을 듣지 않으면 어떻게 되는지 아모스 선지자가 이스라엘 백성에게 경고했어요.

아모스 선지자는 하나님에 대해서 공부한 적도 없고, 남에게 들은 것도 없고, 자기가 공부한 것도 없고, 하나님에 대해 관심도 없었어요. 그런데 하나님이 아모스 선지자를 데려다가 이스라엘에 당신의 말씀을 전하는 데 썼습니다.

저 역시도 하나님을 찾아다닌 것이 아니라 인생을 열심히 살다가 어느 날 하나님을 만나서 엄청난 하나님의 세계를 경험했습니다.

　하나님의 세계를 보고 난 후에 37년을 살아온 그 삶을 버리고 이제는 하나님의 세계에서 살 수밖에 없는, 엄청난 하나님의 세계를 경험하게 되었습니다. 아모스 선지자가 겪은 일이 저하고 똑같아서 이 말씀을 함께 나누고자 하는 것입니다. 지금 이 땅에서 많은 사람들이 하나님을 믿습니다. 이 세상을 살아가는 사람들의 믿음에 대해 분류해보겠습니다.

　첫째는 기독교인이 그리스도인의 삶이나 그리스도인의 마음에 대해서 이야기해보자고 하면 그리스도인이다 하나님의 백성이다 하나님의 사람이다, 라고 말합니다.

　2000년 전에 예수님이 말씀하실 때도 늘 "기록에는"이라는 말을 합니다. 성경을 기준으로 살았다는 겁니다. 이 분들은 오로지 하나님만 옳다는 것입니다. 이렇게 항상 하나님의 말씀을 기준으로 삼는 부류가 있고, 또 다른 한 부류가 있는데 세상 사람입니다. 세상 사람이 어떤 사람인지 한번 보겠습니다.

• **시편 53편**
1 어리석은 자는 그의 마음에 이르기를 하나님이 없다 하도다 그들은 부패하며 가증한 악을 행함이여 선을 행하는 자가 없도다
2 하나님이 하늘에서 인생을 굽어살피사 지각이 있는 자와 하나님을 찾는 자가 있는가 보려 하신즉
3 각기 물러가 함께 더러운 자가 되고 선을 행하는 자 없으니 한 사람도 없도다

어리석은 자의 마음에 "하나님은 없다"고 합니다. 왜 이런 마음이 생길까요? 인간은 자기의 내면적인 생각, 자기 생각, 자기 마음밖에 볼 수가 없습니다. 그런데 자기 마음에서 하나님을 찾으니까 하나님은 없다는 답이 나옵니다. "하나님은 없다"라는 답이 나오는 건 자기 마음에서 하나님을 찾았기 때문입니다. 자기 마음은 무엇이냐 하면 내가 살아오면서 경험한 것이지요. 경험한 것을 토대로 찾는데 하나님을 본 적이 없으니까 당연히 하나님은 없다는 결론이 나옵니다. 그리고 셋째 부류는 교회를 다니는 종교인들입니다. 종교인들의 믿음에 대해서 말씀을 나누어 보겠습니다.

• **로마서 3장**
10 기록된 바 의인은 없나니 하나도 없으며
11 깨닫는 자도 없고 하나님을 찾는 자도 없고
12 다 치우쳐 함께 무익하게 되고 선을 행하는 자는 없나니 하나도 없도다

성경에서는 분명히 의인은 없다, 한 사람도 없다고 했습니다. 깨닫는 자도 없고 하나님을 찾는 자도 없다는 겁니다. 지금 종교인들이 가진 믿음을 생각해봅시다. 종교인들에게 하나님을 왜 믿습니까? 라고 물으면 천국 가려고 믿는다고 대답합니다. 천국이 없으면 어떻게 할까요? 그 사람들은 하나님을 안 믿지요. 하나님을 내가 천국을 가기 위한 도구로 이용하는 겁니다. 세상이 힘드

니까 죽어서라도 좋은 곳에 가려고 믿습니다. 그러니 당연히 천국이 없으면 안 믿겠지요. 그것은 진정한 하나님을 믿는 것이 아니라 자기 욕심을 채우기 위해 믿는 겁니다.

이 사람들은 하나님을 믿는 이유가 좋은 곳에 가기 위해서, 내가 옳은 자가 되기 위해서, 내가 의인이 되기 위해서입니다. 내가 내 유익을 위해서 하나님을 찾으니까 성경 말씀이나 하나님에게 관심이 없습니다. 왜? 내 생각에 맞는 하나님, 내 생각에 맞는 말씀, 내 생각에 맞는 종교만을 찾기 때문입니다. 그래서 하나님을 믿는다고 하지만 실제로는 하나님을 거부하기 위해서 믿는 겁니다. 내가 의인이 되기 위해 믿는 거예요.

성경을 인간의 생각으로 풀면 용서하신 하나님이 보입니다. 예수님이 십자가에서 돌아가셨으니까 이제 나는 죄가 없다, 나는 의인이다, 그래서 나는 천국 간다고 생각하죠. 내가 의인 같으면 어떤 사람의 말도 들을 필요가 없습니다. 이미 완성되었으니까요.

또 한 부류는 예수님이 십자가에 돌아가셨다, 큰 죄는 가져가고 작은 죄는 남았다, 회개하면 용서해주신다고 생각합니다. 둘 다 틀렸습니다. 로마서 7장에 보면 사도바울이 나라는 세계를 잘 표현했습니다. "내 속에 거하는 것은 내가 아니요 죄니라"라고 했습니다. 하나님은 성경 어떤 곳에서도 죄를 용서해주지 않았습니다. 또 죄를 용서할 수가 없어요. 죄라는 것이 무엇입니까? 육신을 섬기게 하는 지식이 죄인데 사람들은 그것을 믿고 있어요. 그래서 하나님을 섬기지 않고 하나님을 못 보게 만들고 하나님과 함께하려 하지 않는 것이 죄인데 하나님이 어떻게 용서를 해줄 수 있습니까?

로마서에 보면 "육신의 생각은 하나님과 원수가 되나니 하나님의 법에 굴복하지 않을 뿐 아니라 할 수도 없다"라고 기록되어 있습니다. 육신의 생각을 가진 우리 사람들이 무엇을 위해 살아갑니까? 육신을 위해서 살아갑니다. 육신을 위해 사는 그 생각은 하나님과 원수인 사탄입니다. 하나님에 대한 믿음은 하나님이 주신 믿음이 있고, 내가 만들어 믿는 믿음이 있습니다.

이 두 가지 믿음이 있는데요. 하나님이 주신 믿음은 어떤 곳에서도 흔들리지 않습니다. 그것이 아모스 선지자가 받은 믿음입니다. 자기는 하나님과 전혀 상관이 없었고, 하나님을 알고 싶은 마음도 없었고, 알 필요성도 느끼지 못했습니다. 그런데 하나님이 아모스 선지자를 찾아오고 나서 아모스 선지자가 변한 것입니다. 하나님의 말씀을 전하는 사람으로 바뀌었습니다. 요즘 우리가 이 세상에서 하나님을 믿는다고 열심히 교회를 다니지만 오히려 하나님과 멀어지는 결과를 가져옵니다. 하나님이 주신 믿음을 가진 사람들은 어떤 상태인가요?

• 요한서 2장

20 너희는 거룩하신 자에게서 기름 부음을 받고 모든 것을 아느니라

　성경을 통해서 하나님의 기름 부음을 받았습니다. 기름이 무엇입니까? 성령, 하나님의 영을 가진 자는 모든 것을 아느니라, 라고 기록되어 있습니다. 그런데 지금 교회에서는 어떻게 가르칩니까? 목사님에게 열심히 배워야 된다고 가르치고 있습니다. 하나님의 영을 받은 사람이 누구에게 가르침을 받는다는 것은 속고 있다는 겁니다. 27절을 읽어보겠습니다.

27 너희는 주께 받은 바 기름 부음이 너희 안에 거하나니 아무도 너희를 가르칠 필요가 없고 오직 그의 기름 부음이 모든 것을 너희에게 가르치며 또 참되고 거짓이 없으니 너희를 가르치신 그대로 주 안에 거하라

　성령이, 하나님이 직접 가르친다고 했습니다. 하나님이 직접 가르친 사람이 과연 목사님에게 배워야할 게 있습니까? 하나님이 스승인데 목사님한테 무엇을 다시 배워야합니까? 지금의 종교하고 성경의 기록은 너무 다르다는 겁니다. 27절 이 말씀을 기록한 것이 26절에 나옵니다.

26 너희를 미혹하는 자들에 관하여 내가 이것을 너희에게 썼노라

너희를 가르치신 그대로 주 안에 거하라. 하나님을 믿어라. 이리 오세요. 하나님을 믿어야만 여기 와서 배웁니다. 무엇을 배워야합니까? 어디서? 미혹하는 자들에 관하여 이것을 썼다는 겁니다. 하나님이 직접 가르쳐주신다고 합니다. 요한복음 10장을 보면 예수님 말씀이 나옵니다.

• **요한복음 10장**
34 예수께서 이르시되 너희 율법에 기록된 바 내가 너희를 신이라 하였노라 하지 아니하였느냐
35 성경은 폐하지 못하나니 하나님의 말씀을 받은 사람들을 신이라 하셨거든

율법에 기록된 바 예수님은 우리 사람과 다릅니다. 예수님의 마음에는 육신을 섬기는 생각이 없습니다. 예수님이 하시는 말씀은 기록된 바 성경에 관한 이야기입니다. 성경에 하나님이 신이라고 했다는 겁니다. 사람들은 왜? 35절에 따르면 예수님이 신이라고 한 사람들이 있다는 겁니다. 하나님의 말씀을 받은 사람들을 신이라 했습니다. 제가 많은 종교인들을 만나보면 모두 오로지 자기 것만 옳다고 합니다. 성경의 기록이나 예수님의 말씀은 들으려고 하지 않습니다. 자기 것만 말하고 들으려 합니다.
제가 성경의 이 구절을 펴놓고 물어봅니다. 사람들 앞에 신이라고 하면 "아, 저 사람은 미쳤구나" 이렇게 이야기할 수가 있죠. 그런데 하나님 앞에서 "하나님! 나는 신입니다"라고 말할 수 있습

니까? 라고 물어봅니다. 그러면 이 대목에서 할 말을 잃어버립니다. 우리는 사람들 앞에서 신이라고 하면 정신병자 취급받는데, 하나님 앞에서 "하나님 저는 신입니다"라고 말할 수 있어야 된다는 겁니다. 왜일까요?

• 요한복음 1장
1 태초에 말씀이 계시니라 이 말씀이 하나님과 함께 계셨으니 이 말씀은 곧 하나님이시니라

답이 나왔습니다. 말씀을 받은 자를 신이라 했다는 겁니다. 예수님께서요.

• 시편 81장
6 내가 말하기를 너희는 신들이며 다 지존자의 아들들이라 하였으나

요한복음에 나와 있지 않습니까? 하나님을 받은 사람, 말씀을 받은 사람이 신 맞죠. 하나님이 신이니까 신 맞습니다. 그런데 이때까지 세상을 살아오면서 "나는 신이다 예수님이 내게 신이라 했기 때문에 나는 신이다"라고 말하면 저 사람 정신병자구나라고 생각할 겁니다. 우리가 성경과 하나님 말씀을 믿지 못하니까 하나님의 세계를 알 길이 없는 것이지요. 다른 구절을 더 찾아봅시다.

• 이사야서 30장

20 주께서 너희에게 환난의 떡과 고생의 물을 주시나 네 스승은 다시 숨기지 아니하시리니 네 눈이 네 스승을 볼 것이며
21 너희가 오른쪽으로 치우치든지 왼쪽으로 치우치든지 네 뒤에서 말소리가 네 귀에 들려 이르기를 이것이 바른 길이니 너희는 이리로 가라 할 것이며
22 또 너희가 너희 조각한 우상에 입힌 은과 부어 만든 우상에 올린 금을 더럽게 하여 불결한 물건을 던짐 같이 던지며 이르기를 나가라 하리라

　세상 사람들이 하나님의 사람을 알 길이 없습니다. 알 길이 없기 때문에 "미쳤다"라고 표현을 합니다. 육신의 형제들은 예수님을 미쳤다 하였고, 사도바울이 왕에게서 "바울아 너의 많은 학문이 너를 미치게 하였다"는 말을 들었습니다. 하나님의 사람들이 세상 사람들과 대화를 하면 30분 안에 미쳤다, 라는 소리를 듣든지 아니면 상대방이 하나님의 사람이 되든지 둘 중 하나가 됩니다.

　이사야서 30장 20절 말씀에도 주께서 너희에게 환난의 떡과 고생의 물을 주신다고 했습니다. 환난의 떡, 말씀을 받으면 엄청나게 힘든 형편에 처해질 수 있다는 겁니다. 크게 고생할 수 있다는 거예요. 하나님이 네 스승은 다시 숨기지 아니하시리니 네 눈이 네 스승을 볼 것이라고 했습니다. 스승을 숨기지 않는다고 하셨습니다. 그 스승이 누굽니까? 하나님입니다. 하나님의 백성은 하나님을 봅니다. 하나님은 스승을 숨기지 않습니다.

이 기록을 이해시키기 위해 예를 들자면, 세상에서도 무속인이 우리와 같은 사람으로 태어나서 신내림을 합니다. 그리고 신을 받아요. 물론 귀신이겠지만 신을 받으면 그 신이 귀신을 봅니다. 퇴마사들이나 무속인들 보면 음침한 곳에 들어가서 "아, 애기동자가 있다"고 하면서 귀신의 존재를 봅니다. 마음에 내림을 받았던 신이 귀신을 보여줘요.

그렇듯이 하나님의 백성도 이제 말씀을 받았기 때문에 말씀이 하나님을 보여준다는 겁니다. 언제까지일까요? 끝까지입니다. 하나님의 백성은 세상에서 육신을 위해 살지 않기 때문에 세상 백성들보다 훨씬 더 고생할 수도 있습니다. 그럼에도 그 입에서 스승인 하나님이 끊임없이 나올 수밖에 없다는 거지요.

그 이유는 21절을 보면 나와 있습니다. 하나님의 백성이 오른쪽으로 치우치든지 왼쪽으로 치우치든지 잘못을 할 수도 있다는 겁니다. 육체를 가졌고 우리에게 하나님이 능력을 주시지 않았기 때문에 육체가 보이고, 하나님이 안 보이면 육적으로 치우칠 수도 있습니다. 그런데 하나님이 네 뒤에서 말소리가 네 귀에 들려 이르기를 이것이 바른 길이니 너희는 이리로 가라 할 것이며라고 끊임없이 하나님이 길을 제시해준다는 겁니다. "그 길이 아니다. 이 길이다. 이 길로 가라." 이렇게 이야기하면 세상 사람들은 당연히 미쳤다라고 이야기합니다. 귀에서 소리가 들려요. 이 길이 맞다고 그러면 사람들은 어떻게 할지 22절을 봅시다.

또 너희가 너희 조각한 우상에 입힌 은과 부어 만든 우상에 올린 금을 더럽게 하여 불결한 물건을 던짐 같이 던지며 이르기를 나가라 하리라 이러면서 자기의 생각을 버리고 하나님을 따라 간다는 겁니다. 끊임없이 하나님이 하나님의 백성을 하나님의 세계로 인도한다는 것이지요. 그래서 종교인들이 목사님에게 배워야 됩니다. 언제까지 목사님한테 배우느냐면 하나님을 만날 때까지 배워야 합니다. 지금 목사님이 무엇인가를 가르친다고 하면 그 목사님은 세상을 가르치고 있는 겁니다. 하나님을 가르치는 목사님은 자기를 배우라는 소리를 안 합니다. 하나님한테 관심을 가지게 해야 하나님을 알 수가 있는데 자꾸 자기에게 관심을 가지게 해서 돈이나 내라고 합니다. 제일 나빠지게 만드는 길입니다.

믿음에 대해서 한번 찾아보겠는데요. 믿음이 무엇이냐 하면 하나님이 보이는 상태를 믿음이라고 할 수 있습니다. 믿음은 노력이 아닙니다. 아무리 사람이 노력을 해도 하나님을 볼 수 없습니다. 하나님을 언제 볼 수 있냐면 정확하게 하나님이 원하는 위치에 있으면 하나님이 찾아오십니다. 예수님 당시에도 니고데모라는 성경학자 이스라엘 선생이 예수님을 찾아왔어요. 그런데 그의 귀에 예수님의 말씀이 들리지 않았어요.

예수님이 그 니고데모에게 실망하며 "너는 이스라엘 선생으로 알지 못하느냐" 하시면서 하나님의 나라에 대해 설명했습니다.

니고데모가 "어찌 그런 일이 있을 수 있나이까"라고 말했습니다. 니고데모는 예수님을 찾아간 것이 아니라 자기의 생각을 확인하러 간 겁니다. 지금 교회 다니는 사람들도 자기 생각을 확인하러 가는 것이지 하나님의 뜻이 무엇인지 알려고 가는 것이 아니라는 거지요. 또 여기에서 믿음에서 난 의로 하나님을 만날 수 있는 위치를 가르쳐주고 있습니다.

• 로마서 9장
30 그런즉 우리가 무슨 말을 하리요 의를 따르지 아니한 이방인들이 의를 얻었으니 곧 믿음에서 난 의요
31 의의 법을 따라간 이스라엘은 율법에 이르지 못하였으니
32 어찌 그러하냐 이는 그들이 믿음을 의지하지 않고 행위를 의지함이라 부딪칠 돌에 부딪쳤느니라

하나님을 믿지 아니한 이방인들이 하나님을 만났고, 하나님을 믿으려고 열심히 한 이스라엘 사람들은 하나님을 만나지 못했다고 이야기 하고 있습니다. 세상에서는 뭔가를 열심히 해야 이룬다고 배웁니다. 성경에서는 열심히 하면 이루지 못한다고 합니다. 이방인은 어떻게 해서 하나님을 만났을까요?

이방인은 하나님을 믿지 않는 자, 하나님을 거부하는 자, 하나님에게 관심이 없는 자들입니다. 그 이방인이 어떻게 하나님을 만났을까요? 그리고 제가 하나님을 만나게 된 동기가 무엇일

까요? 저도 하나님에게 관심이 없었어요. 육체에 관심이 있었고, 돈을 많이 벌어서 당시 생각으로 어려운 사람도 도와주고 그렇게 잘 살고 싶었습니다.

말씀을 받고나서 보니까 어려운 사람을 도와준다는 것은 거짓말이었어요. 그냥 식구들하고 먹고 살다 남으면 아들에게도 물려주고 손자에게도 물려주며 돼지 같은 삶을 살려고 돈을 열심히 벌려고 노력했던 겁니다. 그런데 하는 것마다 다 망해버렸어요. 망하니까 어떤 마음이 드느냐면, 망하게 된 이유를 찾아서 조사하게 되었습니다. 망한 것을 조사하다가 저의 능력을 발견하게 되었어요. "아, 내가 망한 이유가 계산을 잘못해서, 세상이 나빠서, 형편이 안 맞아서, 돈이 없어서가 아니라" 제게 능력이 없었던 거예요. 능력이 없는데도 능력이 있는 줄 알고 헛갈려서 뭔가 열심히 하면 다 될 것 같이 느껴졌어요.

실패를 거듭하면서 제 자신이 능력이 없다는 것을 알게 되었어요. 하나님을 믿으면서 사업을 해야겠다, 하나님이 도와주면 사업은 번성할 것이다, 라는 생각을 믿고 하나님을 찾으러갔어요. 하나님을 찾으러 간 것이 아니라 내 욕심을 채우러 갔던 것이죠. 그래서 열심히 교회를 다녔어요. 저는 교회에 다닐 때도 옆에 있는 사람들은 하나님 아버지 기도도 많이 하고, 꼭 하나님 본 것처럼 하는데 저는 성격상 그렇게 하지 못했어요. 종교인들처럼 없는 것을 가지고 있는 것처럼 하지를 못했어요.

열심히 1년을 다녔는데 답이 나왔습니다.

어리석은 자의 마음에 이르기를 하나님은 없다 하느니라. "하나님은 없다"라는 답을 제가 얻었습니다. 교회 열심히 다녀서 얻은 게 하나님은 없다, 라는 답이었어요. 그리고 실제의 하나님을 만났어요. 하나님은 없다는 답을 얻었는데, 그때 당시에 내 사업을 도와주는 하나님은 없다는 답이었던 것이지요. 내 욕심을 채워주는 그 하나님, 나의 비서, 내가 시키는 대로 하는 내 종, 내 종의 하나님은 없다는 겁니다. 하나님도 없고 저도 능력이 없어서 제가 갈 곳이 없더라고요. 그런데 성경 세미나가 그 뒤에 일주일이 잡혔었는데 거기 한번 참석하고 나서 교회도 그만둬야겠다고 생각했습니다.

성경 세미나에 참석하게 되면서 실제의 하나님, 아모스에게 찾아온 하나님이 저에게 찾아왔습니다. 정말 제 마음에 이 능력도 없는 영 이것을 보여주면서 찾아왔습니다. 로마서의 '사람은 다 거짓되되 하나님은 참되시다'는 이 말씀이 제 마음에 세워지면서 "하나님이 사람이 거짓되다 하는 것은 이론은 가득 있는데 그 이론을 이룰 수 있는 능력은 없다"라는 것임을 깨달았습니다. 마귀의 지식이고 사도바울이 말한 죄라는 것입니다.

생각으로만 "야! 이거 해봐. 잘 될 거야. 부자 될 거야"라고 해서 시작했는데 두 달, 석 달, 칠 개월 뒤에 부도가 납니다. 그러면 잘 될 것이야, 라고 했던 그것은 대체 무엇이었냐는 거죠. 사기였습니다. 사기. 그래서 사람은 다 거짓되되, 라고 했던 겁니다. 거짓이 무엇이냐? 능력이 없는 것이 거짓입니다. 인간의 생각이 거짓이지요. 그것이 시키는 대로 했는데 첫 번째는 좋은 형편을 보여줍니다. 환상을 보여주죠. 그런데 계속 따라가면 결과는 망하더라는 겁니다. 시작부터 없었던 세계였던 겁니다.

그래서 이방인이 하나님을 만나게 된 동기가 생각을 열심히 섬겼던 것에 있습니다. 섬겨 보니까 그 생각이 거짓으로 드러납니다. 하나님을 못 만난 사람들은 생각을 더 섬겨서 그래요. 생각이 일어나는 대로 열심히 섬기면 "아, 이것이 사기구나. 이것이 죄구나"하면서 말씀을 받을 수밖에 없어요. 그래서 이방인들이 하나님을 만나는 이유가 이거라는 겁니다. 32장을 봅시다. 어찌 그러하냐 이는 그들이 믿음을 의지하지 않고 행위를 의지함이라 부딪칠 돌에 부딪쳤느니라 여기서 행위라는 것은 무엇입니까? 인간의 생각입니다. 인간의 생각은 사람을 움직이게 만들어요. 하나님의 말씀, 하나님의 생각은 사람에게 무엇을 하라고 하지 않습니다.

우리 인간은 에덴에서 일을 하기 위해서 창조된 건 아니거든요. 에덴에 있을 때 일을 하지 않았습니다. 하나님이 먹을 것을 다 주셨고 우리는 아무것도 안 했습니다. 그런데 우리가 왜 일을 하게 되었을까요? 말씀을 버리고 하나님을 버리고 종의 영, 마귀의 영에게 빠진 겁니다. 마귀가 무엇입니까? 하나님이 종으로 쓰기 위해서 만들었어요. 그래서 마귀는 하나님을 위해서 열심히 일을 해야 됩니다. 그 영을 우리가 받게 되면서 우리가 움직이게 되었어요. 믿음에 의지하지 않고. 믿음은 무엇입니까? 말씀입니다. 말씀에 의지하게 되면 우리는 하나님의 세계에 들어갑니다.

그런데 왜 하나님의 세계에 들어가지 못하냐 하면 자기 생각에 의지해서입니다. 그래서 "하나님 왜 믿어? 천국 가려고." 하나님의 뜻이 무엇인지 살피지 않고 내 생각을 따라서 간다는 거지요. 그래서 의의 법을 따라가지 않는 이방인은 의의 법에 들었고, 의의 법에 열심히 따라간 이스라엘 사람들은 하나님 속에 들지 못했습니다. 10장 2절 말씀을 봅시다.

• 로마서 10장
내가 증언하노니 그들이 하나님께 열심이 있으나 올바른 지식을 따른 것이 아니니라

우리가 지금 하나님을 위해서 열심히 하시는 분들이 많습니다. 이스라엘의 믿음처럼 열심히 하는 그것이 올바른 지식을 따른 것이 아니라는 거예요. 하나님을 믿으면 아무것도 안 하게 돼 있어요. 왜냐하면 내가 열심히 해버리면 하나님이 할 일이 없어요. 내가 열심히 할 바에야 하나님을 믿을 필요가 없지요. 열심히 해서 천국 가면 되니까요.

이미 뭔가를 열심히 한다는 것은 올바른 지식이 아닌 것입니다. 하나님의 뜻이 아니고, 하나님의 뜻이 아니면 그것은 사탄의 뜻이지요. 그래서 예수님이 하나님을 믿는 이스라엘 백성을 보고 너희 아비는 마귀니라, 하셨다는 겁니다. 우리가 지금 하나님을 위해서 열심히 하는 분이라면 성경을 잘 보십시오. 올바른 지식을 따른 것이 아니라는 겁니다.

2

선과 악

선과 악

• **로마서 6장**

17 하나님께 감사하리로다 너희가 본래 죄의 종이더니 너희에게 전하여 준 바 교훈의 본을 마음으로 순종하여
18 죄로부터 해방되어 의에게 종이 되었느니라

　우리는 원래 죄의 종이었습니다. 사람들은 이 죄에 대해서 전혀 모르고 있습니다. 살인하고 도둑질하고 간음하고 그런 뜻의 죄가 아닙니다. 성경에서 말하는 죄의 종은 하나님을 섬기지 않고 육신을 섬기는 생각입니다. 성경의 다른 구절을 더 살펴볼게요.

• **창세기 3장**

1 그런데 뱀은 여호와 하나님이 지으신 들짐승 중에 가장 간교하니라 뱀이 여자에게 물어 이르되 하나님이 참으로 너희에게 동산 모든 나무의 열매를 먹지 말라 하

시더냐

2 여자가 뱀에게 말하되 동산 나무의 열매를 우리가 먹을 수 있으나

3 동산 중앙에 있는 나무의 열매는 하나님의 말씀에 너희는 먹지도 말고 만지지도 말라 너희가 죽을까 하노라 하셨느니라

4 뱀이 여자에게 이르되 너희가 결코 죽지 아니하리라

5 너희가 그것을 먹는 날에는 너희 눈이 밝아져 하나님과 같이 되어 선악을 알 줄 하나님이 아심이니라

죄가 무엇인지 살펴볼까요? 하나님의 말씀에는 선악과를 먹으면 반드시 죽는다고 말씀하셨는데, 뱀이 여자에게 너희가 결코 죽지 않을 뿐만 아니라 그것을 먹는 날에는 눈이 밝아져 하나님과 같이 된다고 말했습니다. 하나님의 말씀이 아닌 지식, 즉 하나님의 지식이 아닌 또 다른 지식이 죄입니다.

분명히 하나님은 죽는다고 말씀하셨는데 뱀이 안 죽는다고 말했습니다. 하나님의 말씀이 거짓말이다, 이렇게 말한 것이 아니라 안 죽는다, 라고 새로운 가치관을 심어준 겁니다.

그 새로운 가치관 때문에 하나님의 말씀을 떠나게 한 그것이 바로 죄입니다. 죽지 않는다고 말하는 데서 그치지 않고 그것을 먹는 날에는 눈이 밝아져 하나님과 같이 되어 선악을 알 줄을 하나님이 아신다고 했습니다.

그것을 먹는 날은 어떤 날입니까? 뱀의 소리를 듣는 날입니다. 뱀의 소리를 들으면 눈이 밝아져 하나님과 같이 된다는 겁니

다. 선악을 알게 될 줄 하나님이 아신다면서 뱀은 자기의 지식을 심기 위해서 하나님을 이용했습니다. 하와는 하나님이 너무 좋은데 하나님과 같이 된다니까 아무런 의심 없이 그 말을 듣게 됩니다. 이것이 죄라는 겁니다. 하나님의 생각이 아닌 생각이 죄입니다. 성경의 생각은 무엇입니까? 하나님은 선이고 하나님이 아닌 것은 악입니다.

6 여자가 그 나무를 본즉 먹음직도 하고 보암직도 하고 지혜롭게 할 만큼 탐스럽기도 한 나무인지라 여자가 그 열매를 따먹고 자기와 함께 있는 남편에게도 주매 그도 먹은지라
7 이에 그들의 눈이 밝아져 자기들이 벗은 줄을 알고 무화과나무 잎을 엮어 치마로 삼았더라

이 사람들은 에덴에서 뱀이 오기 전에는 육체를 보지 않았습니다.

- **창세기 2장**
25 아담과 그의 아내 두 사람이 벌거벗었으나 부끄러워하지 아니하니라

뱀의 소리를 듣기 전, 선악과를 먹기 전에는 육체에 관심이 없었습니다. 이 사람들은 어디에 관심이 있었을까요?

- **로마서 8장**
9 만일 너희 속에 하나님의 영이 거하시면 너희가 육신에 있지 아니하고 영에 있나

니 누구든지 그리스도의 영이 없으면 그리스도의 사람이 아니라

하나님의 영이 우리 속에 거하면 우리가 육신에 있지 아니하고 영에 있게 됩니다. 육신을 보지 않는다, 육신에 관심이 없다는 겁니다. 하나님의 영이 있으면 육신에 관심이 없다는 말입니다. 뱀이 오기 전에는 창세기 2장 25절에서처럼 육신에 관심이 없었습니다. 옷을 벗고 있어도 부끄러워하지 않았습니다. 육체에 관심이 없어서 눈길이 가지 않았을 테니까요.

두 사람은 어디에 관심이 있었습니까? 하나님에게 관심이 있었습니다. 지금도 이 세상 사람들이 하나님의 영이 없으니까 육체에 관심이 있는 겁니다.

육체에 관심이 있으니까 돈을 벌어야 하는 겁니다. 하나님의 영이 없어지면서 뱀이 두 사람에게 무엇을 넣어줬냐면 마귀의 지식, 마귀의 영을 넣어줬습니다.

하나님의 영이 떠나가기 전에는 두 사람은 육체에 관심이 없었습니다. 뱀이 와서 하나님의 말씀을 불신시키고 자기의 지식을 두 사람에게 넣어주었습니다. 그래서 두 사람은 선악과를 먹으면 반드시 죽는다는 하나님의 말씀을 버리고 죽지 않는다는 뱀의 지식을 선택했습니다.

선악과를 먹고 첫 번째 나타나는 현상이 무엇이었을까요?

• 창세기 3장

7 이에 그들의 눈이 밝아져 자기들이 벗은 줄을 알고 무화과나무 잎을 엮어 치마로 삼았더라

뱀을 만나기 전에는 두 사람은 벗고 있었지만 벗은 줄을 몰랐습니다. 왜요? 관심이 없었으니까요. 육체에 관심이 없었기 때문에 보이지 않았던 겁니다. 그러면 무엇을 보고 있었습니까? 하나님의 영이 하나님을 계속 보여주었습니다. 그들은 에덴에서 만족했습니다. 그런데 뱀의 지식을 받고 난 뒤 하나님의 말씀을 버립니다. 선악과를 먹고 눈이 밝아져 자기들이 벗은 줄을 알게 되고, 무화과나무 잎을 엮어 치마로 삼아 몸을 가립니다. 하나님을 떠난 인생이 첫 번째로 한 일이 육체에서 부끄럽다고 느껴지는 부분을 가린 것입니다.

8 그들이 그 날 바람이 불 때 동산에 거니시는 여호와 하나님의 소리를 듣고 아담과 그의 아내가 여호와 하나님의 낯을 피하여 동산 나무 사이에 숨은지라

두 번째 부작용이 나타납니다. 하나님을 피하는 거지요. 하나님의 소리를 듣고 하나님을 피해서 동산나무에 숨습니다. 인간의 속에 육신을 보는 지식이 무엇을 하냐 하면 하나님을 피하게 만든다는 겁니다. 본능적으로 우리 인간의 지식은 하나님의 지식을 피하게 됩니다. 두 번째 한 일은 아담이 하나님을 피해서 나무 사이에 숨어버리는 것이었습니다.

9 여호와 하나님이 아담을 부르시며 그에게 이르시되 네가 어디 있느냐
10 이르되 내가 동산에서 하나님의 소리를 듣고 내가 벗었으므로 두려워하여 숨었나이다
11 이르시되 누가 너의 벗었음을 네게 알렸느냐 내가 네게 먹지 말라 명한 그 나무 열매를 네가 먹었느냐

아담은 더 이상 하나님의 소리를 들을 수가 없습니다. 하나님이 아담에게 어디 있느냐고 묻습니다. 아담이 동산에서 하나님의 소리를 듣고 '내가 벗었으므로 숨었나이다'라고 대답합니다. 내가, 라는 단어는 하나님만이 쓸 수 있는, 최고의 위치 최고의 능력자만이 쓸 수 있는 말입니다. 나를 기준으로 말하게 된 겁니다.

내가, 라는 말은 쓴다는 것은 더 이상 남의 소리를 듣지 않겠다는 겁니다. 우리가 하나님의 소리를 듣고 있을 때 우리는 주여! 라는 단어를 썼습니다. 하나님을 떠난 인생이 가장 먼저 내가, 라는 단어를 쓰면서 하나님과 같은 위치에 서고자 했습니다.

11 이르시되 누가 너의 벗었음을 네게 알렸느냐 내가 네게 먹지 말라 명한 그 나무 열매를 네가 먹었느냐

하나님이 누가 너의 벗었음을 알렸느냐고 묻습니다. 나하고 너

하고 둘밖에 없는데 네가 벗었다고 누가 이야기 했느냐는 뜻입니다. 하나님이 벗었다고 말씀하지 않았는데 아담은 벗었다는 것을 누구한테 들었냐는 것이지요. 그리고 내가 너에게 먹지 말라고 명한 그 나무 열매를 네가 먹었느냐고 묻습니다. 왜 내가 말한 것을 지키지 않았느냐, 왜 내 말을 듣지 않았느냐고 묻습니다. 왜 내 말을 버렸느냐는 말입니다.

12 아담이 이르되 하나님이 주셔서 나와 함께 있게 하신 여자 그가 그 나무 열매를 내게 주므로 내가 먹었나이다

아담은 더 이상 자기를 보는 눈이 없습니다. 그리고 남의 소리를 듣지 못합니다. 아담은 하나님이 주셔서 함께 있도록 한 여자가 내게 먹으라고 했다고 말합니다. 결론적으로 자기 잘못을 하나님 탓으로 돌립니다. 하나님이 여자만 주지 않았어도 나는 그 열매를 먹지 않았다는 변명입니다. 나는 잘못한 게 없고, 옳다는 뜻이지요.

13 여호와 하나님이 여자에게 이르시되 네가 어찌하여 이렇게 하였느냐 여자가 이르되 뱀이 나를 꾀므로 내가 먹었나이다

여자도 뱀 핑계를 댑니다. 뱀은 누가 지었습니까? 하나님이 지었습니다. 그러니까 이 여자도 자기가 열매를 먹었지만 잘못이 없다는 겁니다. 뱀이 꾀어서 먹었을 뿐이라고 말합니다. 하나님이 뱀을 만들지만 않았어도 나는 안 먹었을 거라는 뜻입니다. 마음의 위치가 더 이상 남의 소리를 들을 수 없게 되어버린 겁니다. 하나님은 아담과 하와에게 대가를 치르게 합니다. 무슨 대가일까요? 이제 아담과 하와는 더 이상 하나님의 말씀을 들을 수 없는 고장 난 사람이 되어버렸습니다.

16 또 이르시되 내가 네게 임신하는 고통을 크게 더하리니 네가 수고하고 자식을 낳을 것이며 너는 남편을 원하고 남편은 너를 다스릴 것이니라 하시고

여자에게는 임신하는 고통을 크게 더하고 수고하는 삶을 살게 합니다. 그때부터 임신의 고통이 왔고 남편을 원하게 됩니다. 왜 남편을 원합니까? 약해진 겁니다. 자신을 보호해줄 사람이 필요하게 됩니다. 그리고 남편이 여자를 다스리게 될 거라고 말씀하십니다. 다스린다는 건 내가 잘못하면 남편이 내게 벌을 줄 수 있다는 뜻이지요.

17 아담에게 이르시되 네가 네 아내의 말을 듣고 내가 네게 먹지 말라 한 나무의 열매를 먹었은즉 땅은 너로 말미암아 저주를 받고 너는 네 평생에 수고하여야 그 소산을 먹으리라
18 땅이 네게 가시덤불과 엉겅퀴를 낼 것이라 네가 먹을 것은 밭의 채소인즉
19 네가 흙으로 돌아갈 때까지 얼굴에 땀을 흘려야 먹을 것을 먹으리니 네가 그것

에서 취함을 입었음이라 너는 흙이니 흙으로 돌아갈 것이니라 하시니라

아담에게는 어떤 저주가 왔습니까? 인류의 저주가 왔습니다. 아담이 아내의 말을 듣고 열매를 먹었다는 것은 아내의 말을 듣고 하나님의 말씀은 듣지 않았다는 것이지요. 그리하여 아담이 저주를 받고 땅이 저주를 받았습니다. 아담으로 인해서 저주받은 땅은 능력이 없어지게 됩니다. 그래서 아담이 평생 수고를 해야 땅에서 거둔 소산을 먹을 수 있게 됩니다. 그 전까지 우리는 수고하기 위해서 창조되지 않았는데 하나님의 말씀을 버렸기 때문에 수고를 해야만 하게 됩니다.

땅이 가시덤불과 엉겅퀴로 덮여 먹을 것을 거두려면 수고를 할 수밖에 없습니다. 아담이 먹을 것은 밭의 채소이니 가시덤불과 엉겅퀴를 걷어내고 농사를 지으려면 죽을 때까지 얼굴에 땀을 흘려야 먹을 것을 얻을 수 있습니다. 그리고 마침내 너는 흙이니 흙으로 돌아갈 것이니라, 말씀하시며 죽음을 언급하십니다. 죽음과 수고의 고통이 왔는데 얼마만한 수고였느냐면 얼굴에 땀을 흘려야 했습니다. 얼굴에 땀이 날 때까지니까 죽도록 일해야 하는 겁니다.

여기서 뱀이 우리에게 준 것이 무엇입니까? 뱀의 지식이 우리에게 준 것은 수고와 슬픔, 질병, 사망입니다. 내 말을 들으면 수

고와 슬픔과 질병과 사망을 받을 것이라고 알려주고 선악과를 먹으라고 해야 하는데 엉뚱한 말로 유혹했습니다. 어떤 말로 선악과를 먹으라고 했냐면, 너희가 결코 죽지 아니한다, 오히려 그것을 먹으면 하나님과 같이 된다고 했습니다. 두 사람이 선악을 알 줄을 하나님도 안다는 겁니다. 왜? 우리가 선악을 알 수 있는 사람이 되어버린 겁니다.

하나님에게 선은 하나님의 선이고, 하나님이 아닌 것은 모든 것이 악입니다. 사람에게 선악은 육신에 유익이 되는 것은 선이고, 육신에 해가 되는 것은 악입니다. 인간은 들을 수 있는 한계가 있습니다. 이 땅의 모든 사람들이 육신에 유익이 되는 소리는 다 잘 듣습니다. 그런데 육신에 해가 된다는 소리는 안 듣거든요. 예수님이 땅의 일을 말하여도 듣지 아니하거든 어찌 하늘에 일을 말하면 너희가 믿겠느냐고 하셨습니다. 인간은 더 이상 남의 소리를 들을 수 없는 상태로 변해버렸습니다. 죄가 무엇이냐면 하나님을 보지 못하게 하는 것이지요. 육체를 섬기게 하는 것이 죄입니다.

• **로마서 6장**
17 하나님께 감사하리로다 너희가 본래 죄의 종이더니

우리들의 인생은 본래 죄의 종이라는 겁니다. 죄란 육체를 섬

기는 지식입니다. 모든 사람들은 자기 육체를 섬기면서 살아가고 있습니다. 그래서 배우는 것도, 좋은 대학에 가는 것도, 돈을 많이 버는 것도, 명예를 가지는 것도, 육신을 위해서 육신에 유익한 소리를 듣습니다. 육신의 소리, 그것이 죄라는 겁니다.

• **로마서 6장**
18 너희에게 전하여 준 바 교훈의 본을 마음으로 순종하여 죄로부터 해방되어 의에게 종이 되었느니라

너희에게 전하여 준 바 교훈, 이것이 무엇입니까? 하나님의 말씀입니다. 하나님의 말씀에서 본받을 바를 마음으로 순종하여 죄로부터 해방되어 의의 종이 되었다고 했습니다. 이것이 불교에서 말하는 해탈입니다. 우리가 죄의 종에서 벗어나려면 다시 의에 구속되어야 합니다.

우리가 열심히 무엇을 하면 해방이 될 것 같지만 그것 역시도 속는 겁니다. 우리 스스로가 죄에서 해방될 수가 없습니다. 교훈이 있어야 됩니다. 하나님의 말씀을 전해 들어야 된다는 겁니다. 그래서 교훈의 본을 마음으로 순종하여 죄로부터 해방되어 다시 의에게 종이 되지 않으면 죄에서 벗어날 수 없습니다.

사람들은 열심히 해서 죄로부터 해방되려고 발버둥치지만 안 된다는 거지요. 죄로부터 해방될 수 있는 조건은 의의 종이 되는 길입니다. 의에게 종이 되려면 의의 소리를 들어야 합니다. 말씀

을 들어야 된다는 겁니다.

20 너희가 죄의 종이 되었을 때에는 의에 대하여 자유로웠느니라

우리가 죄의 종이 되어 죄를 옳다고 여길 때 의에 대해서는 자유로웠다는 게 무슨 소리입니까? 의의 소리를 들을 필요가 없었다는 거지요. 죄가 옳으니까요. 의의 종이 되면 다시 죄로부터 자유로워 죄와 상관없이 살 수 있다는 겁니다.

23 죄의 삯은 사망이요 하나님의 은사는 그리스도 예수 우리 주 안에 있는 영생이니라

우리 육신을 섬기는 생각의 삯은 사망입니다. 죽음이라는 거지요. 뱀이 육신을 섬기는 지식을 우리에게 넣으면서 우리가 뱀의 지식을 받아들임으로써 하나님으로부터 너희는 흙이니 흙으로 돌아가라는 죽음을 받았습니다. 수고스럽게 일을 해야 되는 저주도 왔고, 땅 역시도 저주를 받았어요.

우리가 열심히 하지 않고는 살 길이 없습니다. 우리가 죄에서 벗어날 수 있는 유일한 길은 의에게 종이 되는 것입니다. 의의 소리에서 교훈을 마음으로 순종하고 받아들이지 않으면 우리는 죄에서 종노릇 하다가 결국은 죽어서 영원한 멸망 불 못에 들어가야 합니다. 우리가 죄에서 해방될 수 있는 길을 로마서 7장 1절에

서 가르쳐주고 있습니다.

• 로마서 7장

1 형제들아 내가 법 아는 자들에게 말하노니 너희는 그 법이 사람이 살 동안만 그를 주관하는 줄 알지 못하느냐
2 남편 있는 여인이 그 남편 생전에는 법으로 그에게 매인 바 되나 만일 그 남편이 죽으면 남편의 법에서 벗어나느니라
3 그러므로 만일 그 남편 생전에 다른 남자에게 가면 음녀라 그러나 만일 남편이 죽으면 그 법에서 자유롭게 되나니 다른 남자에게 갈지라도 음녀가 되지 아니하느니라
4 그러므로 내 형제들아 너희도 그리스도의 몸으로 말미암아 율법에 대하여 죽임을 당하였으니 이는 다른 이 곧 죽은 자 가운데서 살아나신 이에게 가서 우리가 하나님을 위하여 열매를 맺게 하려 함이라

육신을 섬기는 생각을 우리 마음에 살려두고 하나님을 믿으러 가는 것은 영적 음녀라고 했습니다. 영적 음녀는 내 생각이 끝나지 않아서 내 생각이 옳다고 여기고 하나님도 옳다고 여깁니다. 만일 그 남편 생전에 다른 남자에게 가면 음녀가 됩니다. 그러나 만일 남편이 죽으면 그 법에서 자유롭게 되나니 다른 남자에게 갈지라도 음녀가 되지 아니합니다.

우리가 영적으로 나를 보호해주는 것은 무엇입니까? 생각입니다. 생각이 열심히 살라고 시킨 대로 열심히 살면서 육신을 위하는 생각을 가지고 하나님을 믿으러 가는 것은 영적인 음녀입니

다. 다른 데 가려면 내 남편이 죽은 뒤에 가야 합니다. 예수님이 이 땅에 와서 십자가에 돌아가신 것은 우리의 생각의 마지막을 가르쳐 주기 위해서입니다.

   십자가에 돌아가시고 삼 일 만에 부활하신 것은 성경의 능력입니다. 성경의 능력을 증명하기 위해서, 말씀이 생명이라는 것을 증명하기 위해서 부활하셨습니다. 우리가 육신을 섬기는 지식을 죽이고 말씀으로 가면 이 말씀이 우리의 영혼에 임하게 됩니다.

6 이제는 우리가 얽매였던 것에 대하여 죽었으므로 율법에서 벗어났으니 이러므로 우리가 영의 새로운 것으로 섬길 것이요 율법 조문의 묵은 것으로 아니할지니라

   우리가 얽매였던 것이 무엇입니까? 바로 생각입니다. 육신을 위해서 이렇게 해야 되고, 돈을 많이 벌어야 되고, 돈을 많이 벌려면 공부를 해야 되고, 공부를 많이 하면 돈을 많이 벌수 있다는 이 많은 생각들이 우리를 얽매어왔습니다. 얽매였던 것에 대하여 죽었다는 것은 우리가 육신을 섬기는 지식에서 죽었다는 겁니다. 끝났다, 상대하지 않는다, 듣지 않는다, 죽었으므로 율법에서 벗어났다, 그러므로 영의 것은 새로운 말씀입니다. 영의 새로운 것을 섬길 것이요, 율법 조문의 묵은 것, 우리의 과거의 경험을 통하여 육신을 섬겨서는 안 됩니다. 이 법에 두 개의 법이 있습니다.

• 로마서 8장
2 이는 그리스도 예수 안에 있는 생명의 성령의 법이 죄와 사망의 법에서 너를 해방하였음이라

　우리는 해방될 수 없는 죄와 사망의 법에 있습니다. 이 세상의 모든 사람이 어디에 있냐면 죄와 사망의 법에 있습니다.

• 로마서 7장
25 우리 주 예수 그리스도로 말미암아 하나님께 감사하리로다 그런즉 내 자신이 마음으로는 하나님의 법을 육신으로는 죄의 법을 섬기노라

　우리가 육신을 섬기게 되는 것은 이미 죄의 법을 섬기기 때문에 육신이 보이는 겁니다. 우리가 육신이 안 보이면 뭐가 보입니까? 마음에서 하나님이 보입니다. 육신을 섬긴다는 것은 이미 죄의 법을 섬기는 것이기 때문에 육신이 보이는 것이지요. 육신이 보인다는 것은 이미 사망에 갇혀 있는 것입니다.

• 로마서 7장
14 우리가 율법은 신령한 줄 알거니와 나는 육신에 속하여 죄 아래에 팔렸도다

　하나님의 말씀은 신령하다는 것입니다. 그런데 나는 육신에 속하여 죄 아래에 팔렸다는 것은 내가 육신을 보게 되면서 죄를 섬기게 된다는 뜻입니다. 우리가 육신을 버리게 되면 이 육신을 섬

기는 생각은 없어져 버린다는 거지요. 하나님이 너는 흙이니 흙으로 돌아가라고 하셨습니다. 어차피 육신은 70년, 80년 뒤에 죽는다면 더 이상 육신을 섬겨야 될 이유가 없는 거지요. 육신을 섬기지 않게 되면 우리 마음은 하나님을 섬기러 갑니다. 육신을 버리지 않고 하나님께 가면 그것은 음녀가 됩니다.

영적 음녀가 얼마나 많습니까? 지금 이 세상에서 육신의 생각도 옳고, 하나님의 생각도 옳고, 하나님의 말씀도 옳다고 하는 것이 바로 영적 음녀입니다. 남편이 있는데 남편도 좋고 다른 남자도 좋다고 하면 음녀이듯이 내 생각도 좋고 하나님 말씀도 좋다는 것이 영적 음녀라고 성경은 기록하고 있습니다. 그래서 우리가 예수 안에 있는, 성경 안에 있는 생명의 성령의 법이 죄와 사망의 법에서 나를 해방할 수 있습니다.

하나님이 우리를 창조할 때 하나님 당신을 주기 위해서 100% 무능력으로 사람을 창조했습니다. 그래서 우리한테는 죄와 사망을 이길 수 있는 능력이 없습니다. 우리가 하나님에게 은혜를 입지 않고는 죄와 사망의 법에서 해방될 수 없고 그 능력도 얻을 수 없다고 성경은 기록하고 있습니다.

3

사람에게 구원은 없다

사람에게 구원은 없다

• 갈라디아서 1장

11 형제들아 내가 너희에게 알게 하노니 내가 전한 복음은 사람의 뜻을 따라 된 것이 아니니라
12 이는 내가 사람에게서 받은 것도 아니요 배운 것도 아니요 오직 예수 그리스도의 계시로 말미암은 것이라

사도바울은 성경을 통해서 우리에게 가르쳐 줍니다. 하나님의 말씀은 사람의 뜻을 따라 사람의 생각에서 나온 것이 아니라는 것입니다. 그래서 하나님의 세계는 사람의 생각으로는 알 수가 없는 세계입니다. 12절에서 말하듯이 배워서 안 것이 아니라 오직 예수 그리스도의 계시로 말미암은 것입니다.

지금 교회에서 무엇을 가르칩니까? 우리 목사님이 신학대학을 나오고 신학박사이시다, 그래서 우리 목사님에게 배워야 된다는

겁니다. 사도바울과는 너무 다른 얘기입니다. 사람에게서 받은 것도 아니고 배운 것도 아니라고 했습니다. 그러면 어디서 온 것일까요? 예수그리스도의 계시로 말미암은 것입니다. 사도바울이 하나님의 세계에 들어간 것은 사람에게서가 아니라 말씀으로 말미암아 하나님의 세계에 들어갔습니다.

17 또 나보다 먼저 사도 된 자들을 만나려고 예루살렘으로 가지 아니하고 아라비아로 갔다가 다시 다메섹으로 돌아갔노라

사도바울이 먼저 된 사도들을 만날 이유가 없어진 겁니다. 왜냐하면 말씀으로 하나님의 세계를 봤기 때문에 하나님이 이 사람을 가르친다는 것이지요.

• **요한1서 2장**
20 너희는 거룩하신 자에게서 기름 부음을 받고 모든 것을 아느니라.

하나님에게 성령을 받게 되면 모든 것을 알게 됩니다. 모든 것을 아는 사람이 누구에게 배워야 되거나 누구에게 들어야 된다면 기름부음을 받지 않았다는 말입니다. 우리가 인간의 생각을 가지고 성경을 보면 그 성경의 기록과 인간의 생각은 너무 먼 거리에 있습니다.

27 너희는 주께 받은 바 기름 부음이 너희 안에 거하나니 아무도 너희를 가르칠 필요가 없고 오직 그의 기름 부음이 모든 것을 너희에게 가르치며 또 참되고 거짓이 없으니 너희를 가르치신 그대로 주 안에 거하라

아무도 너희를 가르칠 필요가 없고 하나님이 직접 가르친다고 하셨습니다. 그래서 사도바울이 먼저 된 사도들 찾아 가야될 이유가 없어진 겁니다. 하나님이 직접 가르치는데 사도들에게 배울 필요가 없겠지요. 그러면 이 성경의 구절들과 비교했을 때 이 땅에서 하나님을 믿는 사람들이 얼마나 어리석게 하나님을 믿고 있습니까? 결국은 속고 있는 겁니다. 성경적 구원이 어떤 것인가에 대해서 말씀을 나누어 보겠습니다.

• **마태복음 7장**
13 좁은 문으로 들어가라 멸망으로 인도하는 문은 크고 그 길이 넓어 그리로 들어가는 자가 많고
14 생명으로 인도하는 문은 좁고 길이 협착하여 찾는 자가 적음이라

성경에는 두 개의 문이 있습니다. 크고 넓은 문과 좁고 길이 협착한 문이 있습니다. 성경은 살기 위해서 생명으로 인도하는 문은 좁고 길이 협착하여 찾는 자가 적다고 했습니다. 물론 전혀 없는 것이 아니기 때문에 적음이라 했지만, 적음은 다시 말하면 없다, 라고 해도 잘못된 표현이 아닙니다. 멸망으로 인도하는 문은

크고 그 길이 넓어 거기로 들어가는 자가 많다고 했습니다.

왜 사람들은 멸망으로 인도하는 그 길을 들어갈까요? 멸망으로 인도하는 길에서는 인간의 생각을 이야기합니다. 생각에 맞는 하나님의 말씀을 자기 생각에 맞추어서 생각에 맞는 교리를 만들어 그것을 하나님의 말씀이라고 얘기합니다. 나중에 보면 하나님 말씀이 아니라 인간의 생각이었다는 걸 알게 됩니다. 그런데 내 생각을 너무 사랑한 나머지 내 생각에 맞는 곳인 천국에 간다고 하면 깊게 생각하지 않고 믿어버립니다. 왜 그럴까요? 내 생각에 맞고 내가 원하는 것이기 때문입니다.

하나님의 말씀과 인간의 생각을 섞어서 교리를 만들어 전하는 곳에는 당연히 사람들이 많이 찾아갈 수밖에 없습니다. 내 생각과 같기 때문입니다. 사람들은 자기 생각을 진리라고 믿고 있습니다. 생명으로 인도하는 문은 좁고 길이 협착하여 찾는 자가 적다는 하나님 말씀은 정말 인간의 생각과 맞지 않습니다.

이스라엘에서 하나님의 말씀을 전하다가 스데반이라는 선지자는 돌로 맞아 죽었습니다. 그것이 무슨 뜻이냐면 하나님의 말씀을 제대로 전한다면 지금도 돌로 맞아 죽을 수 있다는 겁니다. 그리고 예수님은 하나님의 말씀을 전하다가 십자가에 못 박혀 돌아가셨습니다. 그것은 무엇을 뜻합니까? 인간이 가장 싫어하는 것이 하나님의 말씀이라는 겁니다.

교회라는 곳이 정말 하나님의 세계로 인도하는 곳이라면 첫 번째로 해야 될 것이 죄를 털어내는 것입니다.

인간의 생각, 육신을 섬기는 지식이 죄인데 그 죄에 대해서 강하게 지적을 하고 거기서 돌아서기를 강요를 한다면 그 교회에 나갈 사람이 과연 몇이나 있겠습니까? 성경에서 구원받은 사람들을 한번 살펴보겠습니다.

• **베드로전서 3장**
20 그들은 전에 노아의 날 방주를 준비할 동안 하나님이 오래 참고 기다리실 때에 복종하지 아니하던 자들이라 방주에서 물로 말미암아 구원을 얻은 자가 몇 명뿐이니 겨우 여덟 명이라

노아의 방주를 100년 넘게 만든 것은 하나님의 방주를 만들고 있는 그 시간만큼 "하나님이 물 심판을 하실 것이다. 하나님의 말씀을 들어라."라고 알려주려는 뜻입니다. 방주를 만드는 것이 말씀을 전하는 전도인 것이지요. 노아가 600살에 하나님의 물 심판이 왔습니다. 당시는 피임약도 없었을 때이니 노아가 600살을 살았다면 그 자손이 몇 명이나 되겠습니까? 수백 명에 이릅니다. 그런데 노아의 식구들까지도 방주에 다 타지 않았습니다. "물 심판은 없을 것이다" "노아는 미쳤다"라고 생각했습니다. 물 심판이 왔을 때 방주에 탄 사람, 구원 받은 사람, 하나님을 신뢰한 사람이 겨우 8명뿐이었습니다. 그리고 출애굽기에 보면 이집트에서

구원 받은 자가 나옵니다.

• 민수기 13장
29 너희 시체가 이 광야에 엎드러질 것이라 너희 중에서 이십 세 이상으로서 계수된 자 곧 나를 원망한 자 전부가
30 여분네의 아들 갈렙과 눈의 아들 여호수아 외에는 내가 맹세하여 너희에게 살게 하리라 한 땅에 결단코 들어가지 못하리라

출애굽기을 보면 애굽에서 종살이 하던 그때에 애굽 사람들이 이스라엘 백성을 많이 괴롭혔습니다. 이스라엘 백성들이 자식을 잘 낳았습니다. 애굽 사람이 하나 낳으면 이스라엘 사람은 3~4명 낳으니까 애굽왕이 보고는 "아, 머지않아서 이 땅에 전쟁이 일어나면 이스라엘 백성이 많으니까 우리가 나라를 뺏기겠구나" 두려워해서 사내아이를 낳으면 모두 죽이라고 명령했습니다. 이스라엘 백성들은 힘든 종살이는 견딜 만한데 자식을 낳아도 남자아이는 다 죽이니까 하나님께 그 고통을 호소하는 기도를 했습니다.

"하나님 살려주십시오. 여기서 살지 않고 다른 곳에서 살게 해주십시오."

하나님이 이스라엘 백성의 말을 듣고 모세를 보냈습니다. 모세가 이스라엘 백성을 이끌고 새 땅을 찾아갑니다. 처음에 모세가 이스라엘 백성들을 이끌고 출발할 때 이스라엘 백성은 장정만 60

만 명이었습니다. 어린애와 여자를 더하면 약 180만 명, 잡족과 이방인들까지 합치면 약 300만 명이 나왔습니다.

애굽에서 나올 때 첫 번째 기적이 일어났지요. 홍해를 만났어요. 바다를 만나면서 모세가 하나님의 은혜를 입어서 바다를 양쪽으로 갈라 길을 냈습니다. 그리고 이스라엘 백성들은 그 바다를 잘 빠져나오고 애굽 군인들은 따라 오다가 다 물에 빠져 수장되었습니다.

그 후 광야생활을 하면서 가나안을 향해 갑니다. 농사를 지을 수 없어 어디서 먹을 것을 가져와도 300만 명이니 음식이 금방 떨어집니다. 하나님이 만나를 내려서 이스라엘 백성을 먹게 하셨습니다. 낮에는 이스라엘 백성이 가는 길에 구름기둥을 내리고, 밤에는 불기둥을 만들어서 이스라엘 백성의 진로를 가르쳐 주었습니다. 그리고 40년 동안 신발이 닳지 않게 해주셨습니다. 광야에서 물이 없을 때는 모세가 기도해서 반석에서 물을 뽑아 먹었습니다.

이스라엘 백성은 엄청난 모세의 기적을 보면서 광야생활 40년 만에 가나안에 이르렀습니다. 가나안 앞에서 그 백성의 마음에 하나님의 말씀이 있었으면 바로 가나안에 들어가면 되는데 불신이 쌓여서 망설입니다.

"정탐군을 보내자."

가나안 앞에서 12명을 보냈습니다. 12명이 가나안 땅에 들어가 40일을 탐지하고 와서 두 부류로 갈라졌습니다. 10명은 거기 가면 죽는다고 주장했습니다.

"저기 안에 원주민을 보니까 우리가 봐도 그들 앞에 메뚜기 같더라. 우리는 거기 들어가면 죽는다. 그 사람을 이겨낼 수가 없다. 애굽으로 돌아가자."

그런데 여분네의 아들 갈렙과 눈의 아들 여호수아는 그 땅을 보면서 다르게 이야기했습니다.

"과연 젖과 꿀이 흐르는 땅이다. 원주민들을 보고 그들의 보호자는 그들을 떠났고 그들은 우리의 밥이다. 밀고 올라가자."

이스라엘 백성들에게서 두 가지 음성이 나오는데, 인간의 생각에서 나온 음성과 하나님의 말씀의 음성입니다. 결국은 10명은 인간의 생각의 소리를 듣고 장관을 하나 세워서 애굽으로 돌아가자고 합니다. 하나님이 그 10명을 악평을 했다고 해서, 인간의 생각으로 평가를 했다고 해서 그 자리에서 죽여 버렸습니다.

그리고 백성들을 40일 동안 탐지한 날을 1년으로 계산해서 40년 동안 광야로 끌어내서 20살 이상 계수된 자들을 여호수아와 갈렙만 두고 다 죽어버렸습니다. 300만 명이 인구가 불었는지 줄었는지 모르겠지만 애굽에서 출발할 때 300만 명이 출발해서 40년 동안 갔으니까 출발할 때 한 살짜리는 거기 가면 40살이 되었습니다. 여호수아와 갈렙만 가나안에 들어가고 나머지는 광야에서 다 죽였습니다.

출발할 때 모세에게 아들 둘이 있었는데 가나안에 도착했을 때는 40이 넘었는데 모세의 아들마저도 가나안에 들어가지 못했습니다. 하나님의 세계는 아버지가 선지자라고 하더라도 아들이 선지자가 되는 것은 아닙니다. 그래서 모세의 아내 십 보라도 들어가지 못했습니다. 모세의 아들은 성경에 나오는 것이 둘이지만 피임약이 없었을 때이니 아들을 몇 명 낳았는지 정확하게 알 수는 없습니다.

하여튼 모세의 아들들도 전부 가나안에 들어가지 못했습니다. 그리고 20살 아래는 다 들어갔고 20살 이상은 여호수아와 갈렙만 들어갑니다. 그러면 그 모세의 불기둥과 구름기둥은 물론 십계명을 얻고 바다가 갈라지는 엄청난 기적과 이적을 보고도 구원은 두 명밖에 이루어지지 않았다는 겁니다. 그리고 또 다시 소돔과 고모라에 가서 하나님의 아브라함이 대화를 나누고 있습니다.

• 창세기 18장

32 아브라함이 또 이르되 주는 노하지 마옵소서 내가 이번만 더 아뢰리이다 거기서 십 명을 찾으시면 어찌 하려 하시나이까 이르시되 내가 십 명으로 말미암아 멸하지 아니하리라
33 여호와께서 아브라함과 말씀을 마치시고 가시니 아브라함도 자기 곳으로 돌아갔더라

소돔과 고모라가 너무 악해져서 하나님이 멸망시키려고 하는

데, 멸망시키지 않기 위해서 아브라함이 하나님과 대화하는 장면이 나옵니다. 처음에는 "50명만 있으면 멸망시키지 않겠다"고 하셨습니다. 그래서 아브라함이 50명, 40명, 35명, 30명 쭉 내려오다가 10명까지 내려왔어요. 아브라함이 더 이상 말을 못해서 하나님도 가고 소돔과 고모라가 멸망했습니다.

몇 명이 살아 나왔을까요? 롯의 딸 둘, 아내는 오다가 뒤돌아보지 말라고 했는데 그 말을 무시하고 뒤돌아봐서 소금기둥이 되었고 세 명이 살아서 나왔습니다. 1차 8명, 2차 2명, 3차 3명. 그 다음에 예수님이 누굽니까? 하나님이 인간의 모습으로 이 땅에 보내신 구원자 예수님이잖아요. 예수님으로 인해서 구원의 역사는 많이 일어났는데요. 예수님과 가장 오래 같이 생활했던 제자들의 구원에 대해서 알아보겠습니다.

• **요한복음 2장**
22 죽은 자 가운데서 살아나신 후에야 제자들이 이 말씀하신 것을 기억하고 성경과 예수께서 하신 말씀을 믿었더라

예수님의 제자가 3년이 넘도록 예수님과 함께 먹고 자며 생활했습니다. 바다를 꾸짖고 물고기 두 마리와 보리떡 다섯 개를 가지고 사천 명을 먹이고도 열두 바구니를 남겼습니다. 중풍병자를 고치시고, 죽은 자를 살리시고, 앉은뱅이를 걷게 하시고, 소경을 눈을 뜨게 하신 예수님이십니다.

엄청난 표적과 이적을 행하신 예수님과 24시간 먹고 자고 하면서 따랐던 제자들의 구원에 대해서 기록했습니다. 언제 믿게 되었냐면, 십자가에서 돌아가셨다가 부활한 예수님을 만나서 구원이 이루어졌다는 거지요. 그러면 과연 지금 이 땅에서 "구원받았다, 나는 천국 갈 수 있어"라는 말을 아무나 할 수 있겠습니까? 예수님이 구원에 대해서 말씀하신 것을 보겠습니다.

• 마가복음 10장

25 낙타가 바늘귀로 나가는 것이 부자가 하나님의 나라에 들어가는 것보다 쉬우니라 하시니
26 제자들이 매우 놀라 서로 말하되 그런즉 누가 구원을 얻을 수 있는가 하니
27 예수께서 그들을 보시며 이르시되 사람으로는 할 수 없으되 하나님으로는 그렇지 아니하니 하나님으로서는 다 하실 수 있느니라

부자가 무엇입니까? 돈이 많은 것이 부자가 아니고, 재산이 많은 것이 부자가 아닙니다. 성경에서 부자는 생각이 많은 사람입니다. 하나님의 말씀이 아닌 인간의 생각, 탐욕이지요. 육신을 위하는 지식입니다. 육신의 생각이 많은 자는 하나님의 나라에 들어가기가 얼마나 어렵냐고 하면, 낙타가 바늘귀로 나가는 것이 부자가 하나님의 나라에 들어가는 것보다 쉽다고 하셨을 정도로 어렵습니다. 인간의 생각이 있는 사람은 낙타가 바늘귀로 나갈 수 없는 것과 마찬가지입니다.

인간의 생각을 가지고 있는 자는 하나님의 나라에 들어갈 수 없다고 예수님이 못을 박았습니다. 제자들이 놀라서 말을 하니까 예수님이 사람으로는 할 수 없다고 이야기하셨습니다. 그래서 내가 기도하고 헌금하고 성경 보고 아무리 해도 안 된다는 겁니다. 그러면 어떻게 하면 하나님 나라에 들어갈 수 있을까요? 내가 할 수 있는 모든 방법과 행위는 끝이 나야 합니다. 끝이 나지 않아 내게서 소망이 끊어지지 않으면 하나님에게 소망을 둘 수 없다는 것이지요.

내게 소망이 있고 희망이 있다면 하나님을 바라보지 않게 됩니다. 지금 많은 사람들이 하나님을 만나려고 열심히 합니다. 열심히 하면 할수록 하나님과는 멀어집니다. 성경에서 성경의 심판이 이루어져 구원받은 자의 수를 봤을 때 나는 구원 받은 자라고 이야기한다면 그 사람은 더 이상 성경하고 상관이 없는 사람이라는 것이지요. 성경을 인정하지 않고 하나님을 이야기하는 자들은 잘못된 자들입니다.

- **로마서 3장**

9 그러면 어떠하냐 우리는 나으냐 결코 아니라 유대인이나 헬라인이나 다 죄 아래에 있다고 우리가 이미 선언하였느니라
10 기록된 바 의인은 없나니 하나도 없으며
11 깨닫는 자도 없고 하나님을 찾는 자도 없고
12 다 치우쳐 함께 무익하게 되고 선을 행하는 자는 없나니 하나도 없도다

우리가 잘 알아야 할 것이 무엇이냐 하면 우리 인간의 생각은 하나님을 찾지 않는다는 것입니다. 성경에서는 유대인이나 헬라인이나 다 죄 아래 있다고 합니다. 깨닫는 자도 없고 하나님을 찾는 자도 없다는 말은 하나님을 깨달을 수도 없지만 찾지도 않는다는 뜻입니다. 우리 인간의 지식은 그렇게 이루어져 있다는 것이지요.

• 이사야서 30장
9 대저 이는 패역한 백성이요 거짓말 하는 자식들이요 여호와의 법을 듣기 싫어하는 자식들이라

인간의 생각을 지금 성경에다가 기록해서 가르쳐주고 있습니다. 우리 생각은 하나님의 법을 듣기 싫어합니다. 하나님의 법을 듣기 싫어하는 자가 하나님의 법을 이야기한다는 것은 말이 안 되는 소리입니다. 하나님을 믿는다는 사람을 만나보면 성경에는 전혀 관심이 없는 경우가 많습니다. 어디에 관심이 있냐면 '몸', 육신에 관심이 있습니다.

"하나님을 믿으면 복을 주실 거야. 이 땅에서도 잘 살고 나중에 천국에도 갈 거야."

이런 생각으로 하나님을 믿습니다. 여전히 자기 생각에만 관심이 있고 하나님의 법을 듣기 싫어합니다. 하나님의 말씀을 이야기하면 "나는 믿고 있어. 나는 천국갈 수 있어. 나는 구원 받았어"

라고 답합니다. 성경에 구원은 없는데 이 땅의 수많은 사람들은 구원이 있다고 믿습니다.

• 예레미아 6장
10 내가 누구에게 말하며 누구에게 경책하여 듣게 할꼬 보라 그 귀가 할례를 받지 못하였으므로 듣지 못하는도다 보라 여호와의 말씀을 그들이 자신들에게 욕으로 여기고 이를 즐겨 하지 아니하니

할례가 무엇입니까? 일종의 포경수술입니다. 귀에 할례를 받지 못했다는 것은 무엇을 말하는 걸까요? 인간에게는 선악의 기준이 있습니다. 하나님의 선악은 하나님이 선이고 하나님이 아닌 것은 악입니다. 인간의 선악은 육신에 덕이 되는 말은 선이고, 육신에 유익이 되지 않는 소리는 악입니다.

인간은 들을 수 있는 폭이 좁습니다. 내 육신에게 유익이 되는 소리를 하면 마음에 들리고, 육신에 이익이 되지 않는 소리는 마음에 들리지 않습니다. 그 귀가 인간의 육신을 섬기는 소리만 마음으로 듣고 있습니다. 그 생각에 맞지 않는 소리는 어떤 소리도 들리지 않는 것입니다.

• 예레미아 5장
1 너희는 예루살렘 거리로 빨리 다니며 그 넓은 거리에서 찾아보고 알라 너희가 만일 정의를 행하며 진리를 구하는 자를 한 사람이라도 찾으면 내가 이 성읍을 용서

하리라

2 그들이 여호와께서 살아 계심을 두고 맹세할지라도 실상은 거짓 맹세니라

　예루살렘이 어디입니까? 하나님의 성전이 있는 곳이 예루살렘입니다. 하나님의 성전이 있으면 성전에는 누가 계실까요? 하나님이 계십니다. 하나님이 계시는 동네, 성전이 있는 동네를 그 넓은 거리에서 찾아보고 알아야 합니다. 하나님의 성전이 있는 그곳에서 하나님을 찾는 사람이 한 사람도 없다면 지금 이 땅은 무엇입니까? 이 땅에는 하나님을 믿는 사람이 천만 명이 넘습니다. 그 천만 명은 무엇입니까? 2절을 보면 여기서 하나님을 믿고 있는 사람들은 전부 다 거짓입니다.

• 로마서 1장
28 또한 그들이 마음에 하나님 두기를 싫어하매 하나님께서 그들을 그 상실한 마음대로 내버려 두사 합당하지 못한 일을 하게 하셨으니

　합당하지 못한 일이 무엇입니까? 육신을 섬기는 일입니다. 이 땅에서 육신의 일은 무엇입니까? 육신을 위해서 공부도 하고, 육신을 위해서 하나님도 믿고, 육신을 위해서 옷도 사고, 육신을 위해서 돈도 벌고 있습니다. 이 땅의 모든 삶은 육신을 위해서 사는 삶입니다. 육신을 섬기려는 생각 때문에 하나님을 두기 싫어하는 것이지요. "나는 하나님을 믿어" 이렇게 말한다고 그게 믿음입니

까? 아닙니다. 하나님이 없는 마음은 이미 하나님을 두기 싫어하기 때문에 없는 겁니다. 사람들은 자기에게 속는 겁니다. 예수님이 말씀하셨어요.

• 요한복음 3장
12 내가 땅의 일을 말하여도 너희가 믿지 아니하거든 하물며 하늘의 일을 말하면 어떻게 믿겠느냐

인간은 자기의 생각이 기준이기 때문에, 내 생각에 틀린 것은 절대 믿지 않습니다. 사람이 믿는 것은 자기의 생각입니다. 인간의 생각은 자기가 살아온 과거의 경험입니다. 내가 경험하지 않는 것은 절대 받아들이지 않습니다. 그래서 예수님이 땅의 일을 말하여도 너희가 믿지 아니하거든, 이라고 하셨습니다.

너희가 경험하지 않은 것은 다 믿지 않는데 이 땅이 아닌 하늘의 일을 말하면 어떻게 믿느냐, 못 믿는다는 겁니다. 안 믿는 것이 아니고 못 믿는 겁니다. 내가 경험한 것은 내가 경험했기 때문에 믿는데, 경험하지 않은 것은 안 했기 때문에 믿고 싶어도 못 믿습니다. 그 이유는 인간은 자기가 경험한 것만 믿는 존재이기 때문입니다.

• 예레미야 5장
21 어리석고 지각이 없으며 눈이 있어도 보지 못하며 귀가 있어도 듣지 못하는 백

성이여 이를 들을지어다

우리는 눈이 있어도 보지 못합니다. 귀가 있어도 듣지 못합니다. 무슨 뜻이냐 하면 받아들인 것 외에는 보지 못한다는 뜻입니다. 영어를 배운 적이 없는 사람에게 영어책을 주면 봐도 무슨 뜻인지 알지 못합니다. 영어를 들려줘도 무슨 소리인지 듣지 못합니다. 우리의 한계는 내가 받아들인 것, 내가 공부한 것, 내가 경험한 것 외에는 듣거나 보지 못한다는 겁니다. 그래서 눈이 있어도 보지 못하고, 귀가 있어도 듣지 못하는 겁니다. 하나님의 세계에 들어가려면 우리의 과거가 싹 끝나야 합니다. 우리의 과거와 경험을 믿기 때문에 하나님의 세계를 받아들이지 못하고 있습니다.

• 예레미아 7장
16 그런즉 너는 이 백성을 위하여 기도하지 말라 그들을 위하여 부르짖어 구하지 말라 내게 간구하지 말라 내가 네게서 듣지 아니하리라

우리는 하나님에게 관심이 없다는 것입니다. 하나님을 믿어도 자기 육신을 위해서 믿습니다. 그 때문에 하나님은 이 백성을 위해서 예레미아에게 기도하지 말라고 합니다. 우리 인류는 끝이 났다는 겁니다. 정말 하나님의 세계에 들어갈 수 있는 사람이 과연 몇이나 될까요? 성경을 통해서 성경에서 인정하는 사람, 성경의 사람과 선지자들과 같은 마음을 가진 사람, 여호수아와 갈렙

의 마음을 가진 사람. 그들은 하나님의 나라에 갈 것입니다. 그들의 마음과 같지 않은 사람들은 영원한 불못으로 갈 수밖에 없습니다.

4

베드로의 믿음

베드로의 믿음

• 히브리서 1장

1 옛적에 선지자들을 통하여 여러 부분과 여러 모양으로 우리 조상들에게 말씀하신 하나님이
2 이 모든 날 마지막에는 아들을 통하여 우리에게 말씀하셨으니 이 아들을 만유의 상속자로 세우시고 또 그로 말미암아 모든 세계를 지으셨느니라
3 이는 하나님의 영광의 광채시요 그 본체의 형상이시라 그의 능력의 말씀으로 만물을 붙드시며 죄를 정결하게 하는 일을 하시고 높은 곳에 계신 지극히 크신 이의 우편에 앉으셨느니라

    이 세상에 하나님을 믿는 사람은 많습니다. 그런데 하나님의 말씀을 믿는 사람은 많지 않습니다. 하나님을 믿고 예수님을 믿는 사람은 참 많은데 말씀을 믿는 사람은 별로 없다는 겁니다. 히브리서 1장 1절을 보면 옛적에 선지자들을 통하여 선지자들이 살

아가는 모습이 하나님이었다고 했습니다. 선지자들의 모습은 하나님의 말씀을 증거하기 위해서 살았던 모습이라는 겁니다.

2절에서 말하는 이 모든 날 마지막에 예수님이 이 땅에 오셨다는 것은 이 모든 날의 마지막이라는 거지요. 성경에서는 말세, 세상의 마지막입니다. 그래서 예수님이 오신 지 2,000년이 넘었습니다. 이미 세상 마지막은 성경으로 봤을 때 예수님이 오셨던 그 시기가 말세라는 겁니다.

하나님은 우리에게 무엇을 믿으라고 하셨느냐 하면 말씀을 믿으라고 하셨습니다. 하나님을 믿지 말고 아들을 만유의 상속자로 세우셔서 또 그로 말미암아 모든 세계를 지으셨다고 하셨습니다. 하나님은 말씀으로 모든 세계를 지으셨고, 우리를 창조하셨습니다. 성경에서는 반복해서 하나님을 믿을 것이 아니라 말씀을 믿어야 된다고 합니다.

3절에서는 하나님은 영광의 광채시고, 그 본체의 형상이라고 했습니다. 이것이 무슨 뜻입니까? 말씀이 곧 하나님이라는 거지요. 본체의 형상 말씀이 하나님입니다. 그리고 그의 능력의 말씀으로 만물을 붙드신다는 뜻은 말씀이 능력이고, 능력이 하나님이고, 하나님이 또한 말씀이라는 겁니다. 그래서 말씀으로 죄를 정결하게 하셔서 죄를 없애는 일을 하신다는 것이지요. 우리가 열심히 노력해서 죄를 짓지 않으려고 노력하는 것이 아니라 말씀을 우리가 바라볼 때 죄가 없어진다는 겁니다. 말씀을 볼 때 죄가 보이지 않게 됩니다. 죄를 정결하게 하는 것도 말씀이라는 뜻입니다. 우리의 노력이나 각오가 아니라는 겁니다.

예수님이 이 땅에서 죄를 없애고 하나님의 우편에 앉으셨다고 하셨습니다. 그래서 이 히브리서 말씀을 통해서 우리의 믿음을 보게 됩니다. 우리는 하나님을 믿고 예수님을 믿어왔지 말씀을 믿은 적은 없다는 것입니다. 말씀을 통해서 하나님과 예수님을 믿어야 하는데, 말씀을 통하지 않고 사람의 생각으로 믿으니까 많은 종파가 생기고 많은 교리가 생길 수밖에 없는 것입니다.

예수님은 하나님이 이 땅에 인간의 모습으로 보내신 분입니다. 예수님의 제자 가운데 베드로는 제자 중 우두머리라고 할 수 있습니다. 이 베드로의 믿음에 대해서, 베드로의 구원에 대해서 한번 찾아봐야 합니다. 믿음이라는 것을 우리의 감정이나 느낌으로 생각하는 것이 아니라, 성경의 선지자들이나 아니면 예수님 하나님이 직접 가르친 12명의 제자 중에 우두머리격인 베드로의 믿음을 살펴보면서 진짜 구원이 무엇인가를 생각해봐야 합니다.

구원자의 모습은 어떤 것이며, 구원받지 못한 베드로와 구원받은 베드로의 변해버린 삶을 살펴보면서 우리가 믿음 가운데 있는가, 하나님의 세계에 들어와 있는가를 정확하게 알아봐야 합니다. 예수님이 베드로를 찾아갔습니다. 베드로가 예수님을 따라가게 된 사건이 여기에 기록되어 있습니다.

• 누가복음 5장

4 말씀을 마치시고 시몬에게 이르시되 깊은 데로 가서 그물을 내려 고기를 잡으라
5 시몬이 대답하여 이르되 선생님 우리들이 밤이 새도록 수고하였으되 잡은 것이 없지마는 말씀에 의지하여 내가 그물을 내리리이다 하고
6 그렇게 하니 고기를 잡은 것이 심히 많아 그물이 찢어지는지라
7 이에 다른 배에 있는 동무들에게 손짓하여 와서 도와 달라 하니 그들이 와서 두 배에 채우매 잠기게 되었더라
8 시몬 베드로가 이를 보고 예수의 무릎 아래에 엎드려 이르되 주여 나를 떠나소서 나는 죄인이로소이다 하니
9 이는 자기 및 자기와 함께 있는 모든 사람이 고기 잡힌 것으로 말미암아 놀라고
10 세베대의 아들로서 시몬의 동업자인 야고보와 요한도 놀랐음이라 예수께서 시몬에게 이르시되 무서워하지 말라 이제 후로는 네가 사람을 취하리라 하시니
11 그들이 배들을 육지에 대고 모든 것을 버려 두고 예수를 따르니라

예수님이 깊은 곳에 그물을 내리라고 하니까 베드로가 이야기합니다. "우리가 밤새도록 수고했지만 잡은 것이 없습니다. 깊은 곳에는 고기가 없습니다." 그러나 베드로는 깊은 곳에 소망을 걸지 않고 말씀에다가 소망을 겁니다. 말씀을 믿고 그것을 따랐습니다. 베드로가 밤새도록 잡아도 고기가 없었는데, 말씀에 의지해서 그물을 내리니까 고기가 엄청나게 잡혔습니다. 그물이 찢어질 만큼 고기를 잡았습니다. 그 옆에 있는 동무들을 불러다가 그것을 배에 실으니까 배가 잠기게 됩니다.

8절을 보면 시몬 베드로가 예수님을 처음에 만나서 고기가 많

이 잡힌 것을 보고 말합니다. "주여 나를 떠나소서. 나는 죄인이로소이다." 우리가 죄인이라는 것을 사람들이 잘못 알고 있는데요. 죄인이라는 것은 나쁜 일을 한다거나 남에게 피해를 끼치고 법을 어기는 게 죄인입니다.

그런데 베드로는 자기가 고기를 많이 못 잡은 것을 일컬어 죄인이라고 이야기하고 있어요. 예수님의 무릎 앞에 엎드려 "나는 죄인입니다"라고 합니다. 실제의 죄인은 무엇입니까? 능력이 없는 것이 죄인입니다. 여기서 예수님이 "깊은 곳에 던져라" 하셔서 그 말씀을 따랐더니 고기가 찢어질 만큼 올라왔습니다.

고기가 깊은 곳에 있었습니까? 예수님 말씀 안에 있었습니까? 고기는 예수님 말씀 안에 있었습니다. 베드로가 그곳에서 다 잡아봤는데 고기가 없었던 이유가 그 때문입니다. 말씀에 의지해서 그물을 내렸더니 고기가 엄청 올라왔습니다. 말씀 안에서 잡힌 고기를 보면서 베드로는 자신이 죄인이라며 예수님에게 떠나라고 합니다. 베드로는 죄인 맞지요. 베드로에게는 능력이 없습니다. 베드로만이 죄인이 아니라 이 땅에서 하나님을 떠난 모든 사람이 죄인입니다. 능력이 없는 자를 죄인이라고 합니다.

우리가 범죄를 저지르는 것도 능력이 없기 때문입니다. 살인을 하고 간음을 하고 강도짓을 하고 도둑질을 하는 것은 능력이 없기 때문에 살기 위해서 범죄를 저지르는 것이지요. 하나님의 능력이나 세상에서 말하는 도깨비 방망이만 있으면 사람을 죽이거나 도둑질을 하거나 사기를 치지 않아도 됩니다. 선을 베풀지 못할 이유가 하나도 없습니다. 능력이 없기 때문에 살기 위해서, 혹은 조금 더 잘 살려고 범죄를 저지르면서 살아갑니다. 베드로가 예수님을 보면서 자신은 죄인이니 나를 떠나라고 한 것은 자기의 참모습을 알게 됐다는 뜻입니다.

  베드로가 예수님을 따라가게 된 동기가 예수님의 말씀에 능력이 있는 걸 봤기 때문입니다. 11절에 보듯이, 예수님이 사람을 낚는 어부가 되게 하리라, 라는 말씀을 좇아 모든 것을 버려두고 그대로 예수님을 따라갔습니다. 예수님과 함께 생활하면서 베드로는 많은 사건들을 만나게 됩니다. 사람들이 성경을 읽고서 베드로의 구원은 나는 죄인이로소이다, 라고 말한 이때가 구원이라고 하는데 그것은 성경을 엄청 잘못 본 것입니다. 마태복음 14장 24절~33절까지를 보겠습니다.

- **마태복음 14장**

24 배가 이미 육지에서 수 리나 떠나서 바람이 거스르므로 물결로 말미암아 고난을 당하더라
25 밤 사경에 예수께서 바다 위로 걸어서 제자들에게 오시니
26 제자들이 그가 바다 위로 걸어오심을 보고 놀라 유령이라 하며 무서워하여 소리 지르거늘
27 예수께서 즉시 이르시되 안심하라 나니 두려워하지 말라

28 베드로가 대답하여 이르되 주여 만일 주님이시거든 나를 명하사 물 위로 오라 하소서 하니
29 오라 하시니 베드로가 배에서 내려 물 위로 걸어서 예수께로 가되
30 바람을 보고 무서워 빠져 가는지라 소리 질러 이르되 주여 나를 구원하소서 하니
31 예수께서 즉시 손을 내밀어 그를 붙잡으시며 이르시되 믿음이 작은 자여 왜 의심하였느냐 하시고
32 배에 함께 오르매 바람이 그치는지라
33 배에 있는 사람들이 예수께 절하며 이르되 진실로 하나님의 아들이로소이다 하더라

　예수님이 기도하러 간 사이에 제자들은 배에 타고 있고 배가 바다로 나갔습니다. 이때 바람이 물결을 거세게 일으켜 고난을 당합니다. 예수님이 바다의 물 위를 걸어서 제자들이 고난을 당하던 그 배로 다가오니까 유령이다 귀신이다, 하면서 무서워합니다. 예수님이 "나다, 무서워하지 말라" 하시며 제자들을 안심시켰습니다. 베드로가 예수님을 보고 나를 물 위를 걸어오라고 하소서 하니 예수님이 오라 하십니다.
　"예수님이 걸어오시니까 나도 걸어갈 수 있겠구나, 예수님이 원하면 나도 물 위를 걸어갈 수 있겠구나" 생각하고 베드로도 물 위를 걸어갑니다. 걸어가다가 베드로가 바람을 보고 무서워하다 물에 빠져 갑니다. 베드로가 바람을 본 것입니다. 예수님을 봤을 때는 베드로가 물 위를 걸어갈 수 있었는데, 바람을 보고 무서워했다는 것은 자기 생각을 봤다는 뜻입니다. 자기 생각을 본 순간

물에 빠져 갑니다. 그래서 소리 질러 주에게 구원을 요청합니다.

예수님은 손을 내밀어 그를 붙잡고 믿음이 작은 자여 왜 의심을 하느냐고 말씀하셨습니다. 사람들의 의심은 무엇이냐 하면 자기 생각을 보는 것입니다. 그리고 남을 의심합니다. 왜 자기 생각을 보냐 하면 사람들의 소리를 듣고 저 말이 맞느냐 틀리냐를 내 과거에 살아온 경험에 비춰보기 위해서입니다. 둘을 맞춰봐서 내가 경험하지 않은 것을 보면 아니다, 라고 합니다. 불신하는 것이지요. 그래서 베드로가 예수님을 봤을 때는 물 위를 잘 걸어가다가 자기 생각을 봤을 때는 물에 빠지는 겁니다.

우리가 예수님만 볼 수 있으면 우리는 정말 편하게 살 수 있습니다. 예수님을 믿게 되면 다 잘 해낼 수 있습니다. 그런데 예수님을 못 믿게 되니까 우리 인생에 어려움이 옵니다. 예수님이 물 위를 걷는 그 기적을 베드로가 하다가 물에 빠진 이유는 예수님을 보지 않고 자기 생각을 보았기 때문입니다. 이어서 마가복음 8장 31~33절에 읽어보겠습니다.

- **마가복음 8장**

31 인자가 많은 고난을 받고 장로들과 대제사장들과 서기관들에게 버린 바 되어 죽임을 당하고 사흘 만에 살아나야 할 것을 비로소 그들에게 가르치시되
32 드러내 놓고 이 말씀을 하시니 베드로가 예수를 붙들고 항변하매
33 예수께서 돌이키사 제자들을 보시며 베드로를 꾸짖어 이르시되 사탄아 내 뒤로 물러가라 네가 하나님의 일을 생각하지 아니하고 도리어 사람의 일을 생각하는도다 하시고

베드로가 예수님에게 말합니다. 주님에게 그런 일은 결코 미치지 아니하리라. 예수님을 보고 예수님의 생각이 결론적으로 틀렸다고 했습니다. 베드로는 무엇을 봤습니까? 바다를 건넌 예수님을 보고, 죽은 자를 살린 예수님을 보았습니다. 이 예수님의 기적을 봤기 때문에 장로들과 대제사장들이 예수님을 죽일 수 없다는 것입니다.

예수님의 과거에 자기가 본 어떤 행적들을 보면서 "아닙니다. 그런 일이 주님에게 닥치지 않습니다"라고 합니다. 그러자 예수님이 제자들을 꾸짖으며 사탄아 물러가라, 라고 하십니다. 하나님의 일을 생각하지 않고 사람의 일을 생각하는 것을 지적하셨습니다.

사탄이 무엇입니까? 하나님의 일을 생각하지 않는 것이 사탄입니다. 사람의 일을 생각하는 것이 사탄이라는 겁니다. 그래서 예수님이 베드로가 예수님을 생각해주는 것, 예수님을 위하는 그것이 사탄이라고 꾸짖습니다. 그리고 내 뒤로 물러가라고 하십니다. 내 앞에 보이지 말라고 하셨습니다. 하나님의 일을 생각하지 아니하고 도리어 사람의 일을 생각한다는 겁니다. 즉 사람의 일을 생각하는 것이 사탄의 일이라는 말씀이십니다. 그래서 사탄의 자식들은 누굽니까? 하나님의 일을 생각 안하는 모든 사람들은 사탄의 자식입니다.

요한복음 8장에 보면 이스라엘 백성이 "우리 아버지는 하나님이다"라고 이야기할 때 예수님은 그들을 보고 "너희 아비는 마귀다 너희가 만일 하나님의 아들이면 아브라함의 자식이면 아브라함 같은 행위를 할 것이다"라고 하셨습니다. 말은 하나님, 하나님, 예수님 하면서 실제의 삶은 육신을 위해서 삽니다. 육신을 위해서 사는 것이 사탄입니다. 사람의 일을 생각하는도다. 이것이 바로 사탄이라는 거지요.

베드로는 예수님을 처음 만났을 때 "나는 죄인입니다"라고 고백했는데, 지금은 예수님 앞에서 말합니다. "나는 의인입니다. 나는 옳은 자입니다. 예수님이 보시는 것이 틀렸어요. 절대 그런 일은 주님께 미치지 못합니다. 옳지 않습니다. 주님은 틀렸습니다. 내 생각이 옳습니다." 이것을 보고 예수님은 사탄이라고 이야기합니다. 마태복음 26장의 기록을 읽어보겠습니다.

• **마태복음 26장**
31 그 때에 예수께서 제자들에게 이르시되 오늘 밤에 너희가 다 나를 버리리라 기록된 바 내가 목자를 치리니 양의 떼가 흩어지리라 하였느니라
32 그러나 내가 살아난 후에 너희보다 먼저 갈릴리로 가리라
33 베드로가 대답하여 이르되 모두 주를 버릴지라도 나는 결코 버리지 않겠나이다
34 예수께서 이르시되 내가 진실로 네게 이르노니 오늘 밤 닭 울기 전에 네가 세 번 나를 부인하리라
35 베드로가 이르되 내가 주와 함께 죽을지언정 주를 부인하지 않겠나이다 하고 모든 제자도 그와 같이 말하니라

예수님이 오늘 밤에 너희가 나를 버릴 거라고 말씀하셨습니다. 내가 목자를 치리니, 라는 말은 무슨 뜻입니까? 목자가 누굽니까? 예수님입니다. 양떼가 흩어지리라, 라고 하셨습니다. 양떼는 제자들입니다. 예수님이 죽었다가 살아난 후에 제자들보다 먼저 갈릴리로 간다, 라는 말씀을 남깁니다. 베드로는 모두 주를 버릴지라도 자신은 결코 그러지 않을 거라고 말합니다.

베드로는 예수님하고 3년을 함께 생활했습니다. 그랬으면 예수님하고 이야기를 나눌 때 예수님 말씀을 듣고 "아! 예수님, 오늘밤에 예수님을 치면 우리가 흩어지겠네요" 이렇게 예수님의 말씀대로 베드로가 따라가야 됩니다. 그런데 어떻게 했냐면 "예수님, 주님의 말씀이 틀렸습니다. 저는 그렇게 약하지 않습니다. 저는 결코 주를 버리지 않을 것입니다. 나는 그렇게 의리가 없는 사람이 아닙니다. 주께서 하신 말씀은 틀렸습니다."

예수님은 베드로의 생각이 진실이 아니고 예수님의 말씀이 진실이라고 이야기합니다. "오늘 밤 닭 울기 전에 네가 세 번 나를 부인하리라." 베드로가 "예수님, 그럼 지금 내가 생각하는 이것은 무엇입니까? 왜 주님의 말씀이 저에게 들리지 않습니까?" 이렇게 들어야 되는데 베드로는 예수님의 말씀을 들을 수 없습니다.

똑같이 창세기 3장에 보면 뱀의 지식에 중독된 아담이 하나님이 "아담아 너가 어디 있느냐" 했을 때 "하나님 저 나무 뒤에 숨어 있어요. 하나님의 소리를 듣고 저 나무 뒤에 숨어 있어요." 이렇게 말해야 하는데 "내가 벗어서 두려워 숨었나이다"라고 엉뚱한 소리를 합니다. 그때 아담이 하나님의 말씀을 못 듣는 것처럼 베드로도 예수님의 말씀을 들을 수가 없습니다. 베드로는 예수님의 말씀을 듣고 있는 것처럼 보이지만 사실은 자기의 생각을 듣고 있는 것입니다.

예수님이 다시 "오늘 밤 닭 울기 전에 네가 세 번 나를 부인하리라" 이렇게 말씀하시면 최소한 닭 울기 전까지는 "아 그러면 오늘밤 닭 울기 전까지 기다려 봐야지"라고 생각해야 되는데 베드로가 또 다시 예수님이 틀렸다고 합니다. 35절에 보듯이 베드로만 그런 것이 아니라 그 이적과 표적을 본 예수님의 모든 제자들이 예수님을 죽는 그 순간까지 따라가면서 예수님을 틀렸다고 말합니다. 자신의 생각을 믿고 예수님 말씀처럼 자기네가 예수님을 부인할 리가 없다고 합니다.

우리는 여기서 우리 자신을 돌아봐야 합니다. 정말 하나님이 이 땅에 인간의 모습으로 와서 그 많은 기적과 이적을 행하고 3년이 넘도록 같이 먹고 잔 제자들의 마음이 이렇다면 지금 우리가 어떻게 하나님을 믿을 수 있냐는 말입니다. 예수님을 직접 본 사람들, 예수님이 좋아서 따라간 사람들, 예수님이 옳아서 따라간 사람들이 3년이라는 세월이 넘게 예수님과 먹고 자고 그 이적과 표적을 본 제자들의 마음이 그러한데 이 땅에 정말 구원이 어디에 있겠습니까?

요한복음 21장 15절~17절에 보면 부활하신 예수님이 베드로를 찾아갔어요. 그리고 베드로의 마음에 구원이 이루어졌습니다. 이전까지 예수님이 말씀만 하면 아닙니다, 라고 거부했습니다. 너희들은 양떼가 흩어지리라 너희들은 아무 능력이 없다 나를 배신할 것이다, 라는 말씀에 예, 라고 하지 않던 베드로가 변한 모습이 기록되어 있습니다. 구원이라는 것이 무엇일까요? 자기를 보는 세계에서 남이 보이는 세계로 바뀐 것을 구원이라고 합니다.

그런데 베드로가 예수님이 3일 만에 부활한다, 나는 살아난다, 라고 한 말씀을 베드로가 따라다니면서 수도 없이 들었지만 그 말씀이 귀에 들리지 않았습니다. 제자들은 한 사람도 믿지 않았습니다. 예수님이 3개월도 아니고, 3년도 아니고, 30년도 아닌 3일 만에 부활한다는 소리를 듣고 그런 일은 절대 미치지 않겠나이다, 라며 답합니다. 예수님 말씀이 제자들 마음에 전혀 들리지 않았습니다. 그래서 예수님의 무덤에서 3일을 기다린 제자가 하나도 없었습니다.

그럼 과연 베드로를 통해서 예수님을 통해서 우리가 구원을 받았다라고 하는 사람들은 무엇입니까? 3년을 넘게 따라다니면서도 무덤에 한 사람도 안 왔어요. 제자들이 어디 갔냐면 고기 잡으러 갔습니다. 옛날 직업을 따라서 간 겁니다. 그런데 예수님이 부활하셔서 베드로를 찾아갔어요.

• **요한복음 21장**

15 그들이 조반 먹은 후에 예수께서 시몬 베드로에게 이르시되 요한의 아들 시몬아 네가 이 사람들보다 나를 더 사랑하느냐 하시니 이르되 주님 그러하나이다 내가 주님을 사랑하는 줄 주님께서 아시나이다 이르시되 내 어린 양을 먹이라 하시고

16 또 두 번째 이르시되 요한의 아들 시몬아 네가 나를 사랑하느냐 하시니 이르되 주님 그러하나이다 내가 주님을 사랑하는 줄 주님께서 아시나이다 이르시되 내 양을 치라 하시고

17 세 번째 이르시되 요한의 아들 시몬아 네가 나를 사랑하느냐 하시니 주께서 세 번째 네가 나를 사랑하느냐 하시므로 베드로가 근심하여 이르되 주님 모든 것을 아시오매 내가 주님을 사랑하는 줄을 주님께서 아시나이다 예수께서 이르시되 내 양을 먹이라

베드로의 마음이 변해 있습니다. 베드로가 이때까지 예수님을 따라다니는 동안 예수님이 말씀하신 것이 하나도 안 들리더니 부활하신 예수님을 보고 베드로의 마음이 변했습니다. 예수님이 "시몬아 너가 이 사람보다 나를 더 사랑하느냐" 하니까 베드로가 "내가 주님을 사랑하는 줄을 주님께서 아시나이다"라고 대답합니다. 또 두 번째 이르시되 "요한의 아들 시몬아 너가 나를 사랑하느냐" 하시니 "이르되 주님 그러하나이다 내가 주님을 사랑하는 줄 주님께서 아시나이다"라고 대답합니다.

베드로의 눈에 예수님이 보이기 시작한 겁니다. 예수님이 돌아

가시기 전에는 예수님이 그렇게 말씀하셔도 예수님이 보이지 않고 오로지 제자들은 자기 생각만 보였습니다. 그래서 내 생각을 옳다고 하고 내 생각을 신뢰하기 때문에 내 생각에 비추어 모든 것을 불신했습니다.

세 번째 "요한의 아들 시몬아 너가 나를 사랑하느냐" 하시니 세 번째 베드로가 근심하여 이르되 "주님 모든 것을 아시오매 내가 주님을 사랑하는 줄을 주님께서 아시나이다"라고 대답합니다. 이제 베드로의 생각이 끝나고 예수님의 생각을 믿게 됩니다. 예수님과의 대화가 이루어진 것입니다. 변해버린 베드로의 기록이 사도행전 3장 1~10절 말씀에 나옵니다.

• **사도행전 3장**
1 제구시 기도 시간에 베드로와 요한이 성전에 올라갈새
2 나면서 못 걷게 된 이를 사람들이 메고 오니 이는 성전에 들어가는 시게 구걸하기 위하여 날마다 미문이라는 성전 문에 두는 자라
3 그가 베드로와 요한이 성전에 들어가려 함을 보고 구걸하거늘
4 베드로가 요한과 더불어 주목하여 이르되 우리를 보라 하니
5 그가 그들에게서 무엇을 얻을까 하여 바라보거늘
6 베드로가 이르되 은과 금은 내게 없거니와 내게 있는 이것을 네게 주노니 나사렛 예수 그리스도의 이름으로 일어나 걸으라 하고
7 오른손을 잡아 일으키니 발과 발목이 곧 힘을 얻고
8 뛰어 서서 걸으며 그들과 함께 성전으로 들어가면서 걷기도 하고 뛰기도 하며 하나님을 찬송하니

9 모든 백성이 그 걷는 것과 하나님을 찬송함을 보고
10 그가 본래 성전 미문에 앉아 구걸하던 사람인 줄 알고 그에게 일어난 일로 인하여 심히 놀랍게 여기며 놀라니라

나면서부터 못 걷게 된 이 사람은 참 고달픈 삶을 살아왔겠지요. 그래서 오늘도 똑같이 사람들이 구걸이라도 해 먹으라고 성전 문 앞에 들어다 놔줍니다. 무엇을 구걸했습니까? 돈을 구걸했겠지요. 왜? 육신의 양식을 사기 위해서죠. 베드로가 요한과 함께 우리를 보라고 합니다. 거지는 무엇을 얻을까 해서 바라봅니다. 여기서도 사람은 남을 볼 수가 없습니다. 베드로가 날 때부터 걷지 못하는 앉은뱅이에게 주고자 했던 것은 하나님이고, 날 때부터 걷지 못한 앉은뱅이가 받고자 하는 것은 육신의 양식입니다.

베드로가 금과 은은 내게 없다고 한 것은 무슨 말씀입니까? 금과 은은 내게 없다 내게 있는 이것을 네게 주노니 나사렛 예수그리스도의 이름으로 일어나 걸으라고 말합니다. 이 앉은뱅이는 금과 은을 원했는데요. 베드로는 금과 은보다 더 좋은 것이 예수의 이름이라고 했습니다. 말씀이라는 겁니다. 사람들은 이 땅에 살기 위해서 금과 은을 원합니다. 금과 은은 우리의 마음에 아무런 변화를 줄 수 없는데 사람들은 금과 은을 원합니다. 하나님이 우리에게 주고자 하는 것은 예수 그리스도의 이름 곧 말씀입니다.

베드로가 예수 그리스도의 이름으로 일어나 걸으라 하고 오른손을 잡아 일으키니 발과 발목이 곧 힘을 얻고 뛰어 서서 걸으며 그들과 함께 성전으로 들어가면서 걷기도 하고 뛰기도 하며 하나님을 찬송하니 이 앉은뱅이가 왜 앉은뱅이가 되었냐 하면 말씀이 없어서 앉은뱅이가 되었다는 겁니다. 앉은뱅이는 돈이 없어서 돈이 있어야 산다고 여겼는데, 베드로는 금과 은은 주지 않고 예수님 말씀을 주었습니다. 앉은뱅이에서 벗어날 수 있는 것은 금과 은이 아니라 말씀이었습니다. 말씀을 이 앉은뱅이에게 주니까 앉은뱅이가 서서 걸으며 함께 성전으로 들어갑니다. 이게 구원입니다.

원래는 세상의 기준으로 봤을 때 거지는 베드로와 요한을 보고 "아, 고맙습니다. 목사님, 고맙습니다" 이렇게 해야 되는데 이 앉은뱅이는 하나님을 찬송하고 있습니다. 지금 이 세상의 교회하고는 많이 다릅니다. 사람의 눈으로 보면 베드로가 고쳤지만, 병이 나은 앉은뱅이가 봤을 때는 베드로가 아니고 하나님이 고쳐주신 겁니다.

지금 교회에서는 목사님을 높이기 위해서 하나님을 불러옵니다, 이 병이 나은 것이 고마운 게 아니라 하나님을 알게 된 것이 진정 고마운 일이지요. "내 다리가 나았어요. 하나님 고맙습니다"가 아니고 "하나님이 오시니까 내 다리가 나았어요. 이때까지 앉은뱅이가 된 것은 하나님이 없어서 앉은뱅이로 태어났기 때문입니다"라는 뜻입니다.

  왜 그가 구걸을 했을까요? 결국은 하나님을 만나지 못해서 구걸을 했던 겁니다. 예수님이 행한 표적과 이적을 보면서 3년 동안 예수님을 따라다녔지만 베드로의 생각이 끝나지 않는 이상 예수님을 만날 수가 없었던 겁니다. 그런데 부활하신 예수님을 보고 베드로는 더 이상 자기의 생각을 내세우지 않습니다. 자기 생각이 끝나버린 베드로를 통해서 예수님이 나타나신 것입니다.

  우리가 우리 생각은 그냥 놔두고 매일 하나님의 세계에 들어가려고 하니까 그것이 이루어지지 않는 겁니다. 그러한 우리의 세계를 예수님은 사탄이라고 하신 겁니다. 우리 인간이 가진 생각의 세계를, 그리고 이 땅에서 일어나는 일을 사탄의 일이라고 예수님은 성경을 통해서 우리에게 가르쳐 주시고 계십니다.

5

하나님이 계신 곳

하나님이 계신 곳

• 사무엘하 12장

4 어떤 행인이 그 부자에게 오매 부자가 자기에게 온 행인을 위하여 자기의 양과 소를 아껴 잡지 아니하고 가난한 사람의 양 새끼를 빼앗아다가 자기에게 온 사람을 위하여 잡았나이다 하니
5 다윗이 그 사람으로 말미암아 노하여 나단에게 이르되 여호와의 살아 계심을 두고 맹세하노니 이 일을 행한 그 사람은 마땅히 죽을 자라
6 그가 불쌍히 여기지 아니하고 이런 일을 행하였으니 그 양 새끼를 네 배나 갚아 주어야 하리라 한지라
7 나단이 다윗에게 이르되 당신이 그 사람이라 이스라엘의 하나님 여호와께서 이와 같이 이르시기를 내가 너를 이스라엘 왕으로 기름 붓기 위하여 너를 사울의 손에서 구원하고

이 말씀은 다윗이 우리아의 아내를 범하고 나서, 하나님이 나단 선지자를 시켜서 다윗의 죄를 들추어내는 부분입니다. 다윗은

왕이고 많은 여자가 있는데 우리아라는 신하는 부인이 하나밖에 없었습니다. 하나밖에 없었는데 그 부인을 자기가 간음하고 나중에 그 죄를 덮기 위해서 신랑 우리아까지 죽여 버리는 죄를 범했습니다. 범하고 난 뒤 하나님이 다윗에게 나단 선지자를 보내서 다윗의 죄를 드러냈다는 겁니다.

나단 선지자는 양의 이야기를 예를 들어서 다윗이 한 짓을 얘기합니다. 다윗은 자기 이야기를 하는지도 모르고 "그 사람은 마땅히 죽어야 됩니다"라고 답합니다. 그 답을 듣고 나단 선지자가 다윗에게 "당신이 그 사람입니다"라고 말합니다. 그래서 나중에 다윗이 하나님에게 징계를 받아서 백주대낮에 자기 아들이 다윗의 후궁과 함께 대낮에 동침을 하는 것을 보게 됩니다. 다윗이 나단 선지자의 죄를 들춰내는 이 일을 두고 하나님에게 간증을 한 게 있습니다. 어떻게 자기 자신을 보게 되었는지 한번 볼까요?

• **시편 51편**
5 내가 죄악 중에서 출생하였음이여 어머니가 죄 중에서 나를 잉태하였나이다

다윗은 자기 자신을 어떻게 봤냐 하면, 죄악 중에 출생하였고, 어머니가 죄 중에서 자신을 잉태하였다고 했습니다. 다윗이 볼 수 있는 것은 죄밖에는 더 볼 길이 없다고 간증을 하고 있습니다. "나는 죄악 중에 출생했고 어머니가 죄 중에 나를 잉태했으니까

나는 죄밖에 볼 수 없고 내가 행동할 수 있는 것은 범죄를 저지르는 것 외에는 없다"라고 간증한 겁니다.

우리가 하나님을 볼 수 없는 이유가 인류의 모든 사람이 실제적으로 다윗과 같은 사람인데, 다윗과 같은 마음을 가지고 있는 게 아니라 자기는 의인의 위치, 옳은 자의 위치, 맞는 자의 위치에서 하나님을 만나려고 하기 때문입니다. 그러면 하나님을 어떻게 만나려고 하느냐 하면 내가 옳으니까 내 생각에 맞는 하나님을 찾아다니고, 만나보고 싶어 합니다. 그리고 그 하나님을 믿고 싶어 합니다.

실제의 하나님은 성경 안에 계시는데 성경 안에서 하나님을 만나려고 하는 사람은 다윗과 같은 마음 "나는 100% 틀린 자입니다"라는 생각을 가져야 합니다. 무엇이 죄인입니까? 틀린 자입니다. 옳지 않은 것이지요. 100% 내가 옳지 않다는 위치로 내려가서 하나님을 찾으면 하나님은 쉽게 만날 수 있습니다.

하나님은 어디에 계십니까? 하나님은 성경 안에 계십니다. 지금 우리가 다윗의 마음의 위치에 내려가서 "내가 알고 있는 모든 것은 틀렸다. 이미 나는 어머니가 나를 잉태할 때부터 틀렸고 출생할 때도 틀렸고 내가 알고 있는 모든 것이 틀렸다" 거기에서 하나님을 찾아봐야 된다는 겁니다.

• 요한복음 1장
18 본래 하나님을 본 사람이 없으되 아버지 품속에 있는 독생하신 하나님이 나타내셨느니라

하나님을 본 사람이 없습니다. 사람들은 본 것 외에는 믿지 않습니다. 사람은 내가 본 것이나 경험한 것 외에는 절대로 마음에서 받아드리지 않습니다. 그것이 불순종의 영, 결국은 우리가 하나님을 만나지 못하는 이유는 내가 보지 못했기 때문에 하나님을 거부하기 때문입니다. 실제 하나님을 찾아가봅니다.

• 요한1서 5장
6 이는 물과 피로 임하신 이시니 곧 예수 그리스도시라 물로만 아니요 물과 피로 임하셨고 증언하는 이는 성령이시니 성령은 진리니라

예수님을 그리스도라고 증언하는 이는 성령입니다. 그러면 성령은 무엇입니까? 성령은 진리입니다. 진리가 무엇인지 살펴보겠습니다.

• 요한복음 17장
17 그들을 진리로 거룩하게 하옵소서 아버지의 말씀은 진리니이다

성령은 진리고 진리는 아버지의 말씀이라는 겁니다. 그러면 진

리는 무엇입니까?

• **요한복음 1장**
1 태초에 말씀이 계시니라 이 말씀이 하나님과 함께 계셨으니 이 말씀은 곧 하나님이시니라
2 그가 태초에 하나님과 함께 계셨고
3 만물이 그로 말미암아 지은 바 되었으니 지은 것이 하나도 그가 없이는 된 것이 없느니라
4 그 안에 생명이 있었으니 이 생명은 사람들의 빛이라

　창조주가 실제로 하나님입니까? 말씀입니까? 말씀으로 말미암아 만물이 지은바 되었다는 것입니다. 지은 것이 말씀 없이 된 것은 하나도 없습니다. 실제의 하나님은 무엇입니까? 실제의 하나님은 말씀입니다. 우리가 지금 하나님을 볼 수 있는 한계가 말씀이라는 거지요. 그런데 말씀을 믿지 않고 많은 사람들은 하나님을 믿습니다. 하나님을 믿고 예수님을 믿는데 그 하나님과 예수님은 무엇입니까? 사람의 생각이 만들어낸 우상입니다. 왜 그럴까요? 우리의 하나님은 말씀입니다. 우리의 예수님을 한번 봅시다.

• **마태복음 1장**
20 이 일을 생각할 때에 주의 사자가 현몽하여 이르되 다윗의 자손 요셉아 네 아내 마리아 데려오기를 무서워하지 말라 그에게 잉태된 자는 성령으로 된 것이라
21 아들을 낳으리니 이름을 예수라 하라 이는 그가 자기 백성을 그들의 죄에서 구

원할 자이심이라 하니라
23 보라 처녀가 잉태하여 아들을 낳을 것이요 그의 이름은 임마누엘이라 하리라 하셨으니 이를 번역한즉 하나님이 우리와 함께 계시다 함이라

예수님의 대해서 설명하고 있습니다. 그에게 잉태된 자는 성령으로 된 것이라 우리 사람과 예수님이 다른 것이 바로 이 점입니다. 우리 사람은 다윗이 간증했던 것처럼 모친이 죄 중에 잉태하고 죄를 잉태했다는 겁니다. 우리를 만들었다는 겁니다. 그리고 죄악 중에 우리가 출생했다는 겁니다. 예수님은 성령으로 잉태됐습니다. 잉태된 자는 성령으로 된 것이라고 했습니다.

23절에서 말하는 성령은 무엇입니까? 진리입니다. 그러면 진리는 무엇입니까? 진리는 말씀입니다. 말씀은 하나님입니다. 여기서 임마누엘, 번역한즉 하나님이 우리와 함께 계시다는 뜻은 인간의 육신의 모습으로 온 예수님이 하나님이라는 겁니다. 성령은 뭡니까? 성령으로 잉태된 것이, 성령이 말씀이고 말씀이 하나님입니다. 성령이 하나님으로 잉태됐으니까 사람의 모습으로 똑같이 나와도 그분은 하나님입니다. 요한1서 1장 2절에 예수님에 대해서 나옵니다.

• 요한1서 1장
1 태초부터 있는 생명의 말씀에 관하여는 우리가 들은 바요 눈으로 본 바요 자세히 보고 우리의 손으로 만진 바라

이 말씀에서 요한은 "우리가 들은 바요 눈으로 본 바요 자세히 보고 우리의 손으로 만진 바라"고 합니다. 말씀을 만졌다고 합니다. 말씀이 무엇입니까? 예수님입니다. 예수님에 대해서 들었고 눈으로 봤고 만졌다는 뜻입니다. 참 대단한 행운이지요. 이때에 예수님을 본 사람들은 하나님을 본 것입니다.

• 요한복음 14장
6 예수께서 이르시되 내가 곧 길이요 진리요 생명이니 나로 말미암지 않고는 아버지께로 올 자가 없느니라
7 너희가 나를 알았더라면 내 아버지도 알았으리로다 이제부터는 너희가 그를 알았고 또 보았느니라

예수님이 지금 무슨 말씀을 하고 있습니까? 내가 곧 길이요 진리요 생명이라고 합니다. 그러면 예수님이 아닌 것은 길이 아니고 진리 즉 참이 아니고, 생명이 아닌 사망이라는 거죠. 그러면 우리의 생각, 우리의 지식은 하나님의 말씀이 아닌 모든 것은 길이 아니고 참이 아니고 생명이 아니라는 겁니다. 생명은 무엇입니까? 능력이라고도 이야기 할 수 있습니다. 살 수 있는 능력이 생명입니다.

예수님은 무엇입니까? 예수님은 말씀입니다. 그래서 말씀으로 말미암지 않고는, 말씀이 인정되지 않고는 아버지에게로 올 자가 없느니라고 합니다. 하나님을 볼 수가 없습니다. 너희가 나를 알았더라면 내

아버지도 알았으리로다 이제부터는 너희가 그를 알았고 또 보았느니라 예수님이 아버지를 보았다라고 이야기하고 있습니다. 예수님이 아버지이고, 예수님이 하나님이었다는 겁니다.

• **로마서 10장**
17 그러므로 믿음은 들음에서 나며 들음은 그리스도의 말씀으로 말미암았느니라

　듣는다는 것은 믿음에서 아주 중요합니다. 사람들은 들음이 무언지 잘 모릅니다. 듣는다는 의미는 무엇입니까? "내가 모른다, 내가 틀렸다, 나는 알지 못한다, 그래서 듣습니다."라는 뜻입니다. 사람들은 인생을 살아온 경험이 엄청나게 많아요. 그것이 다 옳다고 생각하면서 말씀을 듣습니다. 그렇게 듣고 있다가 문 열고 나가면 아무것도 남는 게 없어요. 이미 듣는 자의 위치에서 벗어나 있다는 겁니다. 내 육신을 더 좋게 만들기 위해서 들으러 왔을 뿐입니다. 내 생각이 틀려서 온 게 아니고 내 생각의 옳음을 위해서, 생각을 더 옳게 하기 위해서, 더 의인되게 하기 위해서 하나님에게 옵니다.

　그리스도의 말씀과 인간의 생각은 원수입니다. 인간의 생각을 가지고 말씀을 들으러 오는 것은 이미 말씀을 거부하는 것입니다. 듣는다는 것은 다윗처럼 **내가 죄악 중에 출생했고 어머니가 죄 중에 나를 만들었고**라는 생각에서 출발해야 합니다. 더 이상 내 소리가 들

을 게 없다고 하는 사람이어야 말씀 앞에 와서 그 말씀이 들립니다. 내가 옳다는 생각이 내 마음에 가득 차 있는데 무슨 말씀을 들으러 오겠습니까? 사람들이 여기서 헛갈려서 믿음이 아닌데 믿음인 것처럼 말씀과 자기 생각이 섞여있어 결국은 자기 생각대로 살아갈 수밖에 없습니다.

• 갈라디아서 3장
22 그러나 성경이 모든 것을 죄 아래에 가두었으니 이는 예수 그리스도를 믿음으로 말미암는 약속을 믿는 자들에게 주려 함이라

　성경이 모든 것을 죄 아래에 가두었습니다. 성경이 아닌 것은 전부 죄라는 뜻입니다. 성경이 아닌, 성경에서 나오지 않은 것은 모두 죄이고 모두 틀렸다는 겁니다. 기록을 보면 성경은 모든 것이 맞고, 성경이 아닌 것은 모두 틀렸다고 합니다. 예수님도 똑같이 말씀하셨는데, 내가 곧 길이요 진리요 생명이니, 라고 하셨습니다. 갈라디아서도 성경이 모든 것을 죄 아래 가두었다, 성경이 아닌 것은 모든 것은 죄다 틀렸다고 합니다. 예수님이 성경에 대해서 기록한 것이 있습니다.

• 마태복음 26장
51 예수와 함께 있던 자 중의 하나가 손을 펴 칼을 빼어 대제사장의 종을 쳐 그 귀를 떨어뜨리니

52 이에 예수께서 이르시되 네 칼을 도로 칼집에 꽂으라 칼을 가지는 자는 다 칼로 망하느니라
53 너는 내가 내 아버지께 구하여 지금 열두 군단 더 되는 천사를 보내시게 할 수 없는 줄로 아느냐
54 내가 만일 그렇게 하면 이런 일이 있으리라 한 성경이 어떻게 이루어지겠느냐 하시더라
56 그러나 이렇게 된 것은 다 선지자들의 글을 이루려 함이니라 하시더라 이에 제자들이 다 예수를 버리고 도망하니라

이 땅에 육신의 옷을 입고 온 하나님이 예수님이었습니다. 예수님이 무엇을 섬기고 계실까요? 성경을 섬깁니다. 예수님의 하나님은 성경이었습니다. 인간의 가치관이나 인간의 기준, 인간의 원함이 살아 있는 이상 하나님은 절대 만날 수 없습니다. 예수님의 하나님을 만날 수가 없다는 것입니다.

예수님을 잡으러 대제사장하고 왔습니다. 예수님과 함께 했던 자가 예수님을 위해 칼을 꺼내서 그 종의 귀를 떨어뜨렸습니다. 그런데 예수님이 칼을 도로 칼집에 꽂으라고 합니다. 칼을 가지는 자는 다 칼로 망한다는 것이지요. 그러면 우리는 칼을 가지지 않고 무엇을 가져야 합니까? 안 망하려고 예수님을 보호하고자 인간의 생각에서 나온 그 행위가 오히려 망하게 한다는 겁니다. 그것이 아니라면 결국은 말씀을 가져야 망하지 않는다는 뜻입니다.

53절에서 예수님은 자기의 능력을 이야기하고 있습니다. '내가 아버지께 구하면 천사들을 보내시게 할 수 없는 줄로 아느냐' 천사들은 엄청나게 능력이 있습니다. 그것도 사단 병력도 아니고 군단 병력입니다. 12군단의 병력을 보내시게 할 수 있다는 겁니다. 예수님이 마음만 먹으면 이 세상을 정말 다 멸망시켜버릴 수 있습니다. 그런데 예수님의 하나님이 있습니다. 예수님의 하나님이 무엇입니까? 섬기는 대상, 내가 그 뜻을 받들어야 되는 대상이 하나님이지요. 예수님에게 섬기는 것이 있어요.

무엇이냐면 54절에서 보듯이 예수님의 하나님은 성경입니다. 56절에서는 선지자들의 글, 하나님의 감동하심을 받아 기록된 글이 성경이고, 성경이 곧 예수님의 하나님이라고 했습니다. 예수님은 성경 아래, 성경대로 살기 위해서 자기의 모든 능력을 포기해버렸습니다. 이것이 믿음이라는 거지요. 우리가 하나님을 만나려면 예수님의 마음의 위치에 가 있을 때 하나님은 누구나 만나주십니다.

• 에베소서 1장

17 우리 주 예수 그리스도의 하나님, 영광의 아버지께서 지혜와 계시의 영을 너희에게 주사 하나님을 알게 하시고
18 너희 마음의 눈을 밝히사 그의 부르심의 소망이 무엇이며 성도 안에서 그 기업의 영광의 풍성함이 무엇이며

우리가 성경을 신뢰할 수 있을 때, 하나님을 믿는다는 것은 나를 믿지 않는다는 뜻입니다. 하나님의 성경이 옳다고 할 수 있으려면 내가 틀렸다는 다윗의 간증이 나오지 않고는 절대로 하나님과 성경을 신뢰할 수 없습니다. 하나님을 신뢰할 수 없으면 하나님을 만날 수가 없습니다.

믿음은 두 가지가 있는데 한 가지는 내가 더 잘 되기 위해서 내가 더 의인이 되기 위해서 하나님을 찾는 사람의 믿음입니다. 두 번째 믿음은 "내 머리 끝에서 발끝까지 나는 틀린 자입니다"라고 하는 다윗의 믿음입니다. 사도바울은 "나는 죄인의 괴수입니다 내 속에 거하는 것은 내가 아니고 죄니라"라고 말합니다. 내 모든 것은 틀렸다고 할 때 비로소 하나님이 보입니다.

17절에서는 하나님에게 영을 받지 않고는 하나님을 알 길이 없다고 했습니다. 지혜와 계시의 영이 무엇이겠습니까? 말씀이라는 거지요. 말씀을 알게 되면 하나님의 뜻을 알게 돼 있습니다. 하나님의 영을 받을 때, 대화를 해보면 모든 사람이 하나님의 영을 받았다 성령을 받았다고 이야기합니다. 성령을 받으려면 첫째 하나님이 보여야 합니다. 하나님이 무엇입니까? 성경입니다. 성경이 보여야 하나님이 보인다는 겁니다. 생활 가운데 성경의 뜻을 따라 삶이 이루어져야 합니다. 사는 것은 돈을 위해서 살고 말로는 하나님을 믿는다면 사기꾼이 되는 것입니다.

• 고린도 전서 2장
1 형제들아 내가 너희에게 나아가 하나님의 증거를 전할 때에 말과 지혜의 아름다운 것으로 아니하였나니
2 내가 너희 중에서 예수 그리스도와 그가 십자가에 못 박히신 것 외에는 아무 것도 알지 아니하기로 작정하였음이라

　사도바울이 어떤 하나님의 증거를 전할 때 지혜의 아름다운 말로 아니하였습니다. 예수그리스도가 십자가에 못 박히신 것 외에는 아무것도 알지 아니하기로 작정했다는 겁니다. 예수님이 십자가에 못 박혔다는 것이 무엇입니까? 죽었다는 겁니다. 사도바울이 나는 죽었다고 합니다. 내가 죽은 자라면 사도바울은 무엇을 보겠습니까? 자기를 보지 않고 하나님을 보겠죠. 내가 끝나지 않고서는 하나님은 보이지 않습니다. 나라는 세계가 어떤 세계냐 하면 사도바울이 간증을 했듯이 죄의 세계입니다. 우리가 죄의 세계에서는 의의 세계, 선의 세계, 하나님의 세계는 볼 수 없습니다.

• 고린도전서 2장
8 이 지혜는 이 세대의 통치자들이 한 사람도 알지 못하였나니 만일 알았더라면 영광의 주를 십자가에 못 박지 아니하였으리라

　그때 하나님을 믿는 이스라엘 백성들이 예수님의 말씀을 이해하지 못했습니다. 예수님의 말씀을 알 수 있었다면 영광의 주를

십자가에 못 박지 않았을 겁니다. 예수님의 말씀을 알고 예수님이 누군지 알았더라면 예수님을 십자가에 못을 박을 수 없었겠지요.

9 기록된 바 하나님이 자기를 사랑하는 자들을 위하여 예비하신 모든 것은 눈으로 보지 못하고 귀로 듣지 못하고 사람의 마음으로 생각하지도 못하였다 함과 같으니라

인간의 생각으로는 하나님의 세계를 만날 길이 없습니다. 인간의 생각이 정확하게 끝이 나면 하나님의 세계가 보입니다. 왜 인간의 세계가 끝나냐면 하나님의 세계가 보이기 때문입니다. 인간의 생각이 끝날 때 하나님의 세계가 보이고 또한 인간의 세계가 끝이 납니다.

10 오직 하나님이 성령으로 이것을 우리에게 보이셨으니 성령은 모든 것 곧 하나님의 깊은 것까지도 통달하시느니라

하나님의 세계는 성령으로, 말씀으로, 성경으로 우리에게 보이셨습니다. 성령은, 말씀은 하나님의 깊은 곳까지도 통달합니다. 말씀이 우리에게 하나님의 깊은 곳까지 보여준다는 거지요.

11 사람의 일을 사람의 속에 있는 영 외에 누가 알리요 이와 같이 하나님의 일도 하나님의 영 외에는 아무도 알지 못하느니라

사람이 가진 생각을 남들은 알 수가 없어요. 그렇듯이 하나님의 일도 하나님의 영 이외에는 아무도 알지 못합니다. 예수님이 하나님의 세계에 대해서 아무리 이야기해도 이스라엘 백성이 그것을 알아듣지 못할 뿐만 아니라 예수님을 틀렸다고 합니다. 어디가 틀렸습니까? 이스라엘 백성에게 가지고 있는 생각이 틀렸다는 겁니다.

지금도 하나님의 세계에 대해서 아무리 이야기를 해도 자기의 생각이 살아 있는 이상 하나님의 세계를 받아들일 수 없습니다. 여기 11절에서도 하나님의 영을 받은 자 외에는 하나님의 세계를 알지 못한다고 했습니다. 하나님의 말씀을 전하면서 이 세상에 살자고 가르친다는 거예요. 왜 그럴까요? 하나님의 영은 없고 세상 영을 가지고 있었기 때문입니다. 세상 영을 가지고는 아무리 하나님의 세계를 보려고 해도 볼 수가 없습니다.

12 우리가 세상의 영을 받지 아니하고 오직 하나님으로부터 온 영을 받았으니 이는 우리로 하여금 하나님께서 우리에게 은혜로 주신 것들을 알게 하려 하심이라

세상의 영이 나오고 하나님의 영이 나옵니다. 세상의 영은 무엇입니까? 인간의 생각, 육체를 섬기는 것입니다. 인간의 생각은 육체를 섬기기 위해서 무언가를 행합니다. 공부를 하는 것도, 돈을 버는 것도, 옷을 입는 것도 결국에는 육체의 영광을 위해서입니다. 그래서 세상의 영은 육신을 하나님으로 섬깁니다. 세상 사람들과 이야기해보면 육신밖에 없어요.

"아내가 오늘 어디 가서 무엇을 입었고, 편하게 잠을 잤고, 남보다 뛰어났다"는 등 온통 육신의 이야기밖에 없습니다. 세상의 영은 육체를 보는 것이 한계입니다. 12절을 보면 하나님의 영을 받으면 하나님의 길이 보입니다. 그리고 에덴이 보이지요. 죽음과 삶이 보여요. 화와 복이 보이고, 능력과 거짓이 보입니다.

하나님의 영을 받은 자는 첫째의 기적이 일어납니다. 무슨 기적이 일어나느냐 하면 성경을 알게 되는 것입니다. 성경을 알게 되고 성경을 아니까 세상 것을 따라가지 않습니다. 우리가 가야 할 곳은 저 하나님의 성경과 하나님이 계시는 새 하늘과 새 땅이기 때문에 이 세상의 것에는 아무런 소망과 욕심이 없습니다. 여기는 저주받은 땅입니다.

우리가 질병과 수고와 분노와 상처받는 일이 왜 일어날까요? 이 땅에 하나님이 없기 때문입니다. 새 하늘과 새 땅이 성경 안에서 만들어져 있습니다. 거기는 사망도 없고 아픔과 상함도 없고 수고도 없습니다. 그 새 하늘과 새 땅을 소망하는 사람들은 이 하늘과 이 땅에 살고 싶은 마음이 없습니다.

하나님의 자녀들과 마귀의 자녀들은 엄청나게 다릅니다. 하나님의 자녀는 하나님을 이야기 하고, 마귀의 자녀들은 육신을 이야기합니다. 빌립보서 4장에 보면 너희들의 신은 배라고 했거든요. 육신의 배가 신이라는 거죠. 그것이 세상의 영, 마귀의 영을 가진 사람들이 살아가는 인생관입니다. 13절을 보면 사람이 가르친 대로는 안 한다고 합니다. 하나님이 가르친 대로 성령께서 가르치신 것으로 하니 영적인 일은 영적인 것으로 분별합니다.

하나님께 속한 사람들은 네 마음에 어떤 영이 담겼느냐, 생각이 담겼느냐에 따라서 불행이 온다, 재앙이 온다고 이야기합니다. 사람들은 돈이 얼마나 있느냐 없느냐에 따라서 복이 있다거나 화가 있다고 말합니다. 14절은 육에 속한 사람 육신을 섬기는 사람은 성령의 일들은 받지 않는다고 말합니다. 왜 안 받느냐면 그것들이 그에게 어리석게 보이기 때문입니다. 내가 뭔가 열심히 해야 무엇을 이룰 것 같은데 가만히 앉아서 하나님만 이야기하면 굶어 죽는다는 것입니다.

살려면 돈을 벌어야 하고 열심히 움직여야 하는데, 하나님을 이야기한다고 밥이 나오냐는 겁니다. 그런 것이 다 어리석게 보입니다. 그것들을 알 수가 없으니 왜 저렇게 사느냐, 저 놈은 미쳤구나, 이렇게 합니다. 육에 속한 사람들은 하나님의 영에 속한 사람들의 삶을 이해할 수가 없어요. 그러한 일은 영적으로 분별되기 때문입니다.

우리가 이 땅에 온 것은 하나님을 버렸기 때문에 왔습니다. 학교가 왜 필요하고 병원이 왜 필요하고 왜 일을 해야 하냐면 하나님을 버린 대가를 받은 것입니다. 하나님을 버린 대가가 여기 와서 수고해야 되고 슬픔을 당해야 되고 죽어야 한다면, 여기서 공부를 하고 열심히 무엇을 해야 되는 게 아니라 잃어버린 하나님을 만나는 길 말고는 다른 길이 없다는 겁니다.

사람의 눈, 사람의 생각으로 봤을 때는 하나님을, 성령을 따라다닌 사람들이 다 미친 것으로 보입니다. 예수님이 육신의 형제들에게 미쳤다는 소리를 들었습니다. 사도바울이 왕에게 전도하러 갔다가 바울아, 많은 학문이 너를 미치게 하였다는 말을 듣습니다. 성령이나 하나님의 세계에 들어간 자들을 보통사람들이 봤을 때 미쳤다고 하는 이유는 다르기 때문입니다. 나하고 다르고 내 생각하고 다릅니다.

이사야서를 보면 악인은 그 길을, 그 생각을 버리고 내게로 돌아오라는 겁니다. 내 길은 너희길보다 높다고 했습니다. 하나님도 성경을 통해서 너희들하고 다르다고 했습니다. 너희는 내게 돌아와야 한다고 하셨습니다. 내게 안 오면 너희에게 있는 것은 사람의 나이로 강건하면 칠팔십의 삶이며, 자랑할 것은 수고와 슬픔뿐이라는 겁니다. 하나님에게 돌아오지 않으면 우리가 일평생 이 땅에서 대통령을 하던지 무엇을 하던지 수고와 슬픔에서 벗어날 길은 없습니다.

15절에서 말하듯이 신령한 자, 하나님의 신의 영을 가진 자는 모든 것을 판단한다는 겁니다. 이것이 틀렸다, 맞다 판단을 합니다. 자기는 아무에게도 판단을 받지 않습니다. 신령하지 않은 자가 신령한 자를 판단할 길은 없습니다. 무엇으로 틀렸다고 판단하고 옳다고 판단하냐면 그 기준은 신령한 자는 모든 것을 판단할 수 있다는 겁니다. 옳다, 틀렸다, 안 맞다, 죽는다, 산다, 모든 것을 판단할 수 있습니다. 자기는 아무에게도 판단을 받지 않고 아무도 그 신령한 사람들을 알 길이 없다는 겁니다.

16절에서 말합니다. 사람이 볼 수 있는 한계는 육신뿐입니다. 육신, 인간의 생각 너머 하나님의 세계가 있다는 거죠. 누가 인간의 지식으로 하나님의 지식을 알 수 있냐는 말입니다. 누가 주의 마음을 알아서 주를 가르치겠느냐? 하나님보다 더 뛰어난 자가 있냐는 말입니다. 그러나 우리가 그리스도의 마음을 가졌고 신령한 자는 하나님의 수준까지 간다는 것입니다. 그리스도의 마음은 무엇입니까? 그리스도의 영을 받으면 그리스도의 세계를 알게 됩니다. 우리가 노력을 해서 기도를 하고 헌금을 많이 하고 봉사를 해서 하나님의 세계를 들어가는 것이 아닙니다. 하나님의 영을 받아야 합니다. 세상 영으로는 들어갈 수가 없어요.

12절에 우리가 하나님의 세계의 들어가려고 하면 하나님의 영이 무엇인지 하나님의 영을 찾아다녀야 된다고 합니다. 하나님의 영을 받을 수 있는데 하나님을 받을 자를 찾아다닙니다. 하나님의 영을 받은 사람들이 어디에 있냐면 성경에 살아있습니다. 많은 하나님의 영을 받은 사람이 성경에 있습니다. 그 사람들이 살아간 것을 따라 그대로 하면 하나님의 영을 받을 수 있습니다.

　성경 안에 수많은 하나님의 영을 받을 사람이 있는데 사람들은 성경 밖에서 하나님을 찾아다니고 있습니다. 노아의 방주 때 8명, 소돔과 고모라 때 3명, 그리고 출애굽기 가나안에서 2명이 있습니다. 이외 모든 사람이 세상의 영 속에서 하나님을 찾았습니다. 세상의 영으로 하나님을 찾으니까 하나님을 만날 수 없었던 겁니다.

6 예수님을 찾아간 사람

예수님을 찾아간 사람

• 요한복음 3장

1 그런데 바리새인 중에 니고데모라 하는 사람이 있으니 유대인의 지도자라
2 그가 밤에 예수께 와서 이르되 랍비여 우리가 당신은 하나님께로부터 오신 선생인 줄 아나이다 하나님이 함께 하시지 아니 하시면 당신이 행하시는 이 표적을 아무도 할 수 없음이니이다

    요한복음에 보면 예수님을 찾아온 사람이 있습니다. 세상에는 예수님을 찾아온 사람이 있고 예수님이 찾아간 사람이 있습니다. 이 장에서는 예수님이 찾아간 사람에 대해서 말씀을 나누겠습니다. 예수님을 찾아간 사람은 구원을 받지 못하고 예수님이 찾아간 사람은 다 구원을 받았습니다.

    지금부터 예수님을 찾아간 사람, 구원을 받지 못한 두 사람에 대해서 말씀을 나누겠습니다. 니고데모라는 유대인의 지도자가

예수님을 찾아왔습니다. 이 사람이 예수님에게 말합니다.

"선생님, 당신이 행하시는 표적은 하나님이 함께 하시지 아니하면 아무도 행할 수 없는 것입니다."

그가 예수님의 표적을 보면서 생각한 것을 말했습니다.

"하나님이 저 사람과 함께 하지 않으면 저 표적은 인간으로서 할 수 있는 일이 아니다. 그러니까 저 사람은 분명히 하나님에게서 왔다."

니고데모라는 사람이 예수님이 표적을 행하는 걸 보고 하나님에게서 왔다고 생각해서 밤에 찾아온 것입니다. 그러니까 예수님이 대답하십니다.

3 예수께서 대답하여 이르시되 진실로 진실로 네게 이르노니 사람이 거듭나지 아니하면 하나님의 나라를 볼 수 없느니라
4 니고데모가 이르되 사람이 늙으면 어떻게 날 수 있사옵나이까 두 번째 모태에 들어갔다가 날 수 있사옵나이까

니고데모라는 사람이 내가 늙었는데 어떻게 날 수 있나 다시 엄마 뱃속에 들어갔다 나와야되는 건가? 묻고 있습니다.

5 예수께서 대답하시되 진실로 진실로 네게 이르노니 사람이 물과 성령으로 나지 아니하면 하나님의 나라에 들어갈 수 없느니라

물과 성령, 물이라는 것은 말씀을 뜻하는데요. 물과 성령으로 나지 아니하면 하나님의 나라에 들어갈 수 없다고 하셨습니다.

6 육으로 난 것은 육이요 영으로 난 것은 영이니

우리가 하나님의 세계를 볼 수 없는 이유가 영으로 난 적이 없기 때문이라는 겁니다. 거듭 난다는 것이 무엇일까요? 먼저 우리 인간이 육으로 한번 납니다. 우리가 이 땅에 왔을 때 영이 없이 육신을 섬기는 상태에서 육을 위하는 지식을 가지고 한 번 태어난다는 거지요. 그리고 나서 육신을 섬기는 지식을 가지고 사는 것이 잘못되었다는 겁니다. 이렇게 잘못되었다는 것이 보이면 마음이 영에게 갑니다.

영이 뭡니까? 하나님의 말씀으로 간다는 거예요. 그래서 육신을 섬기는 것이 잘못됐다, 틀렸다, 이것이 죄다, 이것을 보면 그 다음에는 육신을 섬기는 지식을 버리고 영을 받습니다. 그런데 육신의 생각이 틀렸다는 것이 보이지 않으면 영에 관심이 없지요. 육을 섬기는 데만 관심이 있습니다. 육신의 생각은 육입니다.

니고데모가 두 번 태어난다는 걸 이야기했을 때 육체밖에 안 보니까 "그러면 내가 늙었는데 모태에 다시 들어갔다가 나와야 되느냐, 그게 두 번째 태어나는 것이냐?"라고 묻습니다. 그런데 예수님이 대답하십니다. "그게 아니다. 사람이 육으로 한번 태어났는데 그것으론 하나님의 나라에 들어가지 못하고 다시 영으로 한 번 더 태어나야 된다.

**7 내가 네게 거듭나야 하겠다 하는 말을 놀랍게 여기지 말라
8 바람이 임의로 불매 네가 그 소리는 들어도 어디서 와서 어디로 가는지 알지 못하나니 성령으로 난 사람도 다 그러하니라**

　성령으로 난 사람을 바람에 비유했어요. 바람이 불 때 그 바람이 소리는 들리는데 어디서 와서 어디로 가는지 모릅니다. 육신을 따라 살지 않았는데 왜 저런 삶을 살게 되는지를 육에 속한 사람들은 이해할 수 없다는 것입니다.

9 니고데모가 대답하여 이르되 어찌 그러한 일이 있을 수 있나이까

　도저히 니고데모는 믿을 수가 없었습니다. 예수님의 말씀을 받을 수가 없었습니다.

**10 예수께서 그에게 대답하여 이르시되 너는 이스라엘의 선생으로서 이러한 것들을 알지 못하느냐
11 진실로 진실로 네게 이르노니 우리는 아는 것을 말하고 본 것을 증언하노라 그러나 너희가 우리의 증언을 받지 아니하는도다
12 내가 땅의 일을 말하여도 너희가 믿지 아니하거든 하물며 하늘의 일을 말하면 어떻게 믿겠느냐**

예수님이 사람이 두 번 태어나지 않으면 하나님의 나라를 볼 수 없다고 말씀하셨습니다. 거듭 난다, 두 번 태어난다. 이 말씀을 보면 거듭난다는 의미는 두 번 태어난다는 것인데요. 두 번 태어나려고 하면 첫 번째 태어났던 것은 죽어야 거듭날 수 있는 겁니다. 첫 번째 태어난 것도 살아있고 또 두 번째로 태어나고 이런 것은 없습니다.

예수님이 이스라엘의 지도자 니고데모를 책망했습니다. 이스라엘 선생으로서 성경을 가르치는 자가 영의 세계를 모르느냐고 말입니다. 우리가 믿을 수 있는 한계는 내가 본 것, 들은 것뿐입니다. 내가 땅의 일을 말하여도 너희가 믿지 않는데 하물며 하늘의 일을 말하면 어떻게 믿겠느냐고 하셨습니다.

사람 사는 세상에서 세상의 일을 이야기해도 사람들은 믿지 않습니다. 내가 경험한 것 외에는 믿지 않아요. 그런데 하늘의 일을 이야기하면 말도 안 된다고 합니다. 인간은 자기 속에 갇혀서 자기의 육신에 유익되는 소리만 듣고 싶어 합니다. 거듭나야 한다는 것은 꼭 필히 내가 끝이 나야 한다는 말입니다. 죽어야 부활합니다. 사망이 없는 부활은 없습니다. 우리 생각이 끝날 때 비로소 하나님의 소리가 들립니다. 인간의 생각이 살아 있는 이상 하나님의 소리는 들을 수 없다고 기록하고 있습니다.

20 악을 행하는 자마다 빛을 미워하여 빛으로 오지 아니하나니 이는 그 행위가 드

러날까 함이요

악이 뭡니까? 육신을 위하는 지식이 악입니다. 빛은 뭡니까? 빛은 하나님의 말씀입니다. 말씀이라는 빛은 악을 행하는 자, 자기 생각을 따라 사는 자에게 오지 않습니다. 왜냐하면 그 행위에 악의 성분이 드러나기 때문입니다.

21 진리를 따르는 자는 빛으로 오나니 이는 그 행위가 하나님 안에서 행한 것임을 나타내려 함이라 하시니라

말씀을 따라 사는 사람들은 말씀에 옵니다. 내가 진리를 따라 사는 삶이 진리에 기준에서 올바르게 사느냐, 따라 사느냐, 따라 살지 않느냐, 말씀을 기준으로 내 삶을 비추어봅니다. 진리를 따르는 것은 하나님 말씀 안에서 자기의 행위를 심판받는 것입니다. 니고데모라는 이스라엘의 선생이 예수님을 무엇 하러 찾아왔냐면 자기의 생각을 확인하러 온 것입니다.

자기도 예수님과 같이 되고 싶은 마음이 있습니다. 자기도 그 표적을 행하고 싶은 것이지요. 그래서 예수님이 말씀하시는 것을 받아들일 수가 없었습니다. 예수님을 찾아온 것은 예수님의 말씀을 들으러 온 것이 아니라 자기도 예수님과 같은 능력을 행하고 싶어서 온 것입니다. 이적과 능력을 행하고 싶어 그것을 배우러 왔습니다. 예수님을 찾아온 것이 아니라 자기의 욕심을 채우러

6. 예수님을 찾아간 사람

온 겁니다. 마가복음에서는 재물이 많은 사람이 예수님을 찾아왔습니다.

• 마가복음 10장
17 예수께서 길에 나가실새 한 사람이 달려와서 꿇어 앉아 묻자오되 선한 선생님이여 내가 무엇을 하여야 영생을 얻으리이까

한 사람이 예수님 앞에 와서 무릎을 꿇고 영생을 얻고자 합니다. 그런데 이 사람은 내가 무엇을 하여야 영생을 얻으리이까, 묻습니다. 자기는 무엇을 해서 영생을 얻을 수 있다, 나는 능력이 있다는 겁니다.

18 예수께서 이르시되 네가 어찌하여 나를 선하다 일컫느냐 하나님 한 분 외에는 선한 이가 없느니라
19 네가 계명을 아나니 살인하지 말라, 간음하지 말라, 도둑질하지 말라, 거짓 증언하지 말라, 속여 빼앗지 말라, 네 부모를 공경하라 하였느니라

예수님이 "선한 이는 하나님 한 분밖에 없는데 왜 나에게 선하다고 말하느냐, 네가 영생을 얻으려면 계명을 지켜라"라고 답하셨습니다. 계명을 지키라니까 그가 대답합니다.

20 그가 여짜오되 선생님이여 이것은 내가 어려서부터 다 지켰나이다

재물이 많은 사람은 재물이 많기 때문에 도둑질하거나 살인하거나 거짓증언하거나 속여서 빼앗거나 하지 않았습니다. 부모도 공경했습니다. 이 계명을 자기는 다 지켰다고 이야기합니다. 돈이 있으니까 재물이 많으니까 살인할 필요도 없고 도둑질할 필요도 없었고 속여서 빼앗을 필요도 없어서 계명을 다 지켰다고 하는 겁니다.

21 예수께서 그를 보시고 사랑하사 이르시되 네게 아직도 한 가지 부족한 것이 있으니 가서 네게 있는 것을 다 팔아 가난한 자들에게 주라 그리하면 하늘에서 보화가 네게 있으리라 그리고 와서 나를 따르라 하시니

계명을 지키라는 것은 하나님의 말씀을 들으라는 것입니다. 재물이 많은 사람은 잘못 생각을 하면서 나는 계명을 다 지켰다고 말합니다. 예수님이 다시 그 사람에게 아직 한 가지 부족한 것이 있다, 가서 네게 있는 것을 다 팔아서 가난한 자에게 주라, 그러면 하늘에서 보화가 네게 있을 것이라고 말씀하셨습니다.

예수님이 재물이 많은 사람에게 무엇을 제시했냐면 "재물을 다 팔아서 가난한 자에게 주라"고 하셨습니다. 재물을 이야기하는 것이 아니라 재물이 많은 사람의 생명을 이야기하셨습니다. 이 사람이 재물을 많이 가지고 있는 것은 자기가 살기 위해서 재물을 많이 모은 것입니다. 이것을 다 팔아 가난한 자에게 주라는 것은 네가 죽으라는 거예요.

예수님이 아까 니고데모에게 말씀하신 것처럼 이 사람에게도 네가 죽을 것을 제시합니다. 재물을 팔아서 가난한 이들에게 다 주고 재물이 바닥이 나면 이 사람은 죽은 사람이 됩니다. 네가 끝이 나면, 네가 가진 것이 아무것도 없으면 하늘에서 보화가 네게 있으리라고 하십니다. 이게 바로 구원입니다.

우리는 구원을 어떻게 받고 싶으냐면 내 재물을 다 가져가고 하늘의 보화도 내리면 좋겠다고 생각합니다. 예수님은 네게 재물이, 네가 옳다는 생각이, 육신을 섬기는 지식이 남아 있으면 하나님의 말씀이 임하지 않는다고 하셨습니다. 하늘의 보화가 무엇입니까? 말씀입니다. 말씀과 다른 생각을 섬기고 있으면 말씀이 들어가지 않습니다. 그리고 와서 나를 따르라 하셨는데 예수님을 따라갈 수 있는 조건은 하늘의 보화가 있어야 합니다. 하늘의 말씀이 있어야 합니다.

22 그 사람은 재물이 많은 고로 이 말씀으로 인하여 슬픈 기색을 띠고 근심하며 가니라

예수님의 조건은 "네 생각을 버리고 내 생각을 받으라"는 것이었습니다. 재물 다 팔아서 없애면 하늘의 보화, 말씀이 네게 있으리라고 하셨습니다. 네 생각이 끝나면 내 생각이 있다는 겁니다. 그런데 재물이 많은 사람은 이 말씀을 듣고 슬픈 기색을 띠고 근심하며 갔습니다. 우리는 우리의 세계를 내버려두고 하나님의 세계에 들어가려고 합니다. 성경에서는 너희 세계를 버려야 하나님의 세계에 들어올 수 있다고 하셨습니다. 재물을 팔아서 나누어 주는 것만이 아니라 네 생각을 다 없애라. 그러면 내가 내 생각을 네게 주리라. 그리 한 뒤에 나를 따르라고 하십니다.

이 사람은 자기의 생각과 예수님의 말씀을 맞바꿀 수 없었습니다. 내 생각이 더 소중하다는 거지요. 그래서 이 세상의 백성들이 하나님의 나라에 들어가지 못하는 것입니다. 내 생각을 없애야 하나님의 생각, 말씀이 내 영혼에 임하는데 내 생각을 내버려두고 하나님 말씀을 받으려고 하니까 죽을 때까지 말씀을 들어도 하나님의 나라와 상관이 없게 됩니다. 니고데모도 표적을 예수님처럼 행하고 싶어서 왔었고, 이 재물이 많은 사람도 영원한 생명을 얻고 싶어서 왔습니다. 예수님의 말씀이 영원한 생명이라는 사실을 알지 못하고 돌아갔습니다.

28 베드로가 여짜와 이르되 보소서 우리가 모든 것을 버리고 주를 따랐나이다

베드로가 예수님에게 묻습니다. "예수님 우리는 모든 것을 버리고 주를 따랐습니다. 하늘나라에 데려갈 수 있습니까?" 우리는 다 버렸어요. 아무것도 없어요.

29 예수께서 이르시되 내가 진실로 너희에게 이르노니 나와 복음을 위하여 집이나 형제나 자매나 어머니나 아버지나 자식이나 전토를 버린 자는 **30** 현세에 있어 집과 형제와 자매와 어머니와 자식과 전토를 백 배나 받되 박해를 겸하여 받고 내세에 영생을 받지 못할 자가 없느니라

베드로가 다 버리고 왔으니까 우리 구원되지요라고 물으니까 예수님이 나와 복음을 위하여 버려야 한다고 말씀하십니다. 베드로가 무엇을 위하여 다 버렸는지는 모르지만 그렇게 버려서는 안 된다는 겁니다. 어떻게 버려야하냐면 예수님과 복음을 위하여 버려야 합니다. 예수님과 복음을 위하여 모든 것을 버릴 수 있는 사람은 자기 생각이 틀린 것을 아는 자입니다. "내 생각은 틀렸어. 내 생각은 쓰레기야" 이렇게 될 때 버릴 수 있다는 겁니다.

다윗이 "어머니가 죄 중에 잉태하고 내가 죄악 중에 출생했나이다"라고 간증한 것과 같습니다. "나는 쓰레기이고 죄인이고 악한 인간입니다. 내 속에 있는 건 죄밖에 없습니다"라고 할 때 주님과 복음을 위해서 모든 것을 버릴 수가 있는 겁니다. 인간의 생각에 들어 있는 아주 귀하다는 집이나 형제나 자매나 어머니나 아버지나 자식이나 전토를 버린 자는 집이나 아버지를 내버린 게 아닙니다.

내 생각에 소중하다고 생각하는 것, 그 생각을 버린 겁니다. 내 생각을 버리면 내 생각 안에 들어있는 아버지와 어머니와 전토 이것이 다 버려집니다. 그런데 내 생각을 버리게 되면 이 세상에서 현세에 있어 집과 형제와 자매와 어머니와 자식과 전토를 백 배나 받되 내 생

각을 버리면 하나님의 생각이 들어와서 백배나 받는다는 것입니다.

사람이 왜 어렵게 삽니까? 왜 힘들게 삽니까? 왜 가난하게 사나요? 하나님을 못 만나서 자기를 못 버려서 현세에서 어렵게 산다는 겁니다. 여기서 자기를 버린 자는 현세에 백 배나 받을 뿐만 아니라 다가오는 세상, 죽어서 가는 세상에서 영원한 생명을 못 받을 사람이 하나도 없습니다. 자기만 버리면 이 땅에서도 엄청나게 부유하게 살고 죽어서도 영원한 생명, 하나님을 얻지 못할 자가 없다고 성경은 이야기하고 있습니다.

우리가 못사는 이유나 죽음이 두려운 이유는 말씀을 믿지 못해서입니다. 왜 말씀을 못 믿냐면 자기를 버리지 못해서입니다. 자기를 버리면 바로 말씀이 우리에게 임한다는 거죠. 내가 버려지지 않으면 말씀과 영원히 함께하지 못합니다. 육신의 생각은 하나님과 원수가 되고, 하나님의 법에 굴복하지 않을 뿐 아니라 할 수도 없습니다.

인간의 생각이 존재하면 하나님은 우리의 마음에 들어오지 않습니다. 니고데모라는 이스라엘 지도자가 예수님을 찾아갔는데 예수님을 만나지 못했어요. 그리고 재물이 많은 사람이 예수님을 찾아왔지만 예수님을 만나지 못했습니다. 예수님의 말씀을 듣지 못했습니다. 왜냐하면 자기의 세계가 있기 때문에, 자기의 원함이 있기 때문에 예수님을 찾아갔지만 만날 수가 없었던 거예요.

지금 우리도 예수님한테 무엇이 원하는 게 있고 바라는 게 있어서 이 땅에서 잘 살려고, 천국에 가려고 예수님을 찾아가면 예수님의 말씀이 들리지 않습니다. 하나님의 세계에 들어갈 수가 없습니다.

7

질그릇 안의 보배

질그릇 안의 보배

• 예레미야 6장

10 내가 누구에게 말하며 누구에게 경책하여 듣게 할꼬 보라 그 귀가 할례를 받지 못하였으므로 듣지 못하는도다 보라 여호와의 말씀을 그들이 자신들에게 욕으로 여기고 이를 즐겨 하지 아니하니
11 그러므로 여호와의 분노가 내게 가득하여 참기 어렵도다 그것을 거리에 있는 아이들과 모인 청년들에게 부으리니 남편과 아내와 나이 든 사람과 늙은이가 다 잡히리로다

경책은 정신을 차리게 하기 위하여 남을 심히 꾸짖는 것입니다. 정신을 차리게 한다는 것은 지금 잘못한 일이 있는 것이지요. 10절에서 이르듯이 귀에 할례를 하지 않아서 사람들이 하나님의 말씀을 들을 수가 없습니다. 육신을 섬기는 것이 사람들의 삶의 목적인데 하나님이 그것을 잘못된 일이라고 하기 때문입니다.

"육신을 섬기면 70, 80년 뒤에는 다 죽어 썩어서 없어진다. 나를 섬겨야 된다. 그래야 영원한 세계, 내가 준비해둔 세계에 너희들이 들어올 수 있다"라고 하셨습니다.

 육신을 보지 말고 영을 봐라. 나를 봐라. 하나님을 봐라. 말씀을 봐라, 하시는 겁니다. 육신을 보지 말라는 이 말씀을 사람들은 욕으로 여깁니다. 살려주는 음성을 귀에 할례를 받지 못해서 듣지 못합니다. 할례가 무엇입니까? 일종의 포경수술이잖아요. 포경수술은 포피가 덮여있는 것을 잘라내는 것인데요. 귀에 할례를 받지 못했다는 말은 무엇입니까? 육신을 섬기는 지식과 생각을 이야기하고 있는 것입니다.

 육신을 섬기는 사람에게 말씀을 하면 하나님의 말씀을 욕으로 여깁니다. 그래서 오늘날 하나님의 말씀을 그대로 전하지 않습니다. 사람들이 싫어하니까요. 성경에서는 늘 우리가 죄를 지으면 저주받는다고 하고, 죽인다, 망한다, 멸망한다고 얘기합니다. 지금 종교에서는 하나님을 가르치면서 복을 받을 거라고 이야기합니다. 성경하고는 반대로 설교를 하고 있는 겁니다.

 우리가 고린도후서 3장 13절에서 고린도후서 5장 10절까지의 말씀을 살펴보면 하나님이 우리에게 전하고자 하는 뜻이 여기에 있습니다. 왜 하나님에 대한 믿음이 생기지 않으며, 우리는 왜 우리 생각을 믿고 생각에 이끌려서 살아갈 수밖에 없는지 나옵니다. 성경을 통해서 하나님이 우리에게 가르쳐 주고자 하는 하나님의 마음이 나타나 있습니다.

• **고린도후서 3장**
13 우리는 모세가 이스라엘 자손들에게 장차 없어질 것의 결국을 주목하지 못하게 하려고 수건을 그 얼굴에 쓴 것 같이 아니하노라

이스라엘 자손에게 수건은 무엇이냐 하면 육신을 살리려고 하는 생각입니다. 내가 살기 위해서 노력하는 지식, 나를 노력하게 만드는 지식입니다. 장차 우리의 육신은 없어집니다. 그 육신이 없어지는 마지막을 사람들이 보게 된다면 결코 지금과 같은 삶을 살지 않을 겁니다. 세상의 풍속을 따르고, 세상에 소망을 가지고 그렇게 살 일이 없습니다. 70년 80년 살다가 죽어야 되고 썩어야 된다면 지금 내가 세상에서 열심히 살려고 하는 이것은 무엇입니까? 정신병자들이 하는 짓과 다를 바 없습니다. 70년 80년은 금방 지나가는데 무엇을 위해서 인생을 살아가야 할까요? 인간의 지식이 사람들을 얼마나 속이고 있는지 알아야 합니다.

결국 그 끝을 주목하게 되면 이 세상을 이렇게 살아갈 사람은 아무도 없을 겁니다. 13절에서 말하는 수건은 율법인데요. 우리가 세상에서 살아남기 위한 세상의 법입니다. 이 수건을 얼굴에 쓴 것같이 우리가 수건을 덮어써 버리면 수건밖에는 보이지 않습니다. "열심히 해야 된다. 살려면 공부도 하고 돈도 벌고 집도 사

고 열심히 해야 된다"고 다들 생각합니다. 열심히 하는 내 육신을 섬기는 이 생각밖에 안 보입니다.

14 그러나 그들의 마음이 완고하여 오늘까지도 구약을 읽을 때에 그 수건이 벗겨지지 아니하고 있으니 그 수건은 그리스도 안에서 없어질 것이라

우리 마음이 완고하고 완전히 고집으로 똘똘 뭉쳤습니다. 다른 걸 듣지 않고 보지 않습니다. 보지 않는 것이 아니라 볼 수가 없는 것입니다. 우리가 오늘날 구약을 읽을 때 이 말의 뜻을 보세요. **그 수건이 벗겨지지 아니하고 있으니 그 수건은 그리스도 안에서 없어질 것이라** 우리의 생각 우리가 살고자 하는 이 생각은 스스로가 벗겨낼 수가 없다는 겁니다. 우리의 생각은 어디에 가면 없어지냐 하면 그리스도 안, 말씀에 가면 없어집니다. 이 말씀이 수건의 존재에 대해서 자세히 가르쳐줍니다.

15 오늘까지 모세의 글을 읽을 때에 수건이 그 마음을 덮었도다

모세의 글을 읽지만 육신을 섬기는 법으로 모세의 글을 읽으니까 제대로 읽을 수 없습니다. 하나님을 우리가 만나는데 이 수건, 육신을 섬기는 율법이 하나님의 말씀을 욕으로 여기게 만듭니다. 하나님의 말씀을 "아니다, 틀렸다, 하나님은 없다"고 얘기합니다.

16 그러나 언제든지 주께로 돌아가면 그 수건이 벗겨지리라

우리의 생각은 언제 없어질까요? 주께 돌아가면 그 생각은 없어집니다. 생각의 정체가 드러나기 때문입니다. 주께로 돌아가 인생의 결론을 알고, 삶의 시작과 끝과 내세를 다 알게 되면 이 지식을 따라갈 사람이 하나도 없습니다.

17 주는 영이시니 주의 영이 계신 곳에는 자유가 있느니라

하나님은 영입니다. 영은 무엇입니까? 지식입니다. 지식은 뭡니까? 생각입니다. 생각은 무엇입니까? 뜻입니다. 그래서 하나님의 지식으로 돌아가면 하나님의 영, 능력의 영을 얻게 됩니다. 능력의 지식, "빛이 있으라 하매" 빛이 있었습니다. 말씀에 능력이 있기 때문에 말씀이 원하는 것은 다 이루어지는 겁니다.

하나님의 영에게 돌아가면 거기에는 자유가 있을 수밖에 없습니다. 자유는 능력 안에서 생기는 것이니까요. 하나님의 영에게 돌아가지 않으면 우리는 자유는 없어요. 결국은 행위에 대한 구속이 생겨 무엇이든 열심히 해야 됩니다. 어떤 자유를 느낄 수 있는 게 아니라 항상 부족함 가운데 있어서 열심히 일해야 하는 지식에 구속당한다는 겁니다.

그런데 하나님에게 돌아가면 하나님의 능력이 있기 때문에 하나님을 바라보면 하나님이 모든 것을 우리에게 맞게 이루어주십니다. 그 하나님의 영이 우리의 마음에 있으면 우리는 어떤 위치에 가서도 자유를 누릴 수밖에 없습니다.

18 우리가 다 수건을 벗은 얼굴로 거울을 보는 것 같이 주의 영광을 보매 그와 같은 형상으로 변화하여 영광에서 영광에 이르니 곧 주의 영으로 말미암음이니라

수건을 벗고 거울을 보면 얼굴이 보이지만 수건을 쓰고 거울을 보면 내 모습이 안 보입니다. 수건을 벗어야만 내 모습을 볼 수 있습니다. 우리가 하나님을 볼 수 없는 이유가 수건, 육신을 섬기는 지식이 우리를 가리고 있기 때문입니다. 이 지식을 벗겨내지 않으면 영원히 하나님을 볼 수가 없습니다. 이 수건 때문에 하나님의 말씀을 욕이라고 느끼게 됩니다.

• 고린도후서 4장
1 그러므로 우리가 이 직분을 받아 긍휼하심을 입은 대로 낙심하지 아니하고
2 이에 숨은 부끄러움의 일을 버리고 속임으로 행하지 아니하며 하나님의 말씀을 혼잡하게 하지 아니하고 오직 진리를 나타냄으로 하나님 앞에서 각 사람의 양심에 대하여 스스로 추천하노라
3 만일 우리의 복음이 가리었으면 망하는 자들에게 가리어진 것이라

없는 세계를 계속 이야기하는 것이 속임입니다. 우리 사람의 인생의 지식이 속임입니다. 살 수 없는데 살라고 열심히 하라고 합니다. 뭐든 열심히 해야 살 것 같은 느낌이 옵니다. 70년, 80년 뒤엔 다 죽는데 오늘 하루 살 수 있다고 계속 속이고 있습니다. **하나님의 말씀을 혼잡하게 하지 아니하고** 하나님의 말씀을 혼잡하게 하는 게 뭡니까? 하나님의 말씀을 그대로 받아들이지 않고 인간의 생각하고 섞는 겁니다. 인간의 생각이랑 섞어서 보니까 혼잡해질 수밖에 없습니다.

창조주를 믿고 능력의 주님을 믿고 하나님을 바라보는 우리가 무엇을 해야 합니까? 에덴에서 우리가 한 것이 무엇이 있었습니까? 우리는 아무것도 없었지만 부족한 게 없었어요. 에덴에서 무엇이 부족해서 우리가 노력한 적이 있습니까? 우리는 벌거벗었지만 만족할 수 있었습니다.

하나님이 보이고 하나님에 대한 믿음이 있으니까 하나님이 모든 것을 채워줄 수 있다는 믿음 하나가 우리의 모든 부족한 것을 보이지 않게 했습니다. 지금 하나님의 말씀과 인간의 생각을 섞어서 하나님을 믿는 사람들은 이 세상에 살고 싶고 열심히 하고 싶어 합니다. 그것이 하나님의 말씀을 혼잡하게 하는 겁니다.

3 만일 우리의 복음이 가리었으면 망하는 자들에게 가리어진 것이라

우리는 열심히 해도 망합니다. 왜 망합니까? 하나님을 섬기지 않고 육신을 섬기기 때문에 망합니다. 하나님을 버리고 육신을 섬기는 지식을 뱀에게 듣고 그것을 받아들이면서 우리에게 사망이 왔고 수고가 왔고 질병이 왔습니다. 모든 삶이 에덴에서의 삶과 비교했을 때 너무 힘든 삶으로 바뀌었습니다. 죽어서도 영원히 불못이 예비되어 있습니다. 복음이 보이지 않는 이유가 육신을 섬기고 있기 때문에 육신의 소리 이외에는 듣지 않겠다, 모든 것을 거부하겠다고 하기 때문입니다. 이런 사람에게는 복음이 들리지 않습니다.

4 그 중에 이 세상의 신이 믿지 아니하는 자들의 마음을 혼미하게 하여 그리스도의 영광의 복음의 광채가 비치지 못하게 함이니 그리스도는 하나님의 형상이니라

이 세상의 신은 뭡니까? 돈이지요. 사람들이 이 세상 신을 돈으로밖에 못 봅니다. 돈은 어디에 필요합니까? 우리 인간의 육체에 필요합니다. 빌립보서 4장에 보면 "너희의 신은 배요"라고 하는데 이 육신에 필요한 겁니다. 그러면 육신에 필요하다고 느끼게 하는 것은 무엇입니까? 하나님의 말씀이 아닌, 지식 육신을 하나님으로 섬기게 하는 뱀이 넣어준 생각 즉 사탄의 지식, 마귀의 지식입니다.

세상 신은 돈이 아니라 육체 뒤에 숨어서 우리 인간들을 살 수 있다고 유혹하는 지식이 세상의 신입니다. 세상의 신은 하나님을 절대로 신뢰하게 하지 않습니다. 세상의 신에 중독된 사람들은 천국에 가는 것보다 지옥에 가는 것을 훨씬 더 좋게 여깁니다. 그래서 하나님을 찾지 않는 겁니다.

육체적 신이 하나님 믿지 않는 자들을 혼미하게 해서 그리스도의 영광, 복음 하나님의 말씀을 듣지 못하게 합니다. 그리스도는 하나님의 형상입니다. 하나님의 모습입니다.

5 우리는 우리를 전파하는 것이 아니라 오직 그리스도 예수의 주 되신 것과 또 예수를 위하여 우리가 너희의 종 된 것을 전파함이라

우리가 말씀을 전하는 것은 인간을 전파하는 게 아닙니다. 이 세상의 삶이 옳다고 이야기하는 게 아닙니다. 우리가 전파하는 것은 예수님이 우리의 주인이다, 예수님이 옳다, 예수님의 말씀이 진리라는 것입니다. 너희의 종 된 것, 너희를 어떻게든 좋은 세상으로 인도하기 위해서 너희에게 맞춘다는 것입니다. 너희를 섬긴다는 겁니다. 너희를 위한다는 거죠. 너희의 유익을 이야기한다는 겁니다.

종 됐다는 것은 종이 상전의 뜻을 받들어 살 듯이, 상전의 유익을 구하듯이, 우리가 너희의 종이 됐다는 것은 이 세상이 아니라 이 세상의 밖에 있는 예수님의 세계로 너희들이 와야 너희들에게 유익하다는 뜻입니다. 상대의 유익을 구하는 것이 종입니다. 자기의 유익을 구하는 것은 주인이고요.

6 어두운 데에 빛이 비치라 말씀하셨던 그 하나님께서 예수 그리스도의 얼굴에 있는 하나님의 영광을 아는 빛을 우리 마음에 비추셨느니라

빛을 우리 마음에 비추셨느니라. 하나님의 뜻을 아는 빛을 우리 마음에 비추셨느니라.

• 요한복음 17장
7 지금 그들은 아버지께서 내게 주신 것이 다 아버지로부터 온 것인 줄 알았나이다
8 나는 아버지께서 내게 주신 말씀들을 그들에게 주었사오며 그들은 이것을 받고 내가 아버지께로부터 나온 줄을 참으로 아오며 아버지께서 나를 보내신 줄도 믿었사옵나이다

하나님의 영광을 아는 그 빛이 무엇인지 말하고 있습니다. 이 영광의 빛을 아는 그 빛이 말씀이라는 겁니다. 말씀을 예수님이 그들에게 주었는데 그들이 말씀을 받고 보니까 "이 예수님은 하나님이 보내셨구나. 하나님으로부터 오신 분이구나" 알게 되었다는 겁니다.

• 고린도후서 4장
7 우리가 이 보배를 질그릇에 가졌으니 이는 심히 큰 능력은 하나님께 있고 우리에게 있지 아니함을 알게 하려 함이라

우리가 가진 것은 질그릇이라는 겁니다. 우리는 그릇일 뿐입니

다. 우리 마음의 그릇에 하나님의 영이 담기면 하나님이 보이고, 사탄의 영이 담기면 사탄이 보이는 것입니다. 그릇일 뿐인 우리가 무엇을 믿고 노력하고 기도하고 열심히 할 수 없는 것이지요. 지금 우리가 열심히 기도하고 노력하고 헌금하고 봉사하라고 누가 시켰습니까? 다들 하나님이 시켰다고 이야기하지만 하나님은 그것을 시키지 않았습니다. 그것은 사탄이 시킨 일입니다. 열심히 하는 것은 사탄입니다. 안식을 하는 것은 하나님의 세계입니다.

우리가 이 보배를 질그릇에 가졌으니, 이 말씀에서 보배가 뭡니까? 말씀입니다. 하나님 말씀, 하나님의 영입니다. 질그릇은 무엇입니까? 우리가 될 수 있는 것은 질그릇뿐입니다. 우리는 하나님의 영을 담으면 하나님이 보이고 사탄의 영이 보이면 육신이 보입니다. 사탄에 중독되는 자는 육체를 섬기는 자입니다. 하나님에게 중독된 자는 말씀을 섬기게 되어 있습니다.

이 두 부류의 사람들은 다릅니다. 육체를 먼저 이야기를 하면 사탄의 새끼들이고, 말씀이 앞서서 나오면 그것은 하나님의 자녀입니다. 예수님도 성경을 앞세워서 말씀하십니다. 어떤 곳에서든 제자들과 이야기할 때도 기록되었으되 "목자가 치니 양떼가 흩어지더라"고 하셨습니다. 항상 성경이 앞서고 예수님은 뒤에서 성경을 옳다고 하십니다.

육신의 옷을 입고 온 하나님이 예수님인데 하나님도 성경 밑에서 행하시더라는 겁니다. 보배는 말씀이고 우리는 질그릇이니 우리는 아무것도 해서는 안 됩니다. 하나님이 시키는 대로만 하기 위해서 존재해야 합니다. 우리가 무엇을 기도하고 봉사하고 헌금하고 이것은 역모나 마찬가지입니다.

제가 차를 한 대 사서 주차장에 세워놨는데 제가 차를 타려고 하면 문을 탁 잠그고 옆집에 내 친구가 오면 문 열어주고 타고 다니게 합니다. 그리고 내가 오늘 구미에 가야겠다고 했을 때 차가 나는 오늘 피곤해서 못 가요, 이런다면 그 차는 폐차시켜야 합니다. 그럼 차는 무엇을 해야 하는 물건이냐면, 차는 어떤 생각도 주관도 아무것도 없어야 돼요. 내가 대구 가고 싶을 때 차는 대구로 가야하고 서울 가고 싶을 때 서울로 갈 수 있도록 그 자동차는 나를 기다리고 있어야 합니다.

우리가 하나님의 보배를 담는 그릇인데 내가 기도를 하고 봉사를 하고 한다면 그러면 하나님은 무엇을 해야 됩니까? 하나님의 뜻대로 하는 것이 우리의 사명인데 우리에게 무엇이 하고 싶은 게 있다면 이미 하나님의 질그릇, 보배를 담는 질그릇이 아니라 보배를 버린 질그릇이 됩니다. 이 땅의 사람들은 다 속고 있습니다.

이는 심히 큰 능력은 하나님께 있고 우리에게 있지 아니함을 알게 하려 함이라 보배가 마음대로 해야지 질그릇이 마음대로 한다면, 차주가 마음대로 하는 게 아니라 자동차가 마음대로 한다면 이 둘은 싸울 수밖에 없습니다. 우리가 하나님 노릇을 하고 있기 때문에 하나님을 만날 수가 없잖습니까? 우리는 아무것도 하지 않는 질그릇이 되어야 하나님을 만날 수가 있습니다.

**8 우리가 사방으로 우겨쌈을 당하여도 싸이지 아니하며 답답한 일을 당하여도 낙심하지 아니하며
9 박해를 받아도 버린 바 되지 아니하며 거꾸러뜨림을 당하여도 망하지 아니하고**

우리의 질그릇에 보배가 있다면 어떤 형편도 문제되지 않습니다. 그리스도인이 사자의 굴에 잡혀먹어도, 먹을 게 없어도 그 다음에 매를 맞아도 낙심하지 않습니다. 박해나 거꾸러뜨림을 받아도 안 망합니다. 하나님이 있고 능력이 있기 때문입니다. 오히려 그리스도인들은 이 땅에 사는 것을 거부하는 사람들입니다.

저주받은 이 땅에 하나님이 없는 이 땅에, 수고와 고통과 질병과 사망이 있는 이 땅에 그리스도인들은 살고 싶어 하지 않습니다. 우리 그리스도인들은 하나님이 계시는, 성경에 나온 새 하늘과 새 땅에서 살고 싶지 이 하늘과 이 땅에서는 살고 싶은 마음이 없습니다.

10 우리가 항상 예수의 죽음을 몸에 짊어짐은 예수의 생명이 또한 우리 몸에 나타나게 하려 함이라

예수님이 죽었어요. 예수님이 왜 죽었습니까? 우리 인간이 우리 생각을 따라가면 죽습니다. 우리가 얼마나 나쁘냐 하면 예수님을 죽게 했을 만큼 나쁩니다. 그래서 우리가 "아! 예수님을 죽게 했으니 내가 꼭 죽어야 된다, 나는 내 소리를 듣지 않아야 된다, 나는 내게서 돌아서야 된다"라는 겁니다.

예수님의 죽음을 봤을 때, 예수님의 죽음을 몸에 짊어졌을 때 우리는 큰 죄를 지은 것입니다. 예수님은 우리의 악행으로 인해서 죽음을 맞이하셨습니다. 그래서 질그릇인 우리는 더 이상 예수님이 아닌, 말씀이 아닌 지식을 듣지 않아야 합니다.

말씀이 들리게 하기 위해서 내 세계를 듣지 않고 보지 않는 겁니다. 예수님의 소리를 듣기 위해서, 예수님의 말씀을 듣기 위해서 끝없이 우리는 예수의 죽음을 바라보아야 합니다. 그래서 사도바울이 "내가 자랑할 것은 십자가밖에 없다"라고 한 겁니다. 내 세계에서 죽는 것 이외에 더 이상 생각할 게 없습니다.

11 우리 살아 있는 자가 항상 예수를 위하여 죽음에 넘겨짐은 예수의 생명이 또한 우리 죽을 육체에 나타나게 하려 함이라

인간의 육신을 섬기는 이 지식이 에덴에서 쫓겨나게 했고 수고하게 했고 질병이 오게 했고 슬픔이 오게 했고 죽음이 오게 했다면 나는 이 지식과 영원히 살지 않아야 합니다.

12 그런즉 사망은 우리 안에서 역사하고 생명은 너희 안에서 역사하느니라

　우리의 생각이 사망을 불러왔습니다. 생명은 하나님의 말씀입니다. 우리 안에 있는 지식과 생각이 아니라 밖에 있는 지식, 우리 생각과 다른 지식이 생명입니다. 우리 생각과 다른 지식을 믿고 있었을 때 에덴에서는 부족한 게 없었습니다. 불평불만도 없었고요. 사망도 없고 아무것도 없었어요. 해야 할 일도 없었고 늘 안식과 기쁨 속에서 평화롭게 살았습니다.
　우리가 엉뚱한 지식, 사망의 지식을 받아들여서 이 세상을 살고 있다 이 말입니다. 그래서 사망은 인간의 생각입니다. 생명은 하나님의 말씀입니다. 성경이 존재하고 전도자가 존재하는 것은 "너희들이 사망의 세계에서 살고 있다 거기를 버리고 생명의 세계로 옮겨오라"고 말씀하셨기 때문입니다.

13 기록된 바 내가 믿었으므로 말하였다 한 것 같이 우리가 같은 믿음의 마음을 가졌으니 우리도 믿었으므로 또한 말하노라

　우리가 말씀을 받지 않고 생명을 말할 수는 없습니다. 그래서 생명이 없는 사람이 말씀을 보면 사람의 생각과 섞어서 나중에는 오직 세상의 신인 돈만을 바랍니다.

14 주 예수를 다시 살리신 이가 예수와 함께 우리도 다시 살리사 너희와 함께 그 앞

에 서게 하실 줄을 아노라
15 이는 모든 것이 너희를 위함이니 많은 사람의 감사로 말미암아 은혜가 더하여 넘쳐서 하나님께 영광을 돌리게 하려 함이라

   예수를 살리신 이가 하나님이죠. 우리도 다시 살리셨습니다. 그리고 이 성경 말씀을 전하는 것은 전하는 자의 유익을 위한 것이 아니라 듣는 자의 유익을 위한 것이라고 하셨습니다. **사람의 감사로 말미암아 은혜가 더하여 넘쳐서 하나님께 영광을 돌리게 하려 함이라** 감사라는 것은 고맙다, 좋다, 옳다, 맞다, 행복하다는 뜻입니다. 하나님을 만나는 것이 우리 행복의 출발점입니다.

16 그러므로 우리가 낙심하지 아니하노니 우리의 겉사람은 낡아지나 우리의 속사람은 날로 새로워지도다

   겉사람은 무엇입니까? 육신을 섬기는 지식이 겉사람입니다. 속사람은 무엇입니까? 내 속에 어떤 지식이 있느냐는 말씀이지요. 하나님의 말씀은 너의 질그릇 속에 어떤 영이 존재하느냐를 이야기하고 있습니다. 겉사람은 인간의 생각은 너희 육체가 얼마나 편할 수 있느냐 그것을 이야기합니다. 육신의 고통이 잘못된 지식으로 왔다면 우리는 더 이상 육신을 위하는 지식을 따라 살지 않아야 합니다. 점점 이때까지 믿고 왔던 것을 불신하게 된다는 겁니다. **우리의 속사람은 날로 새로워지도다** 말씀을 따라 살게 되면

말씀이 채워지면서 날로 새로워질 수 있습니다.

**17 우리가 잠시 받는 환난의 경한 것이 지극히 크고 영원한 영광의 중한 것을 우리에게 이루게 함이니
18 우리가 주목하는 것은 보이는 것이 아니요 보이지 않는 것이니 보이는 것은 잠깐이요 보이지 않는 것은 영원함이라**

우리가 보이는 세계에 살고 보이는 육체를 섬기는 것은 잠깐입니다. 그런데 보이지 않는 것을 주목하면 그것은 영원한 세계라는 겁니다. 우리가 70년을 위해서 생명을 떼고 사느냐, 영원한 세계를 위해서 70년을 보내느냐, 70년 뒤에 죽어서 썩어질 것을 위해서 하느냐, 아니면 영원한 세계, 끝이 없는 세계, 하나님의 세계를 들어가기 위해서 생을 살고 있느냐 이 문제가 엄청나게 중요합니다.

- **고린도후서 5장**

1 만일 땅에 있는 우리의 장막 집이 무너지면 하나님께서 지으신 집 곧 손으로 지은 것이 아니요

집이라는 것은 마음의 지식의 상태를 이야기합니다. 우리가 손으로 지은 집, 땅에 있는 우리의 장막 집, 땅에 살기 위해서 수많은 생각들을 모아놓은 것입니다. 우리의 땅에 있는, 우리의 땅에

살고자 하는 지식이 없어지고 무너지면, 하늘에 있는 하나님의 집이 우리에게 들어온다는 겁니다.

2 참으로 우리가 여기 있어 탄식하며 하늘로부터 오는 우리 처소로 덧입기를 간절히 사모하노라
3 이렇게 입음은 우리가 벗은 자들로 발견되지 않으려 함이라
4 참으로 이 장막에 있는 우리가 짐진 것 같이 탄식하는 것은 벗고자 함이 아니요 오히려 덧입고자 함이니 죽을 것이 생명에 삼킨 바 되게 하려 함이라

우리의 생각을 싹 없애는 것이 아니라 하나님의 말씀을 우리가 받아들이면 우리의 생각이 하나님의 말씀을 듣게 되면서 우리의 생각을 안 보고 하나님의 말씀을 보게 됩니다. 그래서 우리가 이 생각을 없애려고 노력하지 않아도 하늘에 있는 처소 하나님의 세계를 받아들이면 우리의 세계는 끝이 납니다. 지금 우리의 지식이 말씀을 받아들이면 틀린 것이 되면서 끝이 나버립니다. 그리고 말씀으로 살아가게 됩니다.

5 곧 이것을 우리에게 이루게 하시고 보증으로 성령을 우리에게 주신 이는 하나님이시니라

우리가 우리의 생각을 버렸다는 증거가 무엇입니까? 보증이 뭐냐면 우리 입에서 말씀이 나오는 것입니다. 말씀이 나오는 것

이 성령이 있는 거잖아요. 성령이 말씀이니까요. 성경을 세상에서는 받을 수가 없어요. 하나님이 우리에게 성령을 주면 우리가 성경을 알게 됩니다. 하나님의 뜻을 알게 되고 또 모든 사람을 하나님의 세계에 들어오게 하기 위해서 변한다는 거예요. 그 입에서 말씀이 나온다는 것은 성령이 있다는 겁니다. 성령은 하나님이 주셨기 때문에 성령이 있는 겁니다.

7 이는 우리가 믿음으로 행하고 보는 것으로 행하지 아니함이로라

믿음이 무엇입니까? 말씀입니다. 말씀으로 행하고, 보는 것 육체를 위하지 않는다는 거죠. 보는 것을 행하지 아니함이로라는 육체를 따라서 사는 삶을 살지 않는다는 것입니다.

8 우리가 담대하여 원하는 바는 차라리 몸을 떠나 주와 함께 있는 그것이라

몸을 떠났다는 것은 육신을 버렸다는 말입니다.

9 그런즉 우리는 몸으로 있든지 떠나든지 주를 기쁘시게 하는 자가 되기를 힘쓰노라

우리가 어떤 의미에서든지 주를 기쁘게 한다, 주님이 맞다, 이 지식이 옳다, 이렇게 힘쓴다는 것을 전한다는 뜻입니다.

10 이는 우리가 다 반드시 그리스도의 심판대 앞에 나타나게 되어 각각 선악 간에 그 몸으로 행한 것을 따라 받으려 함이라

　하나님을 섬긴 자는 영생을 하겠죠. 그리고 하나님을 거부한 자, 육신을 섬긴 자는 영원한 멸망 지옥의 불에 들어갈 겁니다. 우리가 70년 동안 무엇을 위해 살아야 하느냐? 영원한 세계를 위해서 살아야 되느냐, 잠시 보이다 섞어져 버리는 육신을 위해 살아야 되느냐는 여러분들이 정말 깊이 고심을 해봐야 할 거라고 생각합니다.

8

천국과 지옥

천국과 지옥

• **이사야 65장**

17 보라 내가 새 하늘과 새 땅을 창조하나니 이전 것은 기억되거나 마음에 생각나지 아니할 것이라

18 너희는 내가 창조하는 것으로 말미암아 영원히 기뻐하며 즐거워할지니라 보라 내가 예루살렘을 즐거운 성으로 창조하며 그 백성을 기쁨으로 삼고

19 내가 예루살렘을 즐거워하며 나의 백성을 기뻐하리니 우는 소리와 부르짖는 소리가 그 가운데에서 다시는 들리지 아니할 것이며

20 거기는 날 수가 많지 못하여 죽는 어린이와 수한이 차지 못한 노인이 다시는 없을 것이라 곧 백 세에 죽는 자를 젊은이라 하겠고 백 세가 못되어 죽는 자는 저주 받은 자이리라

새 하늘과 새 땅은 제2의 에덴이라고 봐야되겠지요. 사람들이 흔히 "나는 천국 간다"라고 이야기하는데 천국이 하늘나라에 있는 것이 아니라 이사야서 65장 17절 말씀 안에 기록되어 있습니

다. 새 하늘과 새 땅이라는 거지요. 이사야 선지자가 천국을 본 곳이 새 하늘과 새 땅이었고, 또 요한계시록에 보면 요한이 새 하늘과 새 땅을 봤어요.

우리가 앞으로 가야될 곳이 새 하늘과 새 땅과 지옥이 있는데요. 새 하늘과 새 땅에 가려고 하면 새 하늘과 새 땅에 맞는 백성이 되어야 합니다.

새 하늘과 새 땅 천국에 대해서 살펴보겠습니다. 17절에서 이전 것이 아니라고 했습니다. 새 하늘과 새 땅이 창조된다는 것은 지금 있는 하늘과 땅이 잘못되었다는 겁니다. 이 세상의 이 하늘과 이 땅이 우리가 사는 데 적합한 하늘과 땅이었다면 새 하늘과 새 땅을 하나님이 창조할 이유가 없겠지요.

우리가 새 하늘과 새 땅에 들어가면 하나님이 창조하는 것으로 말미암아 영원히 기뻐하며 즐거워할 거라고 하셨습니다. 우리가 그 나라에 들어가면 영원히 기뻐하며 즐거워한다는 거지요. 우는 소리와 부르짖는 소리가 그 가운데서는 다시는 들리지 않는다고 하셨습니다. 새 하늘과 새 땅에서 우리가 운다면 그것은 만족스럽지 못하다는 겁니다. 부르짖는다는 것도 무엇이 부족하다는 거지요.

하나님의 새 하늘과 새 땅에 들어온 백성은 하나님의 백성입니다. 하나님의 백성을 하나님이 기뻐하게 해주실 것이며, 우는 소리와 부르짖는 소리가 그 가운데서 다시 들리지 아니할 것입니다. 그 마음에 원하는 것을 완벽하게 채워주신다는 거지요. 20절에 새 하늘과 새 땅에 가면 사망이 없다고 하셨습니다. 사망이 왜 없냐 하면 생명이신 하나님이 계시기 때문에 사망이 있을 수가 없는 겁니다.

**21 그들이 가옥을 건축하고 그 안에 살겠고 포도나무를 심고 열매를 먹을 것이며
22 그들이 건축한 데에 타인이 살지 아니할 것이며 그들이 심은 것을 타인이 먹지 아니하리니 이는 내 백성의 수한이 나무의 수한과 같겠고 내가 택한 자가 그 손으로 일한 것을 길이 누릴 것이며**

가옥을 건축하고 그 안에 살게 하시겠다고 하셨습니다. 지금 이 땅에서는 집을 짓는 사람이 따로 있고 사는 사람이 따로 있습니다. 집을 짓는 사람이 왜 집을 짓느냐면 살기 위한 돈을 벌기 위해서 집을 짓는다는 겁니다. 내가 살 집을 짓는 것이 아니라 남에게 돈을 받기 위해서 남이 살 집을 내가 지어줍니다. 또 돈이 있는 사람은 내가 집을 짓지 않고 남이 지어준 집을 삽니다.

새 하늘과 새 땅에서는 내가 원하는 것을 내 뜻대로 다 이룰 수 있습니다. 내가 하는 것마다 전부 내 것이 됩니다. 다시 말하면 내게 능력이 생긴다는 겁니다. 우리가 이 땅에서는 농사를 지어도 최고 좋은 것은 시장에다 팔고 농민들은 안 좋은 것을 먹습니다. 새 하늘과 새 땅에서는 좋은 것을 남을 줄 필요가 없다는 겁니다. 우리가 능력을 가지게 되어 내가 만든 물건을 팔아 돈을 벌

필요가 없는 것입니다.

23 그들의 수고가 헛되지 않겠고 그들이 생산한 것이 재난을 당하지 아니하리니 그들은 여호와의 복된 자의 자손이요 그들의 후손도 그들과 같을 것임이라

재난을 당하기도 하고, 내가 수고한 것을 내가 아닌 타인이 누리는 일이 이 땅에서 흔히 일어납니다. 그것은 하나님 여호와가 없기 때문에, 여호와의 자손이 아니기 때문에 우리가 그렇게 살고 있는 겁니다. 새 하늘과 새 땅에 가면 **여호와의 복된 자의 자손이요 그들의 후손도 그들과 같을 것입니다.** 하나님의 자손이 되면 그들의 수고가 헛되지 않고, 그들이 생산한 것이 재난을 당하지 않습니다. 원하는 모든 것을 가질 수 있고 이룰 수 있습니다.

24 그들이 부르기 전에 내가 응답하겠고 그들이 말을 마치기 전에 내가 들을 것이며

새 하늘과 새 땅에 들어가면 그들이 부르기 전에 내가 응답합니다. 빛이 있으라 함에 빛이 있었습니다. 하나님의 세계는 능력의 세계입니다. 백성들은 하나님과 같이 생각만 하면 이루어지는 세계에 살게 됩니다. 내가 부르기 전에 응답하겠고, 라는 것은 말을 하지 않고 생각만 해도 이루어지는 세계입니다.

그들이 말을 마치기 전에 내가 들을 것이며라고 하셨습니다. 말을 마치기 전에 이미 이루어진다는 겁니다. 하나님이 듣고 이루어주신다는 거지요. 새 하늘과 새 땅은 정말 꿈의 세계입니다. 생각만 하면 모든 것이 이루어지고, 하나님이 창조하시는 것으로 말미암아 영원히 기뻐하며 즐거워하고 우는 소리와 부르짖는 소리가 다시는 있지 않습니다.

내가 하는 모든 행위는 내가 다 누리고, 우리가 바라던 세계이며 살고 싶은 세계입니다. 하나님이 이 세계를 어디에다 창조했을까요? 이사야서 65장 17절에서 25절까지의 말씀에 다 나와 있습니다.

25 이리와 어린 양이 함께 먹을 것이며 사자가 소처럼 짚을 먹을 것이며 뱀은 흙을 양식으로 삼을 것이니 나의 성산에서는 해함도 없겠고 상함도 없으리라 여호와께서 말씀하시니라

하나님이 창조해놓은 새 하늘과 새 땅, 하나님이 계시는 그곳에는 서로가 서로에게 피해를 줄 필요가 없는 곳입니다. 각자 능력이 있으니까 스스로 살 수 있는 생명력이 있기 때문입니다. 지금 이 땅은 하나님이 없고 우리에게는 능력이 없습니다. 생명이 없어요. 그래서 매일 남에게 해를 입혀야 살 수 있는 그런 땅에 살고 있습니다.

하나님이 새 하늘과 새 땅을 창조한 그 세계는 하나님이 계셔서 모든 것을 들어주십니다. 생각만 해도 이루어지는 세계, 해함도 없고 상함도 없는 세계, 완전한 세계로 오라고 사람들을 기다

리고 계십니다. 이사야 선지자가 본 새 하늘과 새 땅과 요한이라는 사람이 본 새 하늘과 새 땅이 다 성경에 기록되어 있습니다.

• **요한계시록 21장**
1 또 내가 새 하늘과 새 땅을 보니 처음 하늘과 처음 땅이 없어졌고 바다도 다시 있지 않더라
2 또 내가 보매 거룩한 성 새 예루살렘이 하나님께로부터 하늘에서 내려오니 그 준비한 것이 신부가 남편을 위하여 단장한 것 같더라
3 내가 들으니 보좌에서 큰 음성이 나서 이르되 보라 하나님의 장막이 사람들과 함께 있으매 하나님이 그들과 함께 계시리니 그들은 하나님의 백성이 되고 하나님은 친히 그들과 함께 계셔서
4 모든 눈물을 그 눈에서 닦아 주시니 다시는 사망이 없고 애통하는 것이나 곡하는 것이나 아픈 것이 다시 있지 아니하리니 처음 것들이 다 지나갔음이러라

요한의 기록은 이사야 선지자가 기록한 것과 같으면서 조금 더 상세합니다. 내가 새 하늘과 새 땅을 보니 처음 하늘과 처음 땅이 없어졌고 바다도 다시 있지 않더라 이 세상과는 많이 다른 세상입니다. 하나님의 거룩한 성 새 예루살렘이 하나님께로부터 하늘에서 내려옵니다. 새 하늘과 새 땅이 이 하늘과 이 땅과 다른 점은 하나님이 계신다는 겁니다. 하나님이 우리 인간들과 함께 산다는 거예요

우리가 이 땅에서 힘든 것은 하나님이 없기 때문입니다. 이 땅은 공중에 권세 잡은 자, 마귀의 세상입니다. 우리가 마귀의 세상에 살게 된 이유는 하나님의 말씀을 들을 수 있는 귀가 없어서 에

덴에서 쫓겨났기 때문입니다. 하나님의 백성은 무엇입니까? 하나님의 소리를 듣는 사람들이 하나님의 백성입니다. 이 땅에서는 하나님의 소리와 하나님의 말씀은 안 듣고 육신의 소리를 듣습니다. 새 하늘과 새 땅의 백성은 마음이 다릅니다. 그래서 새 하늘과 새 땅에는 하나님의 백성이 되고 하나님의 말씀만 듣습니다.

이 땅에서 사망이 있고, 애통하는 것이 있고, 곡하는 것이 있고, 아픈 것은 하나님이 없어서 그런 겁니다. 우리는 세상에서 돈이 없어서 그렇다고 잘못 배웠던 겁니다. 이 땅에서 하나님이 없어서 눈에서 눈물을 흘리고 사망이 있고 아픈 것입니다. 새 하늘과 새 땅에는 하나님이 계시기 때문에 이런 것들을 하나님이 다 없애줍니다. 하나님이 계신 곳에 이런 일들은 일어나지 않습니다.

5 보좌에 앉으신 이가 이르시되 보라 내가 만물을 새롭게 하노라 하시고 또 이르시되 이 말은 신실하고 참되니 기록하라 하시고
6 또 내게 말씀하시되 이루었도다 나는 알파와 오메가요 처음과 마지막이라 내가 생명수 샘물을 목마른 자에게 값없이 주리니
7 이기는 자는 이것들을 상속으로 받으리라 나는 그의 하나님이 되고 그는 내 아들이 되리라

하나님이 알파와 오메가다, 처음과 마지막이다, 하나님이 기준인 것입니다. 이기는 자는 하나님의 말씀을 듣고 육신의 생각을

보지 않는 자, 육신의 생각을 섬기지 않는 자입니다. 그들은 육신을 이겼다고 말합니다. 우리가 하나님의 말씀을 받기 전에는 육신을 섬기는 생각에 끌려 다닐 수밖에 없어요. 그래서 우리는 육신의 생각을 이길 수가 없습니다. 아무리 봐도 그것밖에는 안 보입니다.

　육신의 생각 밖에는 볼 수 없습니다. 매일 육신을 위해서 육신을 위하는 생각이 일어나면 여기저기 끌려 다니며 그것이 무엇인지도 모르고 쫓아다닙니다. 어느 날 하나님의 말씀을 만나면서 육신의 생각을 버리게 되는 거지요. 버린다는 것은 이긴다는 거예요. 섬기지 않는다, 버린다, 보지 않는다, 이것이 이겼다는 뜻입니다. 육신의 생각을 이긴 자는 하나님의 말씀을 섬기게 되어 있습니다.

　하나님이 말씀하십니다. 나는 그의 하나님이 되고 그는 내 아들이 되리라 하나님의 아들은 하나님의 말씀만 듣습니다. 아버지의 말씀을 듣는 것이 아들이지요. 세상에서도 아버지의 말씀을 안 듣는 아들은 호로자식이라고 부르지요. 망나니라고 합니다. 하나님의 아들이 되었으니 하나님의 말씀만 듣고 살면 됩니다. 새 하늘과 새 땅에 백성은 인간의 육신을 섬기는 지식이 없습니다. 거기는 단지 하나님 말씀만 듣고 하나님 말씀으로 인해서 기뻐하고 영원히 즐거워합니다.

8 그러나 두려워하는 자들과 믿지 아니하는 자들과 흉악한 자들과 살인자들과 음행하는 자들과 점술가들과 우상 숭배자들과 거짓말하는 모든 자들은 불과 유황으로 타는 못에 던져지리니 이것이 둘째 사망이라

첫째 사망은 육체와 영혼이 분리되는 사망입니다. 이것은 누구든지 피할 수 없습니다. 창세기에 하나님이 너는 흙이니 흙으로 돌아가라 육체는 이미 땅은 너로 인하여 저주를 받고라고 말씀하셨습니다. 육체는 하나님에게 사형선고를 받고 성령으로 잉태된 예수님도 육체는 죽어야 된다는 겁니다. 그리고 둘째 사망이 나옵니다.

둘째 사망은 사람의 혼에게 하나님의 영이 담겨지지 않는 자, 하나님의 영을 받지 못한 자가 둘째 사망에 참여합니다. 이 둘째 사망에 참여하는 것은 불과 유황으로 타는 못에 던져지는 것입니다.

하나님의 말씀, 하나님의 영이 담겨지지 않은 사람은 육신을 위하는 영 곧 마귀의 영을 담은 사람입니다. 마귀의 영을 담은 사람, 마귀의 영을 이기지 못한 사람, 하나님의 말씀을 받지 못한 사람이 이 둘째 사망 불못에 던져집니다. 영원한 멸망입니다. 예수님이 우리는 하나님이 새 하늘과 새 땅을 이미 성경에 창조하셨고, 우리는 머지않아 그곳으로 가야 하는데 갈 수 있는 조건이 하나님의 영을 우리 마음에 담는 것입니다.

에덴에서 잃어버린 말씀, 예수님 부활의 말씀이 우리 마음에 다시 살아나게 하는 겁니다. 잃어버린 말씀이 마음에 살아난 사

람이 새 하늘과 새 땅의 주인이 됩니다. 예수님께서 지옥에 대해서 말씀하신 것이 있습니다.

• 마태복음 5장
29 만일 네 오른 눈이 너로 실족하게 하거든 빼어 내버리라 네 백체 중 하나가 없어지고 온 몸이 지옥에 던져지지 않는 것이 유익하며
30 또한 만일 네 오른손이 너로 실족하게 하거든 찍어 내버리라 네 백체 중 하나가 없어지고 온 몸이 지옥에 던져지지 않는 것이 유익하니라

우리의 육신이 우리 삶의 경로를 유혹한다면 이 육체를 찍어버리라는 겁니다. 눈이 세상을 좋아하면 눈을 파버리고 빼버리라는 거예요. 몸이 지옥에 가는 것 보다 눈 없이 천국 가는 것이 낫다는 말씀입니다. 그리고 마가복음 9장 43, 45, 47, 48, 49절에 지옥에 대해서 말씀하셨습니다.

• 마가복음 9장
43 만일 네 손이 너를 범죄하게 하거든 찍어버리라 장애인으로 영생에 들어가는 것이 두 손을 가지고 지옥 곧 꺼지지 않는 불에 들어가는 것보다 나으니라
45 만일 네 발이 너를 범죄하게 하거든 찍어버리라 다리 저는 자로 영생에 들어가는 것이 두 발을 가지고 지옥에 던져지는 것보다 나으니라
47 만일 네 눈이 너를 범죄하게 하거든 빼버리라 한 눈으로 하나님의 나라에 들어가는 것이 두 눈을 가지고 지옥에 던져지는 것보다 나으니라
48 거기에서는 구더기도 죽지 않고 불도 꺼지지 아니하느니라

49 사람마다 불로써 소금 치듯 함을 받으리라

　43절에서 말하는 꺼지지 않는 불이 지옥입니다. 이 땅에서는 고달프면 자살이라도 해서 이 세상을 면할 수 있는데 그 불못은 영원히 면할 수도 없습니다. 45~49절에서 지옥을 말씀하고 계십니다. 영원히 벗어날 수 없는 지옥, 구더기도 죽지 않고 불도 꺼지지 않는, 여기가 지옥입니다.

　우리가 이 세상에서 하나님이 우리에게 인생의 시간을 주었어요. 예수님이 육체가 유혹을 하거든 손이 무엇을 원하든 이 세상을 원하든 찍어버리라고 하셨습니다. 눈이 아름답다고 세상을 원하면 눈을 빼버리고, 발이 이 세상을 사는 것이 좋다고 유혹하면 발을 잘라버리라고 하십니다. 이렇게라도 하는 것이 나중에 지옥 가는 것보다 낫다는 겁니다. 거기에는 구더기도 죽지 않고 사람마다 불로써 소금 치듯 합니다. 사람들은 예수님이 이렇게 말씀하셔도 믿지 않습니다. 그 때문에 우리 인류는 엄청난 불행 속에 살아가고 있습니다.

• 마가복음 8장
33 예수께서 돌이키사 제자들을 보시며 베드로를 꾸짖어 이르시되 사탄아 내 뒤로 물러가라 네가 하나님의 일을 생각하지 아니하고 도리어 사람의 일을 생각하는도다 하시고
34 무리와 제자들을 불러 이르시되 누구든지 나를 따라오려거든 자기를 부인하고

자기 십자가를 지고 나를 따를 것이니라
35 누구든지 자기 목숨을 구원하고자 하면 잃을 것이요 누구든지 나와 복음을 위하여 자기 목숨을 잃으면 구원하리라
36 사람이 만일 온 천하를 얻고도 자기 목숨을 잃으면 무엇이 유익하리요
37 사람이 무엇을 주고 자기 목숨과 바꾸겠느냐
38 누구든지 이 음란하고 죄 많은 세대에서 나와 내 말을 부끄러워하면 인자도 아버지의 영광으로 거룩한 천사들과 함께 올 때에 그 사람을 부끄러워 하리라

사람의 일을 생각하는 것이 사탄입니다. 사람의 일은 육신을 섬기는 것, 돈을 버는 것이겠죠. 육신을 섬기다가 지옥으로 가게 됩니다. 사람 일을 생각하는 사람이 그 다음에 새 하늘과 새 땅에 가려면 예수님을 따라야 되고, 예수님을 따르려고 하면 첫째는 자기를 부인하고 자기를 인정하지 않아야 합니다. 자기 십자가를 지고 나를 따를 것이니라, 라고 하셨습니다.

십자가가 무엇입니까? 죽음의 장소입니다. 자기의 어떤 생각도 용납하지 않고, 자기 속에 일어나는 육신을 위한 생각을 인정하지 않고 보지 않는 자가 예수님을 따를 수 있습니다. 내 생각을 보면서 내 생각을 섬기면 예수님의 소리는 들리지 않는다는 거예요.

천하를 얻고도 목숨을 잃으면 무슨 소용이 있습니까? 우리가 이 땅에서 대통령이 되고 미국의 대통령이 된다고 해도 나중에 영생을 얻고 하나님을 만나지 못한다면 그것이 우리에게 무슨 유익이 있느냐고 예수님은 묻고 계십니다. 이 땅에서 어떤 것을 가

졌다고 해도 영원한 세계에 하나님과 같이 살 수 없다면 영원한 불못에 들어가야 되는데 우리의 인생이 무엇이 유익하냐는 뜻이지요.

무엇을 주고 우리 목숨과 바꾸겠습니까? 생명보다 더 중요한 게 무엇이냐는 말입니다. 38절에서 말씀하시는 부끄러움이 무엇입니까? 못났다, 신뢰할 수 없다, 부끄러워한다는 겁니다. 이 세계에서 많은 사람이 성경을 보지만 성경처럼은 살 수 없다고 생각합니다. 그냥 성경은 일주일에 한 번이나 두 번 보는 것이고, 실제로 살 수 있는 내 생명은 돈이라고 생각하는 거지요. 이 세상 신이 돈인 것입니다.

그 사람들은 하나님이 창조한 새 하늘과 새 땅에 들어갈 길이 없습니다. 우리가 죽어서 새 하늘과 새 땅에 들어가는 것이 아니라 이 세상에서 새 하늘과 새 땅의 주인공이 되어야 합니다.

하나님의 말씀을 받은 자가 새 하늘과 새 땅의 주인공입니다. 말씀을 받은 자는 이 세상을 버리고 그 마음이 새 하늘과 새 땅에 살게 되는 겁니다.

9

예수님이 찾아간 사람들의 마음

예수님이 찾아간 사람들의 마음

• 누가복음 10장

38 그들이 길 갈 때에 예수께서 한 마을에 들어가시매 마르다라 이름 하는 한 여자가 자기 집으로 영접하더라
39 그에게 마리아라 하는 동생이 있어 주의 발치에 앉아 그의 말씀을 듣더니
40 마르다는 준비하는 일이 많아 마음이 분주한지라 예수께 나아가 이르되 주여 내 동생이 나 혼자 일하게 두는 것을 생각하지 아니하시나이까 그를 명하사 나를 도와 주라 하소서
41 주께서 대답하여 이르시되 마르다야 마르다야 네가 많은 일로 염려하고 근심하나
42 몇 가지만 하든지 혹은 한 가지만이라도 족하니라 마리아는 이 좋은 편을 택하였으니 빼앗기지 아니하리라 하시니라

예수님이 한 마을에 들어갔는데 마리아라는 동생과 언니인 마르다 자매가 있었어요. 예수님이 들어가니까 이 두 사람이 예수님을 보고 반응이 달랐습니다. 동생 마리아는 예수님 발치에 앉

아서 예수님의 말씀을 듣고, 마르다는 예수님이 오시니까 예수님을 위해서 음식을 하느라 분주하게 다녔습니다.

마르다가 예수님한테 "예수님, 동생에게 나를 도와주라고 명하소서"라고 말했습니다. 마르다 입장에서는 예수님의 말씀을 듣는 것보다 예수님을 위해서 무엇을 해드리는 게 더 예수님을 위하는 것이라고 생각한 겁니다. 예수님이 마르다에게 "마르다야, 네가 나의 말을 듣는 것이 나를 위해 봉사하는 것보다 낫다"고 답하셨습니다. 마리아는 좋은 편을 택하였으니 **빼앗기지** 아니하리라고 하셨습니다. 좋은 편이란 말씀을 듣고 있는 것을 말합니다.

신앙생활에도 두 가지의 신앙이 있습니다. 한 가지는 예수님의 말씀을 듣고 그 뜻을 따라서 사물을 보는 사람이 있고, 또 다른 쪽은 자기 생각을 따라서 예수님을 대하는 것이지요. 예수님이 무엇을 원하는지 무엇을 바라는지 몰라도 내가 예수님을 위해서 무언가를 열심히 하면 그것이 예수님을 위하는 일이라고 생각하는 사람이지요.

예수님의 뜻이나 하나님의 뜻은 상관없이 내가 하나님만 믿으면 되지, 교회 열심히 다니면 되지, 뭐 그렇게 성경에 집착할 필요가 있느냐고 생각하는 겁니다. 이 마리아라는 여자는 나중에 예수님 앞에 닥칠 일까지도 먼저 알게 되는 예수님의 말씀을 듣고 있다가 미래를 볼 수 있는 기적이 일어났습니다.

• 마가복음 14장

3 예수께서 베다니 나병환자 시몬의 집에서 식사하실 때에 한 여자가 매우 값진 향유 곧 순전한 나드 한 옥합을 가지고 와서 그 옥합을 깨뜨려 예수의 머리에 부으니
4 어떤 사람들이 화를 내어 서로 말하되 어찌하여 이 향유를 허비하는가
5 이 향유를 삼백 데나리온 이상에 팔아 가난한 자들에게 줄 수 있었겠도다 하며 그 여자를 책망하는지라
6 예수께서 이르시되 가만 두라 너희가 어찌하여 그를 괴롭게 하느냐 그가 내게 좋은 일을 하였느니라
7 가난한 자들은 항상 너희와 함께 있으니 아무 때라도 원하는 대로 도울 수 있거니와 나는 너희와 항상 함께 있지 아니하리라
8 그는 힘을 다하여 내 몸에 향유를 부어 내 장례를 미리 준비하였느니라
9 내가 진실로 너희에게 이르노니 온 천하에 어디서든지 복음이 전파되는 곳에는 이 여자가 행한 일도 말하여 그를 기억하리라 하시니라

마리아가 예수님의 말씀을 듣다가 예수님을 보니까 조금 있으면 십자가에 돌아가실 것 같습니다. 인류의 죄 때문에 말입니다. 하나님의 말씀은 전부 미래에 다가올 이야기를 하고 있다는 거지요.

마리아가 비싼 향유를 가지고 예수님 장사를 지내니까 사람들이 그것을 보고 말합니다. 이 비싼 것을 왜 거기다가 허비하느냐, 그것을 팔아서 가난한 사람에게 나눠주면 많은 사람들이 배불리 먹지 않느냐. 마리아가 보는 눈과 다른 사람들이 보는 눈에는 차

이가 있습니다.

사람들이 다 육체에 관심이 있으니까 하나님의 말씀이, 예수님의 말씀이 들리지 않는 겁니다. 예수님을 따라다니지만, 수많은 말씀을 듣지만 그것이 마음에까지 들리지 않습니다. 자기 생각에 끌려가면서 이 여자가 어떻게 비싼 향유를 예수님한테 저렇게 쏟아붓지? 이걸 묻는 자도 없이 그것이 잘못됐다고 책망을 합니다.

이때 예수님이 말씀하십니다. 가난한 자들은 항상 너희와 함께 있으니 아무 때라도 원하는 대로 도울 수 있거니와 나는 너희와 항상 함께 있지 아니하리라 우리가 하나님의 말씀을 받게 되면 미래를 볼 수 있습니다. 우리의 죄악이 어디서 오는지 다 알 수 있습니다. 마리아는 예수님 앞에서 말씀을 듣지만 마르다는 자기에게 어떤 소망이 있으니까 자기 생각을 따라서 예수님을 섬깁니다. 섬긴다는 것이 결국 예수님을 거부하게 되고 맙니다.

마리아는 예수님의 말씀을 듣다가 저절로 예수님이 돌아가실 것을 알게 되고, 그 죽음이 얼마나 값지게 보였으면 그 비싼 향유를 가지고 미리 장례 준비를 하겠습니까. 예수님은 장례 준비를 하는 마리아가 옳다고 말씀을 하셨습니다.

예수님을 찾아간 사람들, 니고데모와 재물이 많은 사람은 결국 자기 생각이 예수님과 맞지 않다고 근심하며 돌아갔습니다. 예수님이 찾아 간 마리아는 가자마자 예수님을 기다렸다는 식으로 예수님의 발치 앞에서 말씀을 듣습니다. 말씀을 듣다 보니까 예수님이 돌아가실 거라는 것을 알게 되었고요. 그 죽음이 인류의 구원을 하기 위한 죽음임을 알고 비싼 향유를 구해다 예수님을 장례를 미리 준비하게 된 겁니다.

우리도 말씀을 받게 되면 미래가 보입니다. 미래가 보이고, 성경이 보이고, 성경이 예언한 미래가 보입니다. 마리아를 찾아갔듯이 예수님이 찾아간 한 여인이 또 있었습니다.

• 요한복음 4장
1 예수께서 제자를 삼고 세례를 베푸시는 것이 요한보다 많다 하는 말을 바리새인들이 들은 줄을 주께서 아신지라
2 (예수께서 친히 세례를 베푸신 것이 아니요 제자들이 베푼 것이라)
3 유대를 떠나사 다시 갈릴리로 가실새
4 사마리아를 통과하여야 하겠는지라
5 사마리아에 있는 수가라 하는 동네에 이르시니 야곱이 그 아들 요셉에게 준 땅이 가깝고
6 거기 또 야곱의 우물이 있더라 예수께서 길 가시다가 피곤하여 우물 곁에 그대로 앉으시니 때가 여섯 시쯤 되었더라
7 사마리아 여자 한 사람이 물을 길으러 왔으매 예수께서 물을 좀 달라 하시니
8 이는 제자들이 먹을 것을 사러 그 동네에 들어갔음이러라
9 사마리아 여자가 이르되 당신은 유대인으로서 어찌하여 사마리아 여자인 나에게 물을 달라 하나이까 하니 이는 유대인이 사마리아인과 상종하지 아니함이러라

예수님이 갈릴리로 가는 길에 사마리아를 통과하면서 한 여자

를 만나기 위해 우물가에 앉아 계셨습니다. 성경에는 피곤해서 우물 옆에 그대로 앉으신 때가 여섯 시쯤 됐는데, 예수님이 사마리아 여인을 기다린 것 같다는 겁니다. 사마리아 여자가 오니까 물을 달라고 하셨습니다. 사마리아 여자가 당신은 유대인으로서 어찌하여 사마리아 여자인 나에게 물을 달라 하냐고 묻습니다. 유대인이 이방인인 사마리아인들과 상종을 하지 않았다는 거예요. 그런데 예수님은 이 사마리아 여인에게 물을 달라고 하셨습니다.

10 예수께서 대답하여 이르시되 네가 만일 하나님의 선물과 또 네게 물 좀 달라 하는 이가 누구인 줄 알았더라면 네가 그에게 구하였을 것이요 그가 생수를 네게 주었으리라
11 여자가 이르되 주여 물 길을 그릇도 없고 이 우물은 깊은데 어디서 당신이 그 생수를 얻겠사옵나이까
12 우리 조상 야곱이 이 우물을 우리에게 주셨고 또 여기서 자기와 자기 아들들과 짐승이 다 마셨는데 당신이 야곱보다 더 크니이까
13 예수께서 대답하여 이르시되 이 물을 마시는 자마다 다시 목마르려니와
14 내가 주는 물을 마시는 자는 영원히 목마르지 아니하리니 내가 주는 물은 그 속에서 영생하도록 솟아나는 샘물이 되리라
15 여자가 이르되 주여 그런 물을 내게 주사 목마르지도 않고 또 여기 물 길으러 오지도 않게 하옵소서

여자와 예수님의 대화를 보면 전혀 소통이 되지 않습니다. 예

수님은 영에 대해서 영의 생수를 말씀하십니다. 영의 생수를 내가 너에게 줄 것이라는 말은 무슨 뜻입니까? 하나님의 선물인 말씀을 너에게 주면 그 말씀이 네게 능력이 되어서 그것으로 살아갈 수가 있다는 겁니다. 여자는 대답합니다. 주여, 물 길을 그릇도 없고 이 우물은 깊은데 어디서 당신이 그 생수를 얻겠사옵나이까? 여전히 육체의 마실 물을 이야기 하고 있습니다.

16 이르시되 가서 네 남편을 불러 오라
17 여자가 대답하여 이르되 나는 남편이 없나이다 예수께서 이르시되 네가 남편이 없다 하는 말이 옳도다
18 너에게 남편 다섯이 있었고 지금 있는 자도 네 남편이 아니니 네 말이 참되도다

이 여자가 여섯 번째 남편하고 살고 있는데 그 남편이 없다고 했습니다. 남편이 없다는 말은 옳습니다. 사마리아 여자가 남자 다섯 명과 살다가 헤어지고 여섯 번째 남편하고 사는데 그 사람도 남편이 아니라고 이야기한 겁니다. 여자에게 남편은 뭡니까? 보호 받고 싶은 존재 아닙니까? 보호 받고 싶어서, 사랑 받고 싶어서 시집을 가는 겁니다.

이 여자는 정말 행복해지고 싶어서 남편 다섯 명과 살아봤는데 보호해주거나 사랑해주는 것이 아니라 자기에게 괴로움을 주었습니다. 그러니까 남편 다섯 명을 갈아치웠잖습니까? 그리고 여섯 번째 남편이 있는데 여자를 보호해주거나 사랑해주지 않습니다.

이 남편에게도 소망이 없다는 겁니다.

　여기서 남편은 육신의 남편만을 이야기하는 것이 아닙니다. 우리의 생각을 따라가면 잘 될 것 같고, 잘 살 수 있을 같아서 열심히 생각을 따라 삽니다. 육신을 위하는 이 생각을 우리는 남편으로 생각하고, 나를 행복하게 해줄 것 같고, 편안하게 해줄 것 같고, 잘 나게 해줄 것 같아서 이 생각을 따라갑니다. 결국 이 생각이 내 보호자를 될 수 없을 것 같아서 멈춰버렸습니다. 그리고 다른 것을 기다립니다.

19 여자가 이르되 주여 내가 보니 선지자로소이다

　여자는 자기가 남편이 없다고 했는데 예수님이 남편이 있다는 것을 아니까 예수님을 선지자라고 표현한 겁니다.

20 우리 조상들은 이 산에서 예배하였는데 당신들의 말은 예배할 곳이 예루살렘에 있다 하더이다
21 예수께서 이르시되 여자여 내 말을 믿으라 이 산에서도 말고 예루살렘에서도 말고 너희가 아버지께 예배할 때가 이르리라
22 너희는 알지 못하는 것을 예배하고 우리는 아는 것을 예배하노니 이는 구원이 유대인에게서 남이라
23 아버지께 참되게 예배하는 자들은 영과 진리로 예배할 때가 오나니 곧 이 때라 아버지께서는 자기에게 이렇게 예배하는 자들을 찾으시느니라
24 하나님은 영이시니 예배하는 자가 영과 진리로 예배할지니라

사마리아가 우리 조상들은 이 산에서 예배하였는데 당신들의 말은 예배할 곳이 예루살렘에 있다 하더이다, 라고 말합니다. 예루살렘은 하나님의 성전, 하나님이 계시는 곳이라는 거죠. 예수님은 둘 다가 아니라고 말씀하셨습니다. 예수님은 예배를 어디서 해야 된다고 이 여자에게 가르치냐 하면, 아버지께 참되게 예배하는 자들은 영과 진리로 예배할 때가 오나니 곧 이 때라 아버지께서는 자기에게 이렇게 예배하는 자들을 찾으시느니라고 하십니다.

하나님은 영이시니 지식이라는 거잖아요, 예배하는 자가 영과 진리로 예배할지니,라고 하십니다. 하나님의 영과 진리는 말씀이고, 하나님은 영입니다. 영은 뭡니까? 생각이지요. 지식입니다. 교훈입니다. 하나님의 말씀으로 예배를 해야 된다는 겁니다.

25 여자가 이르되 메시야 곧 그리스도라 하는 이가 오실 줄을 내가 아노니 그가 오시면 모든 것을 우리에게 알려주시리이다
26 예수께서 이르시되 네게 말하는 내가 그라 하시니라

여자의 마음에 이 남편을 버릴 수 있었던 것은 여섯 번째 남편을 남편이 아니라고 말할 수 있는 메시아 곧 그리스도라는 이가 오실 줄을 알고 말씀을 믿었던 것입니다. 예수님이 오신다는 것은 말씀을 받기 전에는 믿을 수가 없는데 예수님이 오신다는 것을 알고 있었습니다. 예수께서 이르시되 네게 말하는 그 메시아가 바로 나라고 하셨습니다.

여자는 예수님을 기다리고 있었던 겁니다. 그래서 남편을 버릴 수 있었지요. 우리가 정말 하나님에게 돌아가려고 하면 남편 다섯 명을 버리고 지금 나한테 있는 남편에도 소망을 두지 않을 때 우리가 말씀을 받을 수 있다는 겁니다. 우리의 육신을 위한 생각은 있지만 이 생각에 대한 소망이 없고 무능력이잖아요. 거짓이고 속임수이지 않습니까? 그것을 알게 될 때 우리는 예수님에게로 돌아갈 수 있습니다. 말씀으로 돌아갑니다.

이 여자가 예수님을 믿게 되니까 여섯 번째 남편이 없다고 이야기할 수 있었던 겁니다. 우리도 말씀을 마음에 영접하게 되면 우리의 모든 것을 이 여자처럼 버릴 수 있다는 말입니다.

28 여자가 물동이를 버려두고 동네로 들어가서 사람들에게 이르되
29 내가 행한 모든 일을 내게 말한 사람을 와서 보라 이는 그리스도가 아니냐 하니
30 그들이 동네에서 나와 예수께로 오더라

이 여자가 예수님을 만나면서 물동이를 버려두고 예수님을 전하기 위해 마을로 들어갑니다. 그 전에는 세상에서 볼 때 여자가 시집을 많이 갔다는 것은 흠이잖습니까? 그래서 누가 들어와도 동네를 피해 다녔는데 예수님을 만나고 난 뒤 완전히 해방되어서 동네사람들에게 전도를 하러 가는 모습이 성경에서 기록되어 있습니다.

우리가 예수님을 만나기 전에는 우리 속에 갇혀 있을 수밖에 없습니다. 말씀을 만나게 되면 내 세계에서 벗어나서 하나님의 세계, 예수님의 세계에 살 수 있는 사람으로 변할 수밖에 없습니다.

• 요한복음 5장

1 그 후에 유대인의 명절이 되어 예수께서 예루살렘에 올라가시니라
2 예루살렘에 있는 양문 곁에 히브리 말로 베데스다라 하는 못이 있는데 거기 행각 다섯이 있고
3 그 안에 많은 병자, 맹인, 다리 저는 사람, 혈기 마른 사람들이 누워 [물의 움직임을 기다리니
4 이는 천사가 가끔 못에 내려와 물을 움직이게 하는데 움직인 후에 먼저 들어가는 자는 어떤 병에 걸렸든지 낫게 됨이러라
5 거기 서른여덟 해 된 병자가 있더라
6 예수께서 그 누운 것을 보시고 병이 벌써 오래된 줄 아시고 이르시되 네가 낫고자 하느냐
7 병자가 대답하되 주여 물이 움직일 때에 나를 못에 넣어 주는 사람이 없어 내가 가는 동안에 다른 사람이 먼저 내려가나이다
8 예수께서 이르시되 일어나 네 자리를 들고 걸어가라 하시니
9 그 사람이 곧 나아서 자리를 들고 걸어가니라 이 날은 안식일이니
10 유대인들이 병 나은 사람에게 이르되 안식일인데 네가 자리를 들고 가는 것이 옳지 아니하니라
11 대답하되 나를 낫게 한 그가 자리를 들고 걸어가라 하더라 하니
12 그들이 묻되 너에게 자리를 들고 걸어가라 한 사람이 누구냐 하되
13 고침을 받은 사람은 그가 누구인지 알지 못하니 이는 거기 사람이 많으므로 예

수께서 이미 피하셨음이라
14 그 후에 예수께서 성전에서 그 사람을 만나 이르시되 보라 네가 나았으니 더 심한 것이 생기지 않게 다시는 죄를 범하지 말라 하시니
15 그 사람이 유대인들에게 가서 자기를 고친 이는 예수라 하니라

여기에 보면, 예루살렘에 있는 양문 옆에 히브리말로 베데스다라는 못이 있었습니다. 거기에는 행각 다섯이 있고, 그 안에는 많은 병자들이 있었습니다. 맹인과 다리 저는 사람, 혈기 마른 사람들이 누워 물의 움직임을 기다렸어요. 천사가 가끔 못에 내려와 물을 움직이게 하는데, 그런 후에 먼저 들어가는 자는 어떤 병에 걸렸든지 낫게 되었습니다. 그래서 많은 병자가 모여 있는 그 곳에 서른여덟 해 된 병자가 온 겁니다. 예수님이 많은 병자들 가운데 38년 된 병자에게 갔어요. 누운 모습을 보시고 병이 벌써 오래된 줄 아시고 네가 낫고자 하느냐고 물었습니다.

병자가 대답하되, 주여 물이 움직일 때에 나를 못에 넣어 주는 사람이 없어 내가 가는 동안에 다른 사람이 먼저 내려가나이다 예수께서 일어나 네 자리를 들고 걸어가라고 말씀하셨습니다. 예수님이 찾아간 병자는 마음이 소망과 떨어져 있었습니다. 물에 그를 넣어줄 사람이 없어서 그가 내려가려고 하면 다른 사람이 내려가 고치고 그는 아무리 노력해도 물속에 들어갈 수 없었습니다. 그러니 자신에 대한 소망이 끊어졌던 겁니다.

우리가 남의 말을 듣지 못하는 이유가 마음속에 내 생각에 대

한 소망이 있기 때문입니다. 내 생각이 나를 정말 행복하게 할 수 있고 잘살 수 있다는 소망을 가지기 때문에 남의 말을 들을 수 없습니다. 이 병자처럼 여기에 많은 병자들이 이 못 행각에 있지만, 예수님이 찾아간 38년 된 병자는 이 사람들과는 달랐습니다. 예수님이 찾아간 사람은 자기에게 소망을 잃은 사람입니다.

마리아가 예수님이 오시자마자 발치에 앉아서 말씀을 듣습니다. 왜요? 우리에게 소망이 없을 때 우리는 남의 말을 듣거든요. 우리가 길을 모를 때 남에게 물어보고, 내가 부족할 때 남의 말을 듣습니다. 우리가 뭔가를 안다고 생각하면 남의 말을 들을 수 없습니다. 38년 된 병자가 자기가 그렇게 병을 고치려고 노력했는데 자기는 안 된다고 포기하고 있었습니다.

38년 된 병자는 예수님을 만나면서도 누가 나를 넣어주는 사람이 없어서 병을 못 고친다고 말합니다. 원래 이 사람 말이 예수님을 만나지 못해서 제가 병을 고치지 못하고 있습니다, 이렇게 해야 되는데 누가 나를 못에 넣어주는 사람이 없어 내가 가는 동안에 다른 사람이 먼저 내려간다고 말합니다.

그러니까 이 사람이 못에 들어가지 않고도 병을 고치는 기적이 일어났습니다. 예수께서 일어나 네 자리를 들고 걸어가라 하시니 그 사람이 곧 나아서 자리를 들고 걸어갔습니다. 예수님의 말씀이 38년 된 병자의 마음에 임하니까 소망이 없는 마음에서 예수님 말씀이 들리고 병이 나았습니다. 이 사람은 38년 동안 못에만 관심이 있었지 예수님을 알 수가 없었습니다. 우리도 이 세계에서 우리 생각에만 관심이 있으면 영원히 하나님의 세계를 만날 길이 없습니다.

그 후에 예수께서 성전에서 그 사람을 만나 이르셨습니다. 보라 네가 나았으니 더 심한 것이 생기지 않게 다시는 죄를 범하지 말라 예수님이 이 병에 걸린 것은 죄 때문이라고 합니다. 죄가 우리에게 왕 노릇 하는 이유는 말씀이 없기 때문이라는 거죠. 우리가 예수님을 만나면 죄가 생길 이유가 없습니다.

병이 어떻게 나았습니까? 예수님의 말씀에 순종하니까 병이 낫더라는 겁니다. 네 자리를 들고 걸어가라는 한 말씀이 이 사람 마음에 임하니까 병이 낫게 되었습니다. 그럼 이 사람이 죄를 다시 범하지 않기 위해서는 말씀에 순종하는 길밖에 없는 것이죠. 성경은 말씀이 없어서 병이 오거나 사망이 온다고 우리에게 가르쳐주고 있습니다. 우리가 말씀에게로 돌아가는 길만이 우리가 살 수 있는 길이라고 성경 전체가 전하고 있습니다.

10

복과 저주

복과 저주

• **로마서 6장**

16 너희 자신을 종으로 내주어 누구에게 순종하든지 그 순종함을 받는 자의 종이 되는 줄을 너희가 알지 못하느냐 혹은 죄의 종으로 사망에 이르고 혹은 순종의 종으로 의에 이르느니라
17 하나님께 감사하리로다 너희가 본래 죄의 종이더니 너희에게 전하여 준 바 교훈의 본을 마음으로 순종하여
18 죄로부터 해방되어 의에게 종이 되었느니라

우리에게는 두 가지 길밖에 없습니다. 한 가지는 "죄의 종으로 사망에 이르고," 이 죄를 섬기면 죽는다는 겁니다. 다른 한 가지는 "순종의 종으로 의에 이르느니라" 라고 한 길입니다. 순종의 종으로 의에 이른다는데, 의가 뭡니까? 사망의 반대말, 생명입니다. 죄라는 것은 무엇입니까? 우리가 육신을 위하는 생각, 이 세

상에서 사는 평범한 인간의 생각, 이것을 성경에서는 죄라고 이야기합니다.

17절에서 보듯이 우리는 본래 하나님을 만나기 전에는 죄의 종이었습니다. 하나님을 만나기 전에는 우리의 생각이 시키는 대로 살았죠. 사람들이 공부를 하면 나도 공부를 하고, 돈을 벌면 나도 돈을 벌고, 결혼을 하면 나도 결혼을 합니다. 이 세상에서 성경이 아닌, 인간의 생각에서 나오는 것은 육체가 편하기 위해서 하는 행동입니다. 이 세상을 살아가는 그 모든 것을 성경에서는 죄라고 이야기합니다.

전하여 준 바 교훈이 뭡니까? 말씀입니다. 성경의 기록입니다. 말씀을 마음으로 순종해서 "내가 잘못되었구나. 내가 여태껏 따라왔던 것이 죄였구나. 틀렸구나. 악한 것이었구나." 깨닫는 것입니다. 그래서 전하여 준 바 교훈을 마음으로 받아들이면 죄와는 이별하게 됩니다. 그러면 죄로부터 해방되었다는 것은 무엇입니까? 다시 의에게 종이 되었느니라, 라고 하셨습니다.

우리가 원래 죄에서 종이 되었다 구속되었다라고 이야기하지요. 그리고 해방이라는 것은 구속된 다음에 쓸 수 있는 단어 아닙니까? 죄로부터 해방될 수 있는 조건은 의에게 구속되는 것이죠. 의에게 종이 되는 겁니다. 그래서 우리가 의를 섬기게 될 때 "내가 죄인이었구나. 죄를 여태껏 섬기고 왔구나." 이렇게 됩니다. 해방은 또 다른 것에 대한 구속입니다.

그래서 성경에는 죄가 있고, 의가 있고, 두 가지밖에 없습니다. 우리가 어떤 것을 택하든지 그 택한 것에 대한 종이 되는 겁니다. 그런데 종교에서는 죄가 있고 하나님이 있고 내가 있습니다. 그래서 내가 죄를 지을 수도 있고 선을 행할 수도 있습니다. 그러면 나라는 것은 죄 위에 선 위에 군림하는 신입니다. 성경하고는 전혀 다르다는 겁니다.

우리가 이 죄의 종이 되었을 때 어떤 형편이 오고, 의의 종이 되었을 때 어떤 형편이 오는지 신명기 28장에서 한번 살펴보겠습니다. 신명기는 신이 명하여 기록한 것입니다. 신명기는 인간이 기록했지만 하나님의 말씀입니다. 우리가 하나님의 말씀을 믿는다면 신명기 28장에 복 있는 자의 삶을 살게 됩니다.

"하나님을 믿어야 돼. 나는 지금부터 하나님을 믿어."

이것이 믿는 게 아닙니다. 믿음이라는 것은 하나밖에 없는 상태가 믿음입니다. 우리가 성경을 못 믿는 이유는 내 자신을 믿기 때문입니다. 하나님의 말씀을 듣는다면 자기의 소리를 듣지 않는다는 겁니다. 여기서 의의 종이 되면 어떤 형편이 올 것이고, 죄의 종이 되면 어떤 형편이 올 것이라는 것을 하나님이 명하여서 기록을 해놨습니다. 신명기 28장을 통해서 우리는 하나님에게 돌아갈 수밖에 없다는 사실을 알 수 있습니다. 열심히 살아도 어차피 망할 수밖에 없다면 하나님에게 돌아가서 망하는 것이 현명한 삶이라고 보여줍니다. 우리가 순종하여 받는 복에 대해서 28장 말씀을 보겠습니다.

• **신명기 28장**

1 네가 네 하나님 여호와의 말씀을 삼가 듣고 내가 오늘 네게 명령하는 그의 모든 명령을 지켜 행하면 네 하나님 여호와께서 너를 세계 모든 민족 위에 뛰어나게 하실 것이라

하나님의 말씀을 듣게 되면 세계의 어느 민족보다 뛰어나게 된다는 겁니다.

2 네가 네 하나님 여호와의 말씀을 청종하면 이 모든 복이 네게 임하며 네게 이르리니
3 성읍에서도 복을 받고 들에서도 복을 받을 것이며
4 네 몸의 자녀와 네 토지의 소산과 네 짐승의 새끼와 소와 양의 새끼가 복을 받을 것이며
5 네 광주리와 떡 반죽 그릇이 복을 받을 것이며
6 네가 들어와도 복을 받고 나가도 복을 받을 것이니라

하나님의 말씀을 듣게 되면 나만 복 받는 게 아니라 심지어는 내가 쓰는 밥그릇까지 복을 받는다고 하십니다. 믿을 수 없는 말씀이잖아요. 우리 인간의 생각이 끝나지 않고선 이 말씀을 믿을 수 없습니다. 우리는 공부를 해야 인생이 잘될 것처럼 생각하는데 성경은 뭐라고 이야기합니까? "내 말을 들으면" 된다고 합니

다. 다시 이야기하면 인간의 생각을 듣지 아니하고 하나님의 말씀을 듣게 되면 우리는 당연히 복을 받습니다. 떡반죽까지도 밥그릇까지도 복을 받게 됩니다.

7 여호와께서 너를 대적하기 위해 일어난 적군들을 네 앞에서 패하게 하시리라 그들이 한 길로 너를 치러 들어왔으나 네 앞에서 일곱 길로 도망하리라
8 여호와께서 명령하사 네 창고와 네 손으로 하는 모든 일에 복을 내리시고 네 하나님 여호와께서 네게 주시는 땅에서 네게 복을 주실 것이며
9 여호와께서 네게 맹세하신 대로 너를 세워 자기의 성민이 되게 하시리니 이는 네가 네 하나님 여호와의 명령을 지켜 그 길로 행할 것임이니라
10 땅의 모든 백성이 여호와의 이름이 너를 위하여 불리는 것을 보고 너를 두려워하리라

우리가 무슨 일을 할 때 우리가 알지 못하는 복병을 많이 만납니다. 그런데 하나님은 얼마든지 내가 너를 이길 수 있다고 하십니다. 한길로 올 때는 하나님이 그들을 쳐서 **네 앞에서 일곱 길로 도망하리라** 내가 열심히 적군과 싸울 필요가 없습니다. 하나님이 모든 것을 다 하신다고 하셨습니다. 오직 하나님의 말씀만 들으라는 거죠. 그렇게 되면 **땅의 모든 백성이 여호와의 이름이 너를 위하여 불리는 것을 보고 너를 두려워하리라** 우리 속에 하나님이 나타나십니다.

11 여호와께서 네게 주리라고 네 조상들에게 맹세하신 땅에서 네게 복을 주사 네 몸의 소생과 가축의 새끼와 토지의 소산을 많게 하시며

12 여호와께서 너를 위하여 하늘의 아름다운 보고를 여시사 네 땅에 때를 따라 비를 내리시고 네 손으로 하는 모든 일에 복을 주시리니 네가 많은 민족에게 꾸어줄지라도 너는 꾸지 아니할 것이요

하나님이 적군도 물러지게 하시고 가축의 새끼와 토지의 소산도 많게 하십니다. 하나님이 우리한테 바라는 것은 오직 말씀만 들으라는 것이지, 우리에게 무엇을 하라고 하지 않으셨습니다. 에덴에서 우리에게 은혜를 다 입혀주셨던 것처럼 지금 이 땅에서도 하나님의 말씀만 들으면 모든 것을 하나님이 해주신다는 겁니다. 그리고 네가 많은 민족에게 꾸어줄지라도 너는 꾸지 아니할 것이요 우리가 열심히 해서 돈을 많이 벌어라 이러는 게 아니라, 하나님이 때에 따라서 우리에게 합당하게 모든 것을 채워주신다고 합니다.

13 여호와께서 너를 머리가 되고 꼬리가 되지 않게 하시며 위에만 있고 아래에 있지 않게 하시리니 오직 너는 내가 오늘 네게 명령하는 네 하나님 여호와의 명령을 듣고 지켜 행하며
14 내가 오늘 너희에게 명령하는 그 말씀을 떠나 좌로나 우로나 치우치지 아니하고 다른 신을 따라 섬기지 아니하면 이와 같으리라

하나님의 말씀과 하나님의 지식은 왕의 지식입니다. 당연히 하나님의 말씀을 우리 마음에 품게 되면 우리는 머리가 되는 것이지 꼬리가 되지 않습니다. 왕의 지식을 가지고 능력의 지식을 가지고 있는 우리가 꼬리가 된다면 성경은 거짓말이겠지요. 하나님

의 말씀만 듣고 지켜 행하면 위에만 있고 아래에는 있지 아니합니다. 그러나 말씀을 떠나게 되면 좌로나 우로 치우치게 됩니다.

다른 신을 섬겨서도 안 됩니다. 하나님의 말씀을 듣는다는 것은 하나님의 말씀이 아닌 모든 것을 포기했다는 뜻이니까 다른 신을 섬길 수 없겠지요. 하나님의 말씀도 듣고 내 생각도 듣는다면 이것은 하나님의 말씀을 듣는 게 아니라 자기의 생각을 듣는 것입니다. 그리고 하나님의 말씀이 아닌 모든 것은 다른 신입니다. 다른 신을 따라 섬기지 아니하면 우리는 잘될 수밖에 없다고 신명기를 통해서 하나님은 우리에게 말씀하고 계십니다.

15 네가 만일 네 하나님 여호와의 말씀을 순종하지 아니하여 내가 오늘 네게 명령하는 그의 모든 명령과 규례를 지켜 행하지 아니하면 이 모든 저주가 네게 임하며 네게 이를 것이니

지금부터는 저주가 시작됩니다. 하나님의 말씀을 순종하지 아니하면 저주가 시작됩니다. 우리가 하나님의 말씀을 듣지 않는 이유는 무엇입니까? 하나님의 말씀이 아닌 다른 지식이 우리에게 있다는 겁니다. 죄의 종, 육신을 섬기는 생각에 머물러 있으면 하나님의 명령을 들을 수 없으니 저주가 시작됩니다. 말씀을 안 듣는다는 것은 인간인 내 생각을 신뢰한다는 것입니다. 말씀을 듣는다는 것은 자기 자신을 부인하는 것이지요. 하나님을 부인하고 자기의 생각을 듣게 되면 나타나는 현상이 있습니다.

16 네가 성읍에서도 저주를 받으며 들에서도 저주를 받을 것이요
17 또 네 광주리와 떡 반죽 그릇이 저주를 받을 것이요
18 네 몸의 소생과 네 토지의 소산과 네 소와 양의 새끼가 저주를 받을 것이며
19 네가 들어와도 저주를 받고 나가도 저주를 받으리라

복의 반대가 되는 일이 시작됩니다. 하나님의 말씀을 듣고 행하고 말씀만 섬기게 되면 온 사방에 복덩어리가 돼서 돌아다닙니다. 그런데 하나님의 말씀을 버리게 되는 것은 창세기에서 말하는 뱀의 소리를 듣는 것이죠. "너의 눈이 밝아 하나님과 같이 된다."는 것입니다. 이렇게 자기가 신이 되면 엄청난 저주가 들어온다는 겁니다.

20 네가 악을 행하여 그를 잊으므로 네 손으로 하는 모든 일에 여호와께서 저주와 혼란과 책망을 내리사 망하며 속히 파멸하게 하실 것이며

악을 행하기 때문에 하나님을 잊습니다. "나는 하나님을 안 믿어" 이게 아니고, "나는 내 생각만 믿어" 이렇게 됩니다. 어떤 사람이 "나는 무교다, 나는 아무것도 믿지 않는다"고 하기에 제가 그 말뜻을 해석해줬습니다. "당신은 하나님을 믿지 않는 것이 아니라 당신 스스로가 하나님이라고 생각하는 것이다." 모든 신을 거부할 수 있는 그 사람은 자신은 모르지만 자신을 신이라고 여기기 때문에 다른 신이 필요 없는 것이지요. 하나님은 악을 행하

는 자는 그냥 두지 않습니다. 용서하지 않는다는 말입니다.

21 여호와께서 네 몸에 염병이 들게 하사 네가 들어가 차지할 땅에서 마침내 너를 멸하실 것이며
22 여호와께서 폐병과 열병과 염증과 학질과 한재와 풍재와 썩는 재앙으로 너를 치시리니 이 재앙들이 너를 따라서 너를 진멸하게 할 것이라

우리는 선택의 길이 없습니다. 살고 싶으면 말씀을 듣는 길 외에는 없는 겁니다. 아니면 언제 어느 때 세상의 어떤 병이 내게 와서 내가 망하게 될지 모른다는 겁니다. 내일을 기약할 수 없습니다.

25 여호와께서 네 적군 앞에서 너를 패하게 하시리니 네가 그들을 치러 한 길로 나가서 그들 앞에서 일곱 길로 도망할 것이며 네가 또 땅의 모든 나라 중에 흩어지고
26 네 시체가 공중의 모든 새와 땅의 짐승들의 밥이 될 것이나 그것들을 쫓아줄 자가 없을 것이며
27 여호와께서 애굽의 종기와 치질과 괴혈병과 피부병으로 너를 치시리니 네가 치유 받지 못할 것이며
28 여호와께서 또 너를 미치는 것과 눈 머는 것과 정신병으로 치시리니

우리가 남의 것을 뺏으러 갔다가 패하게 됩니다. 한 길로 이길 수 있다는 답을 가지고 한 길로 갔지만 하나님의 말씀이 없는 상태는 일곱 길로 도망갈 거라고 하십니다. 우리가 죽으면 시체가

공중의 모든 새와 땅의 짐승들의 밥이 될 것이나 그것들을 쫓아줄 자가 없을 것입니다 그리고 미치거나 눈이 멀 수도 있습니다.

29 맹인이 어두운 데에서 더듬는 것과 같이 네가 백주에도 더듬고 네 길이 형통하지 못하여 항상 압제와 노략을 당할 뿐이리니 너를 구원할 자가 없을 것이며

　백주에도 더듬을 정도로 눈이 멀게 됩니다. 어느 것이 옳은 줄 모른다는 겁니다. 정신병이 무엇입니까? 우리에게는 하나님이 능력을 주지 않았습니다. 에덴에서 하나님이 인간을 창조할 때 우리에게 하나님 당신을 주기 위해서 하나님의 형상을 따라 하나님을 닮게 지으셨습니다. 하나님의 완전한 능력을 주기 위해서 우리에게 능력을 따로 주지 않았습니다.

　우리에게 능력을 10%를 주게 되면 하나님의 능력이 90%밖에 담겨지지 않는다는 거죠. 그러면 우리의 능력 10%와 하나님의 능력 90%는 매일 싸우게 됩니다. 천사들은 하나님이 만드실 때 능력을 주었어요. 하나님의 일꾼으로 쓰기 위해서요. 우리는 일을 하기 위해서 만들어진 창조물이 아니라 하나님이 사랑을 주기 위해서 만들어 놓은 존재입니다. 그래서 하나님이 능력을 주시지 않았는데 우리는 능력이 있는 것처럼 살아갑니다.

　"무엇을 하면 될 것 같고 내가 열심히 하면 이룰 것 같습니다."

　능력이 있는 것처럼 그렇게 생각을 합니다. 이것이 정신병이 아니면 무엇이 정신병입니까? 우리가 능력이 없는데 원함은 있다는 것이 불행입니다. 우리가 능력이 없는데도 뭘 자꾸 원합니다. 우리가 능력이 있는 것처럼 행세하기 때문에 이 땅에서 항상 압제와 노략을 당할 뿐인 겁니다.

백주에도 더듬고 네 길이 형통하지 못하여 능력 없는 사람이 이론은 가득 차 있습니다. 원하는 것이 넘쳐납니다. 능력은 없는데 그러면 어떻게 되겠습니까? 어느 것이 옳은지 알 길이 없게 됩니다. 그리고 모든 길이 힘들 수밖에 없습니다. 그런데도 구원해줄 사람이 없습니다.

30 네가 여자와 약혼하였으나 다른 사람이 그 여자와 같이 동침할 것이요 집을 건축하였으나 거기에 거주하지 못할 것이요 포도원을 심었으나 네가 그 열매를 따지 못할 것이며

31 네 소를 네 목전에서 잡았으나 네가 먹지 못할 것이며 네 나귀를 네 목전에서 빼앗겨도 도로 찾지 못할 것이며 네 양을 원수에게 빼앗길 것이나 너를 도와 줄 자가 없을 것이며

32 네 자녀를 다른 민족에게 빼앗기고 종일 생각하고 찾음으로 눈이 피곤하여지나 네 손에 힘이 없을 것이며

33 네 토지 소산과 네 수고로 얻은 것을 네가 알지 못하는 민족이 먹겠고 너는 항상 압제와 학대를 받을 뿐이리니

34 이러므로 네 눈에 보이는 일로 말미암아 네가 미치리라

35 여호와께서 네 무릎과 다리를 쳐서 고치지 못할 심한 종기를 생기게 하여 발바닥에서부터 정수리까지 이르게 하시리라

우리가 하나님을 떠나서는 정말 불행하게 살 수밖에 없습니다. 이 땅에서 우리가 스스로 공부해서 능력을 쌓고 원하는 대로 될 것 같으면 우리나라 대통령은 서울대 정치학과 출신이 전부 대통령이 되었을 것입니다. 사람의 생각이 올바르다면 우리나라 대통령은 서울대 정치학과 나온 사람이 해야 됩니다. 서울대는 우리나라에서 최고로 좋은 대학이고 정치학을 전공했다면 당연히 대통령이 되어야 맞지요.

우리나라 판검사는 서울대 법대생들이 다 되어야겠지요. 그런데 우리가 원하는 대로 되지 않는다는 겁니다. 왜 그러느냐 하면 인간에게는 그걸 마음대로 할 능력이 없기 때문입니다. 인간의 생각에는 능력이 없고 이론과 원함, 탐욕만 가득 차 있습니다. 그래서 네가 여자와 약혼하였으나 다른 사람이 그 여자와 같이 동침할 것이요 같은 상황이 옵니다. 하나님의 말씀을 듣지 않으니 아무 능력이 없는 겁니다. 31절과 32절에서 보듯이 우리가 가진 것은 포도열매고 양이고 자식이고 다 빼앗기게 됩니다.

요즘 사람들 자살 많이 합니다. 생각대로 안 되기 때문입니다. 문명이 발달했기 때문에 보이는 것은 많고 갖고 싶은 것도 많습니다. 그러나 실제로 원함을 채울 능력은 없습니다. 그러면 미치는 겁니다. 우리가 하나님의 말씀을 만나지 못하면 우리의 본 모습을 알 길이 없습니다. 우리는 사랑받기 위해서 창조되었지요. 누군가는 우리를 사랑해줘야 살 수 있습니다.

그런데 우리가 홀로 살게 된다면 태어나서 죽을 때까지 일어나는 모든 일들로 인해서 정말 백주에 더듬는 것처럼 이 괴로움을 당합니다. 어디서 왔고 왜 왔는지도 모르고 살다가 비참하게 죽습니다. 죽음으로 끝이 나는 게 아니라 영원한 불못에 들어갑니다.

36 여호와께서 너와 네가 세울 네 임금을 너와 네 조상들이 알지 못하던 나라로 끌어 가시리니 네가 거기서 목석으로 만든 다른 신들을 섬길 것이며
37 여호와께서 너를 끌어 가시는 모든 민족 중에서 네가 놀람과 속담과 비방거리가 될 것이라

우리가 바라는 대로 말씀을 떠나서는 아무것도 되지 않고 처참하게 망한다고 성경은 경고하고 있다는 겁니다.

40 네 모든 경내에 감람나무가 있을지라도 그 열매가 떨어지므로 그 기름을 네 몸에 바르지 못할 것이며
41 네가 자녀를 낳을지라도 그들이 포로가 되므로 너와 함께 있지 못할 것이며
42 네 모든 나무와 토지 소산은 메뚜기가 먹을 것이며
43 너의 중에 우거하는 이방인은 점점 높아져서 네 위에 뛰어나고 너는 점점 낮아질 것이며
44 그는 네게 꾸어줄지라도 너는 그에게 꾸어주지 못하리니 그는 머리가 되고 너는 꼬리가 될 것이라

경내에 감람나무가 있어도 그 열매가 다 떨어집니다. 자녀를

낳아서 자녀와 함께 지내려고 했는데 다른 곳에 포로로 끌려갑니다.

45 네가 네 하나님 여호와의 말씀을 청종하지 아니하고 네게 명령하신 그의 명령과 규례를 지키지 아니하므로 이 모든 저주가 네게 와서 너를 따르고 네게 이르러 마침내 너를 멸하리니
46 이 모든 저주가 너와 네 자손에게 영원히 있어서 표징과 훈계가 되리라

하나님의 말씀을 거부하게 되면 이토록 비참한 인생을 살아갈 수밖에 없습니다.

47 네가 모든 것이 풍족하여도 기쁨과 즐거운 마음으로 네 하나님 여호와를 섬기지 아니함으로 말미암아
48 네가 주리고 목마르고 헐벗고 모든 것이 부족한 중에서 여호와께서 보내사 너를 치게 하실 적군을 섬기게 될 것이니 그가 철 멍에를 네 목에 메워 마침내 너를 멸할 것이라

우리가 하나님의 말씀을 거부하면 살 길이 없다고 신명기를 통해서 우리에게 하나님이 말씀해주고 계십니다.

58 네가 만일 이 책에 기록한 이 율법의 모든 말씀을 지켜 행하지 아니하고 네 하나님 여호와라 하는 영화롭고 두려운 이름을 경외하지 아니하면
59 여호와께서 네 재앙과 네 자손의 재앙을 극렬하게 하시리니 그 재앙이 크고 오래고 그 질병이 중하고 오랠 것이라

60 여호와께서 네가 두려워하던 애굽의 모든 질병을 네게로 가져다가 네 몸에 들어붙게 하실 것이며
61 또 이 율법책에 기록하지 아니한 모든 질병과 모든 재앙을 네가 멸망하기까지 여호와께서 네게 내리실 것이니

하나님이 이 책에 기록한 율법의 말씀을 지켜 행하지 아니하면 우리뿐만 아니라 자손까지도 재앙을 받게 됩니다. 질병에 걸려 낫지도 않을 것입니다. 지금은 우리가 별 같이 많아도 하나님 말씀을 따르지 않으면 나중에는 얼마 남지 않게 된다고 경고하십니다.

62 너희가 하늘의 별 같이 많을지라도 네 하나님 여호와의 말씀을 청종하지 아니하므로 남는 자가 얼마 되지 못할 것이라

우리가 하나님의 말씀을 떠나서는 저주밖에 받을 게 없습니다.

63 여호와께서 너희에게 선을 행하시고 너희를 번성하게 하시기를 기뻐하시던 것 같이 이제는 여호와께서 너희를 망하게 하시며 멸하시기를 기뻐하시리니 너희가 들어가 차지할 땅에서 뽑힐 것이요
64 여호와께서 너를 땅 이 끝에서 저 끝까지 만민 중에 흩으시리니 네가 그 곳에서 너와 네 조상들이 알지 못하던 목석 우상을 섬길 것이라

우리가 하나님의 말씀을 버리게 되면 곧바로 죄에게 잡혀갑니다. 하나님이 그 죄에게 재앙을 내리는 겁니다.

66 네 생명이 위험에 처하고 주야로 두려워하며 네 생명을 확신할 수 없을 것이라
67 네 마음의 두려움과 눈이 보는 것으로 말미암아 아침에는 이르기를 아하 저녁이 되었으면 좋겠다 할 것이요 저녁에는 이르기를 아하 아침이 되었으면 좋겠다 하리라

무슨 말씀입니까? 우리 인생은 오늘이 힘들고 괴로우니까 "아, 내일이 오면 좋겠다" 이 말입니다. 농부가 올해 농사가 안 되면 왜 농사가 안 되었는가, 하나님을 찾던가 원인을 분석을 해야 하는데 "내년에는 농사가 잘 되겠지" 생각합니다. 사람들이 불행하게 살면 "나는 이렇게 불행하게 살지만 자식이 크면 나아지겠지"라고 위안합니다. 이것이 다 자신들에게 속고 있는 겁니다.

그래서 성경의 사람들이 아침이 되면 저녁이길 바라고 저녁에는 아침이 오길 바랍니다. 하나님이 주시는 저주 때문에 행복하지 않기 때문입니다. 그래서 사람의 나이로 강건하면 7~80살까지 살지만 내세울 것은 수고와 슬픔뿐입니다. 지금 수고와 슬픔을 정당화 하려고 하면 아침에는 저녁이 되면 좋겠다고 하고 저녁에는 아침이 되면 좋겠고 합니다. 계속 피하고 싶은 아주 비참한 인생을 살아가게 된다는 겁니다.

68 여호와께서 너를 배에 싣고 전에 네게 말씀하여 이르시기를 네가 다시는 그 길을 보지 아니하리라 하시던 그 길로 너를 애굽으로 끌어 가실 것이라 거기서 너희가 너희 몸을 적군에게 남녀 종으로 팔려 하나 너희를 살 자가 없으리라

하나님을 떠나서는 우리가 살 길을 하나님이 마련해 두지 않았습니다. 우리가 열심히 노력하는 것이 아니라 하나님의 말씀으로 돌아가는 길밖에 없습니다. 정말 더 힘들게 사시지 마시고, 신명기의 경고를 무시하지 마시고, 이 말씀을 들은 이 시간부터 하나님의 말씀으로 돌아가셔야 합니다. 인간의 생각은 부인하고 십자가를 지고 하나님의 말씀에게로 돌아가시기를 진정으로 바랍니다.

11

우리가 끝나는 날 예수님을 만난다

우리가 끝나는 날 예수님을 만난다

• 고린도후서 10장
3 우리가 육신으로 행하나 육신에 따라 싸우지 아니하노니
4 우리의 싸우는 무기는 육신에 속한 것이 아니요 오직 어떤 견고한 진도 무너뜨리는 하나님의 능력이라 모든 이론을 무너뜨리며
5 하나님 아는 것을 대적하여 높아진 것을 다 무너뜨리고 모든 생각을 사로잡아 그리스도에게 복종하게 하니
6 너희의 복종이 온전하게 될 때에 모든 복종하지 않는 것을 벌하려고 준비하는 중에 있노라
7 너희는 외모만 보는도다 만일 사람이 자기가 그리스도에게 속한 줄을 믿을진대 자기가 그리스도에게 속한 것 같이 우리도 그러한 줄을 자기 속으로 다시 생각할 것이라

우리가 말하고 있지만 육신을 이야기하는 게 아닙니다. 하나님이 무너뜨리는 어떤 견고한 진, 이게 우리의 마음입니다. 우리가

세상을 살아오면서 많은 생각들을 해옵니다. 공부를 통해서도 배우고 부모에게 세상 살아가는 법을 배웁니다. 친구들에게 좋다는 걸 듣고 TV에서도 듣지만 그 소리들을 내게 맞는 소리로 마음에 담습니다.

그것으로 사물을 판단하고 인생을 설계하고 세상을 사는 데 씁니다. 하나님의 말씀은 하나님이 생각들이 모여서 만들어진 그 견고한 진을 없애기 위해서 쓰입니다. 성경이 준비된 것은 우리의 모든 이론을 무너뜨리며, 하나님의 능력이 모든 이론을 무너뜨린다는 겁니다. 우리는 이 세상에서 살아가기 위해서 이론들을 많이 쌓습니다. 학교를 통해서, 사회를 통해서, 가정을 통해서 많이 쌓는데 성경은 이 이론을 무너뜨리기 위해서 존재하는 것입니다.

5절에 이르는 말씀을 잘 보셔야 되는데요. 이 말씀이 무엇입니까? 하나님을 아는 것을 대적한다는 겁니다. 우리가 어떤 것을 믿는다, 신뢰한다, 좋아한다는 것은 무엇입니까? 하나님을 아는 것을 대적하는 건 하나님 아닌 다른 것을 좋아한다는 뜻입니다. 다른 것을 좋아하기 때문에 하나님을 알기를 싫어한다는 겁니다. 하나님이 아닌 것이 더 좋다 이 말입니다.

예를 들면 아가씨가 있는데 아가씨는 모든 남자들을 선택할 권리가 있습니다. 그런데 이 아가씨가 한 남자를 택해서 결혼을 한다는 것은 이 남자 외에 다른 남자는 싫어한다는 이야기입니다. 우리가 골프를 제일 좋아한다는 것은 탁구나 배구, 야구 같은 것은 싫어한다는 것이죠. 우리가 무엇을 좋아하거나 원하거나 바라는 게 있다면 그것 이외에 다른 것을 거부하게 됩니다.

시편 53편에 보면 **어리석은 자는 마음에 이르기를 하나님이 없다 하도다** 어디라고 말했습니까? 마음에 이르기를 하나님이 없다고 했습니다. 하나님이 없다는 것은 무엇입니까? 어리석은 자가 내가 이때까지 살아온 경험으로 내 마음속을 보니까 하나님은 없다는 겁니다. 자기 마음에 하나님이 없습니다. 우리가 살아오면서 우리의 경험을 신뢰하게 되면 신뢰하는 만큼 자신의 이론 이외에는 믿지 못하고 없다고 이야기합니다.

내 과거를 신뢰하는 만큼 내 과거가 아닌 것을 불신합니다. 그래서 하나님의 능력, 성경의 말씀이 무엇을 하고 있냐면 하나님 아는 것을 대적하여 높아진 것들을 다 무너뜨리는 겁니다. 우리가 살아온 경험, 쌓아온 지식들을 다 무너뜨리기 위해서 말씀이 존재합니다. 그런데 교회를 통해서나 성경을 모르는 사람들을 통해서는 자꾸 무엇을 쌓으려고 한다는 거죠.

"하나님의 말씀을 들으면 나는 믿을 수 있어. 나는 하나님 말씀을 듣게 되면 하나님을 온전하게 믿을 수 있어. 내가 교회를 오래 다니면 하나님을 믿을 수 있을 거야."

아무리 다녀도 하나님은 저절로 믿어지지 않습니다. 고린도후서 10장에서 그것을 이야기해주고 있습니다. 어떻게 하면 하나님이 믿을 수 있을까요? 우리가 아는 것들을 다 무너뜨려야 합니다. 우리가 100% 모르는 자의 위치에 가면 그때 하나님의 소리가 들립니다. 우리가 길을 갈 때도 아는 길이면 물어보지 않고 갑니다. 알기 때문에 내가 아는 대로만 가면 됩니다.

내가 길을 모를 때는 남의 말을 신뢰하게 됩니다. 그래서 모든 이론을 무너뜨려야 하는 이유가 이 세상에서 살아온 이론이 맞고 하나님을 본 경험이 없으면 하나님은 없다고 이야기 할 수밖에 없기 때문입니다. 교회를 열심히 오래 다녀도 사실은 혼자 있으면 자기 마음에 하나님은 없다는 것이죠.

그 증거가 하나님이 믿어지지 않으면서 열심히 기도하고 열심히 봉사하고 많은 헌금을 냅니다. 성경을 오래 봅니다. 왜 그럴까요? 마음에 하나님이 없으니까 내가 행동을 하면서 하나님을 느끼고 싶은 겁니다. 성경에서는 그렇게 해서 하나님을 만날 수 없다고 했습니다.

하나님 말씀은 우리들의 모든 이론을 무너뜨리려고 존재합니다. 하나님을 아는 것을 대적하여 높아진 것을 다 무너뜨려야 합니다. 하나님이 아닌 것을 신뢰하게 되고 하나님이 아닌 것을 많이 알게 되면 결국은 하나님을 거부하게 되는 것이지요. 하나님이 없는 마음에서 "나는 하나님이 없다"라고 불신합니다.

• **마태복음 5장**
8 마음이 청결한 자는 복이 있나니 그들이 하나님을 볼 것임이요

마태복음에 마음이 청결한 자가 하나님을 본다고 나와 있습니다. 마음이 청결한 자는 하나님의 것이 아닌 것이 없는 상태를 말합니다. 방이 깨끗하다는 것은 뭡니까? 방이 깨끗한 것은 더러운 것이 없다는 뜻입니다. 마음이 청결하다는 것은 뭡니까? 하나님이 아닌 이론, 그리고 하나님을 아는 것을 대적하는 높은 마음, 그 생각이 없는 것이 청결한 마음입니다. 우리가 아는 것이 하나도 없다면 이제 하나님의 말씀이 들립니다. 요한복음 1장에 정확하게 나와 있습니다.

• **요한복음 1장**
1 태초에 말씀이 계시니라 이 말씀이 하나님과 함께 계셨으니 이 말씀은 곧 하나님이시니라
2 그가 태초에 하나님과 함께 계셨고
3 만물이 그로 말미암아 지은 바 되었으니 지은 것이 하나도 그가 없이는 된 것이 없느니라
4 그 안에 생명이 있었으니 이 생명은 사람들의 빛이라

우리에게 다른 생각이 없으면 이 말씀이 마음에 그대로 들려옵니다. "아, 하나님이 계시는구나. 그 하나님이 말씀이구나." 태초에 이 말씀이 하나님과 함께 계셨고, 성경의 기록 말씀으로 천지가 창조되었고, 만물이 말씀으로 말미암아 지은 바 되었음을 알게 됩니다. 세상에 지은 것이 하나도 그가 없이 된 것이 없구

나, 그 안에 생명 있었으니 이 생명은 사람들의 빛이라는 걸 압니다. 우리가 지금 죽는다는 것은 이 말씀이 우리 마음에 없어서 죽는 것이구나, 이렇게 믿어진다는 겁니다. 우리가 믿는 것이 아무것도 없고 아는 것이 아무것도 없어야만 하나님의 말씀이 들리고 믿을 수 있습니다.

• **마태복음 5장**
8 마음이 청결한 자는 복이 있나니 그들이 하나님을 볼 것임이요

우리가 아는 것이 하나도 없고 믿는 것이 하나도 없다면 하나님이 보입니다. 하나님이 보이는데 우리가 아는 것이 많고 이론이 많고 살아온 경험이 많으면, 마음속에서 그 생각에 맞는 하나님을 찾습니다. 찾다 못 찾으면 답이 나와요. 하나님은 없다는 겁니다. 하나님을 안 찾기 때문에 하나님이 필요 없기 때문에 하나님을 그냥 믿어요. 대충 믿지요. 이것이 맞는지 안 맞는지 하나님이 뭔지도 살펴볼 필요도 없는 겁니다.

"그냥 살아있는 동안 나는 천국 간다. 교회 다니니까 더 볼 게 뭐 있어 천국만 가면 되지."

이렇게 생각하고 마음 쓸 필요가 없다고 생각합니다. 그래서 정말 천국에 갈 수 있으면 좋은데 천국을 못 가니 문제라는 겁니다.

성경에 66권이 들어 있는데 66권의 목적이 무엇이냐 하면 모든 이론을 무너뜨리는 겁니다. 우리가 살아온 경험을 지우기 시작하는 거지요. 어떻게 지워지냐 하면 말씀을 보게 되면 우리가 잘못됐다고 느껴집니다. 그러면 우리가 마음에서 "이것은 틀린 거구나." 하면서 비우고 버립니다. 나쁜 것이라고 하면 버리게 됩니다. 틀렸다고 하면 버려지고요. 유익이 되지 않는다고 하면 버려져요.

하나 둘 살아온 만큼 경험한 만큼 버려야 합니다. 마음에서 우리의 이론, 하나님이 아닌 지식이 다 버려지고 청결한 마음이 되면 하나님이 보입니다. 예수님의 하나님은 기록이었습니다. 에덴에서 하와의 하나님은 말씀이었습니다. 그리고 예수님이 섬긴 것은 성경이었고요. 우리가 이 성경을 듣는 이유가 모든 살아온 과거와 경험을 지우기 위해서입니다. 왜 성경을 들어서 우리를 지워야 하냐면 하나님이 우리에게 주시고자 하는 게 있기 때문입니다.

• 고린도후서 10장
8 주께서 주신 권세는 너희를 무너뜨리려고 하신 것이 아니요 세우려고 하신 것이니 내가 이에 대하여 지나치게 자랑하여도 부끄럽지 아니하리라

하나님이 우리의 생각이 사망을 불러왔고 수고를 불러왔고 질병을 불러왔고 슬픔을 불러왔다고 하셨습니다. 하나님이 무너뜨리려고 하는 것이 사망과 수고와 질병과 슬픔입니다. 하나님이 다시 세우려고 한다는 겁니다. 하나님 당신이 말씀을 주신 이유

는 사망과 눈물과 슬픔을 없애고 기쁨과 평안과 안식을 주기 위해서입니다. 영원한 생명을 주기 위해서, 하나님과 함께 살게 하기 위해서입니다. 우리를 무너뜨리려는 것이 아니라 세우려 하시는 것입니다.

왜 그럴까요? 지금 있는 것은 나쁜 것이기 때문에 무너뜨리려고 하시는 겁니다. 나쁜 것을 무너뜨리고 좋은 것을 주기 위해서 무너뜨리는 작업을 하고 계십니다. 세상에서도 집이 오래 되면 비도 새고 벽도 갈라지고 방도 꺼지게 됩니다. 그 집을 부술 때는 더 좋은 집을 짓기 위해서 부수는 것과 마찬가지입니다. 하나님이 우리의 이론이나 하나님이 아닌 것을 다 무너뜨리려고 하는 이유도 더 좋은 것을 우리에게 주기 위해서입니다.

무너뜨리지 않고는 다시 세울 수가 없습니다. 집이 세워진 곳에다가 또 다른 집을 얹는다면 그 집은 붕괴되어 버립니다. 다시 다른 집을 세우려면 그 집을 완전히 무너뜨려야 됩니다. 그래서 예수님이 너희 자신을 부인하고 십자가를 지라고 하는 겁니다. 너희들 것은 다 틀렸다는 겁니다.

8절에서 얘기하는 말씀을 이야기하고 자랑한다는 것은 뭡니까? 옳다는 겁니다. 나는 이것을 듣는다는 뜻입니다. 지나치게 자랑하여도 부끄럽지 않습니다. 말씀이 아닌 것은 정말 힘든데 말씀인 것은 모든 사람에게 기쁨과 평안, 안식과 즐거움과 생명을 주십니다.

12 우리는 자기를 칭찬하는 어떤 자와 더불어 감히 짝하며 비교할 수 없노라 그러나 그들이 자기로써 자기를 헤아리고 자기로써 자기를 비교하니 지혜가 없도다

자기를 칭찬한다는 것은 내가 옳고, 내 생각이 옳다는 겁니다. 내 생각은 뭡니까? 내가 살아온 경험입니다. 내 마음에 들어 있는 생각은 한 개라도 틀린 것은 들어 있지 않습니다. 나를 위해서 유익이 되는 것밖에는 들어 있지 않아요. 칭찬하는 어떤 자와 더불어 감히 짝하며 비교할 수 없노라 자기를 옳다고 하는 사람하고 비교할 수가 없다는 겁니다. 항상 자기가 옳다는 것은 남은 틀렸다는 뜻이기 때문입니다.

내 생각이 옳다고 이야기하는 것은 남의 생각은 다 틀렸고 내가 잘났고 남은 못났다고 생각하는 겁니다. 나를 칭찬하는 것은 남을 멸시하는 것이고 무시하는 것입니다. 인간의 마음에 있는 생각들은 자기의 유익을 위해서 받아들였기 때문에 자기 마음속에 있는 생각을 보면 남의 소리를 들을 수가 없습니다. 남의 소리가 아무리 좋다고 해도 자기를 위해 주지는 않으니까요.

세상에서 최고의 사랑은 부모의 자식에 대한 사랑입니다. 부모는 자식에게 공부 열심히 해라 그래야 훌륭한 사람이 된다고 말합니다. 그 말은 훌륭한 사람이 되기 전에 대가를 지불해라, 네가 힘들어라, 네가 고생해라, 그 뜻입니다. 세상에서는 대가 없는 사랑도 없고 대가 없는 의리도 없습니다.

모든 사람의 마음속에는 정말 편하게 돈을 많이 벌고 싶은 마음이 있습니다. 돈은 모든 사람이 아끼는 것인데 "나는 편하면서 돈은 많이 벌고 싶다"고 하면 편하게 하면서 돈을 많이 줄 사람이 어디 있습니까? 그렇다면 그 회사는 부도가 날 겁니다. 사업은 망할 수밖에 없지요.

편하게 하고 돈을 많이 줄 사람은 세상에 없으니 우리 인간의 생각이 그만큼 틀렸다는 겁니다. 나는 남을 대접하지 않고 나는 대접받고 싶어요. 나는 남에게 잘하고 싶지 않으면서 남은 나한테 잘하기를 바랍니다. 내가 일을 하고 싶어서 회사에 가는 것이 아니라 돈을 벌려고 회사에 가기 때문에 잘못됐다는 겁니다. 그렇게 회사에 가면 일을 잘할 수가 없습니다. 속마음으로는 돈을 벌려고 갔으니까 돈의 소리밖에 안 들립니다. 일을 잘하고 싶은 마음이 없습니다.

그런데 일을 잘하는 사람이 있어요. 없는 게 아닙니다. 내가 일을 잘하게 되면 승진을 할 수 있고 돈을 많이 벌 수 있다고 느껴질 때는 일을 잘해요. 승진을 하고 돈을 많이 받으면 열심히 하던 모습은 사라지고 다시 옛날로 돌아갑니다.

우리 생각으로 자기를 보면 잘못한 게 하나도 없어요. 태어나서 한살 부터 죽을 때까지 사람들은 자기 마음속에 틀린 것이 없어요. 그런데 자기가 아닌 세계 남의 세계를 끌어다 자기세계를 보면 다 보입니다. 음주운전을 해서 경찰한테 잡혔어요.

두 가지 반응이 나옵니다. "내가 음주운전을 한 것은 잘못한거야. 다시는 음주운전을 하지 말아야지." 이러는 사람이 있습니다. 또 한 사람은 "오늘 진짜 재수 없는 날이다. 하필 왜 경찰이 거기 있었지?" 이렇게 나옵니다.

그러면 나는 음주를 다시 안 해야겠다고 하는 사람과 왜 경찰이 여기 나와 있냐고 하는 사람을 살펴봅시다. 나는 음주를 다시 안 하겠다고 한 사람이 반성을 했느냐 하면 그렇지 않거든요.

그 사람은 벌금내는 게 두렵고 면허증 취소로 피해본 것에 대해서 반성을 하는 것입니다. 실제로는 반성을 할 수가 없죠. 음주운전이 진짜 잘못된 일이라고 생각했더라면 그 사람은 음주운전을 하지 않았어야 합니다.

우리가 아무리 사람들에게 잘못을 이야기하고 충고를 해줘도 듣는 사람이 없습니다. 만일 그 사람이 충고를 듣는다면 자기가 피해본 것 때문에 듣는 척 하는 것입니다. 음주의 법이 없으면 음주운전을 할 겁니다. "내가 잘못됐구나." 말해도 음주를 해도 된다는 법이 만들어지면 또 음주운전을 하고 다닌다는 거지요.

자기로써 자기를 헤아리고 자기로써 자기를 비교하니 지혜가 없도다

이 말씀처럼 우리가 우리를 판단해서는 안 된다는 겁니다. 그러면 어떻게 해야 하는지 하나님께서 말씀하고 계십니다.

• 고린도후서 10장
17 자랑하는 자는 주 안에서 자랑할지니라

무슨 말씀입니까? "네가 옳다고 이야기하는 것을 주 안에서 하라"는 겁니다. 네가 옳은가 옳지 않은가 말씀을 보라는 거지요. 말씀의 뜻에서 내 생각이 맞나 안 맞나 봐야 합니다.

18 옳다 인정함을 받는 자는 자기를 칭찬하는 자가 아니요 오직 주께서 칭찬하시는 자니라

옳다고 인정함을 받는 자는 자기를 칭찬하는 자가 아닙니다. "내가 옳다"라고 말하는 사람은 벌써 틀렸다는 겁니다. 오직 주께서 칭찬하는 자여야 합니다. 주께서 칭찬한 자가 누구입니까? 자기가 없는 자입니다. 재물이 많은 부자가 예수님을 찾아왔습니다. 예수님이 말씀하셨습니다.

"너는 많은 재물을 팔아 가난한 사람들에게 나누어주어라."

네 것은 다 없애라는 말입니다. 주께서 옳다 하는 자가 누구입니까? 자기 것을 다 없애버린 사람입니다. 그리하면 하늘에서 보화가 네게 있으리라 그러면 내가 더 좋은 것을 주겠다는 말씀입니다. 하나님이 없애라 할 때는 더 좋은 것을 주기 위해서입니다. 사람들은 자기가 좋아하는 게 있기 때문에 하나님의 것을 받을 수가 없습니다. 여기 사도바울이 자기에 대해서 이야기한 것이 있습니다.

• 고린도후서 12장

1 무익하나마 내가 부득불 자랑하노니 주의 환상과 계시를 말하리라
2 내가 그리스도 안에 있는 한 사람을 아노니 그는 십사 년 전에 셋째 하늘에 이끌려 간 자라 (그가 몸 안에 있었는지 몸 밖에 있었는지 나는 모르거니와 하나님은 아시느니라)
3 내가 이런 사람을 아노니 (그가 몸 안에 있었는지 몸 밖에 있었는지 나는 모르거니와 하나님은 아시느니라)

사도바울이 자기는 모른다고 합니다. "하나님은 아시니라" 그래서 자기 것으로는 보고 싶지 않다는 겁니다. 자기 것은 뭡니까? 육체의 한계입니다. 이 세상 백성이 볼 수 있는 한계가 뭡니까? 1m 80cm도 안 되는 이 몸뚱이 외에는 볼 수가 없습니다. 사도바울은 자기는 모르고 하나님은 안다고 말합니다.

4 그가 낙원으로 이끌려 가서 말로 표현할 수 없는 말을 들었으니 사람이 가히 이르지 못할 말이로다

사도 바울은 낙원으로 이끌려 가서 말로 표현할 수 없는 말을 듣습니다. 우리가 짐작하기 어려운 것입니다. 이 세상은 저주받은 곳입니다. 이 저주받은 세상 옳다고 사는 사람들은 사탄의 자식들입니다. 하나님의 말씀을 받기 전에는 하나님의 세계를 알 길이 없습니다.

5 내가 이런 사람을 위하여 자랑하겠으나 나를 위하여는 약한 것들 외에 자랑하지 아니하리라

여기서 말하는 이런 사람은 예수님입니다. 예수님을 위해서는 자랑하겠으나 나를 위해서는 약한 것들 외에 자랑하지 않겠다고 말합니다. 예수님을 위해서 자랑한다는 것이 무슨 뜻입니까? "나는 예수님처럼 살겠다," 이 말입니다. "저 사람은 잘했어"라고 말하는 건 "나도 저렇게 살고 싶다"는 뜻이지요. 하나님을 믿는 사람들은 많은데 하나님을 이야기하는 사람은 많지 않습니다. 교회 갔을 때만 하나님을 이야기하고 세상 살 때는 돈 이야기를 더 많이 하고 살아요. 하나님을 진심으로 안 믿기 때문입니다.

사도바울은 "나는 추한 놈이다. 나는 못난 놈이다." 간증을 하면서 죄인 중에 가장 악한 악질이라고 했습니다. 왜요? 자기가 잘난 줄 알고 위대한 줄 알고 옳은 줄 알면, 첫째가 하나님의 말씀을 거부한다는 겁니다. 예수님이 그래서 내가 의인을 데리러 온 것이 아니라 죄인을 부르러 왔다"고 하신 겁니다. 의인은 자기가 옳은데 남의 말을 들을 필요가 뭐가 있겠습니까?

이 세상 사람들한테 당신은 의인입니까? 죄인입니까? 물으면 다 죄인이라고 해요. 그리고 남의 말을 안 들어요. 원래는 죄인이면, 내가 정말 추잡하고 더러운 인간이라고 생각한다면 남의 말을 들을 수밖에 없습니다. 이 땅에 죄인들은 말로만 죄인이고 마음속으로는 의인이라고 생각하는 겁니다.

사도바울이 내가 예수님을 자랑하는데 내게 자랑할 것은 약한 것, 추잡하고 더럽고 못난 것이라고 말합니다. 그런 것을 자랑하면 자기에게 정이 떨어지겠지요. 자기만의 세계에 떨어지겠지요. 자신을 부인하게 되겠지요. 십자가를 짊어지겠지요. 나한테 나쁜 것밖에 없다면 누가 자기를 믿겠습니까? 바로 하나님을 믿어버리겠지요.

왜 하나님을 못 믿는지 아십니까? 내가 잘난 게 많고 옳은 게 많고 위대한 것이 많기 때문에 하나님의 말씀을 가치 없게 보는 겁니다. 그래서 말씀이 들리지 않는 겁니다. 내가 옳은 게 많아서, 말씀이 하나님과 함께 계셨고 이 말씀이 하나님이라고 해도 의심합니다.

"야, 생각아, 생각아, 이게 하나님으로 보이냐?"

이러면 영원히 하나님을 만날 수가 없어요. 사도바울이 자랑할 것은 스스로를 약하고 못났다고 여겨 정 떨어지는 것밖에 없다고 말합니다.

6 내가 만일 자랑하고자 하여도 어리석은 자가 되지 아니할 것은 내가 참말을 함이라 그러나 누가 나를 보는 바와 내게 듣는 바에 지나치게 생각할까 두려워하여 그만두노라
7 여러 계시를 받은 것이 지극히 크므로 너무 자만하지 않게 하시려고 내 육체에 가시 곧 사탄의 사자를 주셨으니 이는 나를 쳐서 너무 자만하지 않게 하려 하심이라

사도바울이 여러 계시를 받았습니다. 계시가 무엇입니까? 말씀입니다. 말씀 안에 있는 능력이나 말씀 안에 있는 환상을 많이 본 것입니다. 그런데 이 사도바울에게 병이 있었습니다. 성경에서 보면 누가가 치료했다고 나옵니다. 그 병이 간질이라서 사탄의 사자라고 하죠. 사탄의 사자가 뭡니까? 우리가 하나님을 버리게 만든 게 사탄이잖아요. 뱀이 넣어준 지식 아닙니까? 그 지식을 받고 나서 인간한테 육체의 병이 왔잖아요.

이 병을 사탄이 보낸 겁니다. 잘못된 지식이 보냈습니다. 그래서 사탄의 사자라고 부르는 겁니다. 이는 나를 쳐서 너무 자만하지 않게 하려 하심이라 자만이 뭡니까? 자기를 옳다고 바라보는 마음이 자만이 아닙니까? 자기의 좋은 것을 살펴보는 마음, 자기의 좋은 것을 높이는 마음이 자만이지요. 그가 자만하지 않게 하려고 병을 주셨다는 겁니다.

8 이것이 내게서 떠나가게 하기 위하여 내가 세 번 주께 간구하였더니
9 나에게 이르시기를 내 은혜가 네게 족하도다 이는 내 능력이 약한 데서 온전하여짐이라 하신지라 그러므로 도리어 크게 기뻐함으로 나의 여러 약한 것들에 대하여 자랑하리니 이는 그리스도의 능력이 내게 머물게 하려 함이라
10 그러므로 내가 그리스도를 위하여 약한 것들과 능욕과 궁핍과 박해와 곤고를 기뻐하노니 이는 내가 약한 그 때에 강함이라

바울이 하나님에게 나아가서 세 번 주께 간구했습니다. "하나

님! 이 병을 낫게 해주세요." 하니 하나님이 답하셨습니다. **내 은혜가 네게 족하도다 이는 내 능력이 약한 데서 온전하여짐이라 하신지라** 이게 비밀입니다. 우리는 하나님의 말씀을 듣고 약해져야 하는 겁니다. 하나님의 말씀을 제대로 들으면 죄인의 위치로 내려갑니다. 우리는 잘못된 인간입니다. 우리는 쳐다봐서는 안 될 그런 인간입니다.

제대로 안 들으면 말씀을 듣고 우리는 신이 됩니다. 의인이 되는 겁니다. 여기서 하나님이 "아픈 것 그대로 가지고 있어. 네가 아파야 나를 쳐다볼 것 아니냐. 네가 안 아프고 건강하면 네 육신의 생각에 사로잡히게 되잖아" 그러시는 겁니다. 누구처럼요? 솔로몬처럼요. 솔로몬이 나중에 하나님을 떠났거든요. 육신을 섬기다가 자기도 모르게 끝내는 하나님을 떠났습니다.

하나님이 이방 여인을 사귀지 마라 하셨는데 이방 여인과 결혼을 하고 하나님을 떠났습니다. 우리의 육체가 보잘것없고 우리 인생이 괴롭게 되면 우리는 하나님에 대해서 생각을 하게 됩니다. 우리가 돈이 많아지고 우리에게 쓸 것이 많고 풍족하면 육체를 따라 섬기게 되어 있습니다.

하나님이 **내 은혜가 네게 족하도다**고 하신 것도 더는 생각하지 말라는 뜻입니다. 더는 네 생각으로 나를 대하지 말라는 겁니다. 내가 주는 대로 하나님 믿는 사람이면 십자가도 기쁨으로 받고 가난한 것도 기쁨으로 받습니다. 하나님의 말씀이 안 나와도 감사가 와야 되고, 말씀이 입에서 흘러도 감사가 와야 됩니다. 왜? 하나님의 뜻대로만 움직여야 된다는 거죠. 더 줄여서도 안 되고 더 늘려서도 안 됩니다.

하나님이 약한 데서 온전하여짐이라라고 말씀하신 것도 네게 기대할 게 없을 때 하나님을 믿게 되기 때문입니다. 9절 말씀도 마찬가지입니다. 사도바울은 일반사람하고 다릅니다. 바로 하나님의 말씀을 받아들이면서 "내가 약하고 추하고 못나고 더럽고 기대할 것이 없을 때" 그리스도의 능력이 내게 머뭅니다. 하나님의 능력, 그리스도의 능력이 뭡니까? 말씀이지요.

말씀을 우리가 보게 되고, 신뢰하게 되고, 인정하게 되고, 말씀 속에 살게 되어 있다는 겁니다. 사도바울이 원하는 게 뭡니까? 정말 세상과 반대되는 것을 원하고 있습니다. 뭡니까? 약한 것들과 능욕과 궁핍과 박해와 곤고를 기뻐하노니 이는 내가 약한 그 때에 강함이라 그때에 하나님을 쳐다보게 되고 하나님이 보이면 내가 강해진다는 겁니다.

우리가 하나님이 보이지 않기 때문에 열심히 세상을 살아간다는 것이지요. 하나님이 보인다면 세상에 등을 돌릴 수밖에 없다는 것입니다. 하나님이 보이면 이 땅에 살고 싶은 생각이 없지요. 새 하늘과 새 땅을 준비하셨습니다. 하나님이 준비한 영원히 눈물과 사망과 상함과 해함이 없는 완벽한 땅입니다.

"내가 부르기 전에 대답하겠고 너가 말을 마치기 전에 거기 있겠다."

　이루어지는 세계, 완전한 세계가 우리를 기다리고 있습니다. 이 땅에서 잠시 몇 년 그 죄악의 낙과 육신을 섬기는, 하나님을 버리는 삶을 살아간다면 가장 어리석은 사람이라는 말씀입니다.

12

생명을 원했던 여자

생명을 원했던 여자

- **창세기 38장**

1 그 후에 유다가 자기 형제들로부터 떠나 내려가서 아둘람 사람 히라와 가까이 하니라
2 유다가 거기서 가나안 사람 수아라 하는 자의 딸을 보고 그를 데리고 동침하니
3 그가 임신하여 아들을 낳으매 유다가 그의 이름을 엘이라 하니라
4 그가 다시 임신하여 아들을 낳고 그의 이름을 오난이라 하고
5 그가 또 다시 아들을 낳고 그의 이름을 셀라라 하니라 그가 셀라를 낳을 때에 유다는 거십에 있었더라
6 유다가 장자 엘을 위하여 아내를 데려오니 그의 이름은 다말이더라
7 유다의 장자 엘이 여호와가 보시기에 악하므로 여호와께서 그를 죽이신지라
8 유다가 오난에게 이르되 네 형수에게로 들어가서 남편의 아우 된 본분을 행하여 네 형을 위하여 씨가 있게 하라
9 오난이 그 씨가 자기 것이 되지 않을 줄 알므로 형수에게 들어갔을 때에 그의 형에게 씨를 주지 아니하려고 땅에 설정하매
10 그 일이 여호와가 보시기에 악하므로 여호와께서 그도 죽이시니

11 유다가 그의 며느리 다말에게 이르되 수절하고 네 아버지 집에 있어 내 아들 셀라가 장성하기를 기다리라 하니 셀라도 그 형들 같이 죽을까 염려함이라 다말이 가서 그의 아버지 집에 있으니라
12 얼마 후에 유다의 아내 수아의 딸이 죽은지라 유다가 위로를 받은 후에 그의 친구 아둘람 사람 히라와 함께 딤나로 올라가서 자기의 양털 깎는 자에게 이르렀더니
13 어떤 사람이 다말에게 말하되 네 시아버지가 자기의 양털을 깎으려고 딤나에 올라왔다 한지라
14 그가 그 과부의 의복을 벗고 너울로 얼굴을 가리고 몸을 휩싸고 딤나 길 곁 에나임 문에 앉으니 이는 셀라가 장성함을 보았어도 자기를 그의 아내로 주지 않음으로 말미암음이라
15 그가 얼굴을 가리었으므로 유다가 그를 보고 창녀로 여겨
16 길 곁으로 그에게 나아가 이르되 청하건대 나로 네게 들어가게 하라 하니 그의 며느리인 줄을 알지 못하였음이라 그가 이르되 당신이 무엇을 주고 내게 들어오려느냐

여기 기록된 말씀을 보면 지금 우리의 생각으로는 조금 황당한 일인데요. 옛날 이스라엘에서는 형이 죽으면 대를 잇기 위해서 동생이 형수하고 삽니다. 그리고 동생이 죽으면 또 그다음 동생이 형수하고 살아야 합니다. 그런데 여기서 유다라는 사람이 형제들을 떠나 아둘람 사람 히라와 가까이 지내고 가나안 사람 수아의 딸을 데리고 동침합니다. 여자가 곧 임신을 하여 아들을 세 명 낳습니다. 첫 째 아들은 엘이고, 두 번째 아들은 오난이고, 세 번째 아들은 셀라입니다.

셀라를 나을 때 유다는 거십에 있었습니다. 그리고 유다가 장

자 엘을 위해 아내를 데려와서 장가를 보냅니다. 그 며느리 이름이 다말이었습니다. 하나님이 유다의 장자 엘을 보시기에 악해서 그를 죽입니다. 엘을 죽였으니까 둘째아들 오난이 이제 형수와 살아야 되는데요. 오난이 내가 형수하고 동침을 해서 자식을 낳으면 그 자식이 내 자식이 안 되고 형의 자식이 되기 때문에 그 정액을 형수에게 주지 않고 씨를 땅에다가 설정했다는 겁니다.

하나님이 보니까 그게 너무 악하다는 거지요. 오난의 정액을 땅에 설정한 것이 악한 게 아니라 내 것이 아니면 남의 것에는 관심이 없는 것이 악한 겁니다. 자기를 위하는 지식이 결국은 마귀의 지식인데요. 자기를 위하려니까 남의 소리를 듣지 않는 겁니다. 오난이 자기의 욕심대로 자기 자식이 안 되니까 땅에 설정해 버린 것이지요. 하나님이 그것을 악하다고 보고 오난을 죽여버렸습니다.

유다가 시아버지로서 보니까 어떻게 아들이 다말하고 살기만 하면 죽는 겁니다. 첫째 아들이 죽고 둘째 아들도 죽으니까 겁이 덜컥 났어요. 또 셋째 아들을 보내놓으면 이 셋째 아들도 죽을 것 같았던 거지요. 그래서 말합니다. **유다가 그의 며느리 다말에게 이르되 수절하고 네 아버지 집에 있어 내 아들 셀라가 장성하기를 기다리라**

아들을 또 주기 싫으니까 셀라가 클 때까지 기다리라는 거지요. 핑계를 댄 겁니다. 친정에 가서 기다려라, 아들이 크면 내가 연락할게. 이건 순전히 거짓말이지요. 얼마 후에 유다의 아내 수아가 죽었어요. 그러고 난 후에 유다에게 아내가 없는데, 다말이라는 며느리가 시아버지가 자기의 양털을 깎으려고 딤나에 올라왔다는 겁니다. 여기서 며느리가 사람으로 봤을 때 말도 안 되는 짓을 하고 있어요.

다말이 아들 셀라를 보니까 다 장성했는데도 유다가 자기 아들을 주지 않는 거예요. 다말이 과부의 의복을 벗고 창녀로 변장을 해서 시아버지에게 얼굴을 가리고 앉아 있습니다. 유다도 아내가 죽었으니까 여자 생각이 났겠지요. 그래서 며느리인 줄도 모르고 창녀로 생각하고 동침을 하자고 합니다. 며느리가 동침을 하면 무엇을 줄 거냐고 묻습니다.

17 유다가 이르되 내가 내 떼에서 염소 새끼를 주리라 그가 이르되 당신이 그것을 줄 때까지 담보물을 주겠느냐
18 유다가 이르되 무슨 담보물을 네게 주랴 그가 이르되 당신의 도장과 그 끈과 당신의 손에 있는 지팡이로 하라 유다가 그것들을 그에게 주고 그에게로 들어갔더니 그가 유다로 말미암아 임신하였더라
19 그가 일어나 떠나가서 그 너울을 벗고 과부의 의복을 도로 입으니라
20 유다가 그 친구 아둘람 사람의 손에 부탁하여 염소 새끼를 보내고 그 여인의 손에서 담보물을 찾으려 하였으나 그가 그 여인을 찾지 못한지라
21 그가 그 곳 사람에게 물어 이르되 길 곁 에나임에 있던 창녀가 어디 있느냐 그들이 이르되 여기는 창녀가 없느니라
22 그가 유다에게로 돌아와 이르되 내가 그를 찾지 못하였고 그 곳 사람도 이르기를 거기에는 창녀가 없다 하더이다 하더라

23 유다가 이르되 그로 그것을 가지게 두라 우리가 부끄러움을 당할까 하노라 내가 이 염소 새끼를 보냈으나 그대가 그를 찾지 못하였느니라
24 석 달쯤 후에 어떤 사람이 유다에게 일러 말하되 네 며느리 다말이 행음하였고 그 행음함으로 말미암아 임신하였느니라 유다가 이르되 그를 끌어내어 불사르라
25 여인이 끌려나갈 때에 사람을 보내어 시아버지에게 이르되 이 물건 임자로 말미암아 임신하였나이다 청하건대 보소서 이 도장과 그 끈과 지팡이가 누구의 것이니이까 한지라
26 유다가 그것들을 알아보고 이르되 그는 나보다 옳도다 내가 그를 내 아들 셀라에게 주지 아니하였음이로다 하고 다시는 그를 가까이 하지 아니하였더라

다말이 과부의 의복을 벗고, 자기의 얼굴을 가리고, 시아버지하고 동침을 했습니다. 염소 새끼가 탐이 나서 시아버지하고 동침을 한 게 아닙니다. 성경의 기록은 우리 육체의 삶에 대해서 이야기 하는 것이 아닙니다. 영적인 삶, 결국 성경이 이야기하고 있는 것은 우리가 어떻게 하면 하나님을 만날 수 있는가를 가르쳐 주는 것입니다.

성경에 있는 선지자들의 삶, 하나님을 만난 사람들의 삶을 보면 육신의 세계에 기준이나 옳음이 있으면 하나님을 절대 만날 수 없습니다. 다말이라는 며느리가 남자를 원했던 게 아니라 생명을 원했습니다. 새로운 생명을 탄생시킨다는 것은 우리가 영적으로 하나님을 만나는 것입니다.

하나님의 생명이 우리의 마음, 우리의 혼에 임하는 것, 부활하는 것을 가지고 생명을 잉태한다고 합니다. 유다의 며느리가 남자를 원해서 창녀로 변장하여 육체관계를 맺은 것이 아니고, 영적으로 보는 것입니다. 우리 마음의 하나님이 부활하려고 하면 우리의 마음 상태가 어떤 위치에 가야 하는지 가르치고 있습니다.

나중에 보면 행음하면 불살라 죽이는 그런 어떤 법이 있는데요. 그 법으로 자기는 행음을 하면 죽는데, 자기는 과부였고 셀라가 남편이 될 사람이 있는데 시아버지하고 동침을 했다는 것은 말이 안 된다는 겁니다. 다말의 마음이 이 생명에 관해서 자기의 모든 것을 벗어 버린 것입니다.

신랑 될 사람이 살아있고 자기는 과부이고 행음을 하면 불살라 죽을 수도 있습니다. 이 모든 것을 생명을 하나 얻기 위해서 벗어 던졌다는 겁니다. 이 땅에서 살면서 우리가 하나님에게 돌아가지 못하는 이유가 내가 여기서 살아남아야 되고, 자식도 키워야 되고 노후준비도 해야 된다는 등의 수많은 생각들이 있기 때문입니다. 그래서 우리에게 하나님의 말씀을 받아들일 만한 마음이 없는 겁니다.

다말이라는 며느리가 이 생명을 위해서 창녀로 변신하면서까지 세상에서 말도 안 되는 행동을 한 마음의 위치가 중요합니다. 생명을 받기 위해 모든 것을 포기한 사람, 세상의 어떤 가치관과 기준이 없는 마음까지 내려갔다는 거예요. 이 유다서는 다말의 마음으로 하나님을 만날 수 있는 위치를 보여주고 있습니다. 우리가 육에 대한 모든 것을 완전히 끝낼 때 그 생명으로 말미암아 하나님의 잃어버린 말씀이 부활할 수 있습니다. 또 한 군데 예수님을 만나야 되는 사람을 한번 살펴보겠습니다.

• 마가복음 5장

25 열두 해를 혈루증으로 앓아 온 한 여자가 있어
26 많은 의사에게 많은 괴로움을 받았고 가진 것도 다 허비하였으되 아무 효험이 없고 도리어 더 중하여졌던 차에
27 예수의 소문을 듣고 무리 가운데 끼어 뒤로 와서 그의 옷에 손을 대니
28 이는 내가 그의 옷에만 손을 대어도 구원을 받으리라 생각함일러라
29 이에 그의 혈루 근원이 곧 마르매 병이 나은 줄을 몸에 깨달으니라
30 예수께서 그 능력이 자기에게서 나간 줄을 곧 스스로 아시고 무리 가운데서 돌이켜 말씀하시되 누가 내 옷에 손을 대었느냐 하시니
31 제자들이 여짜오되 무리가 에워싸 미는 것을 보시며 누가 내게 손을 대었느냐 물으시나이까 하되
32 예수께서 이 일 행한 여자를 보려고 둘러 보시니
33 여자가 자기에게 이루어진 일을 알고 두려워하여 떨며 와서 그 앞에 엎드려 모든 사실을 여쭈니
34 예수께서 이르시되 딸아 네 믿음이 너를 구원하였으니 평안히 가라 네 병에서 놓여 건강할지어다

34절 말씀까지 12년 동안 혈루증을 앓았던 한 여인의 이야기입니다. 인생을 살면서 우리가 열심히 안 살았기 때문에 예수님이 보이지 않습니다. 우리가 열심히 살면 뭐가 보이냐면 우리에게 능력이 없다는 것이 보여요. 그러면 능력을 찾아가야겠지요.

요즘 현대인들은 열심히 살기보다 적당히 살아요.

많은 세월이 흐르고 수많은 사람이 살다 죽었고 연구도 많이 했고 발전도 많이 시켰습니다. 사람이 원하는 대로 편하게 살 수 있으니까 지금 사람들은 적당히 살아도 되는 것이지요. 원하는 것이 많지 않고 적당히 살게 되면 예수님을 안 만나도 그런대로 한 세상 살아갈 수 있습니다.

열두 해를 혈루증을 앓는 여자는 병이 있으니까 괴롭습니다. 병이 나아야 하지 않겠어요? 많은 의사에게 많은 괴로움을 받았다는 것은 이 병을 고치려고 많은 의사를 찾아갔다는 거지요. 많은 의사가 병은 고쳐주지 않고 괴로움만 주었어요. 가진 것도 병원비로 다 허비하였습니다. 그런데도 병이 낫기는커녕 더 심해졌습니다. 이 여자에게 소문이 하나 들려왔어요. 예수의 소문이 들린 것은 여자의 마음이 간절하기 때문입니다. 그때 당시 예수님의 소리를 많이 들어도 예수님에게 구원 받은 사람은 몇 안 됩니다. 많은 병자가 있었지만 예수님을 찾아가서 다 병을 고친 게 아닙니다. 환자들은 예수님을 찾아가지 않았습니다.

열두 해를 혈루증을 앓는 이 여자는 병을 고치기 위해서 발버둥을 쳤던 겁니다. 최선을 다했는데 길이 없었고 더 심해졌습니다. 우리도 인생의 행복을 위해서 열심히 살아 보면, 우리가 열심히 사는 거기에는 없다는 결론이 나옵니다. 거기에 없다는 답이 나오면 내가 찾는 세계에서 그 다음 남의 세계로 옮겨 갑니다. 이 여자도 돈도 다 떨어지고 몸은 더 나빠지고 하니까 예수의 소문이 들린 겁니다. 이제 어떻게 들렸나 볼까요?

28 이는 내가 그의 옷에만 손을 대어도 구원을 받으리라 생각함일러라

병을 고쳐야 하는데 이 여자는 예수의 소문을 듣고 구원을 이야기하고 있어요. 왜 병이 왔는지를 정확하게 이 여자는 알고 있습니다.

29 이에 그의 혈루 근원이 곧 마르매 병이 나은 줄을 몸에 깨달으니라

이 여자가 답을 얻었는데요. 예수님이 없어서 병이 왔다는 것을 알게 되었습니다. 그 다음에 예수님의 옷에만 손을 대어도 구원을 받는다는 거예요. 그래서 병이 낫습니다.

믿음이, 이 여자가 믿고 있는 말씀이, 여자를 구원을 했습니다. 병에서 놓여난 것은 예수님을 만났을 때 우리가 병에서 놓여납니다. 그래서 열두 해를 앓던 여자가 이 병을 고치기 위해서 진짜 열심히 의사를 찾아 다녔는데, 예수님만 만나면 낫겠다는 답을 얻었다는 겁니다. 예수님 옷에 손을 대어서 자기의 믿음대로 병이 고쳐졌습니다. 성경은 우리가 예수님을 만나지 않으면 어떤 병도 고칠 수가 없다고 말합니다. 이 땅에서 모든 것을 접고 예수님을 만나는데 모든 인생을 걸어야 하는 이유가 바로 그것입니다.

13

죄에 대해서

죄에 대해서

• **로마서 5장**
12 그러므로 한 사람으로 말미암아 죄가 세상에 들어오고 죄로 말미암아 사망이 들어왔나니 이와 같이 모든 사람이 죄를 지었으므로 사망이 모든 사람에게 이르렀느니라

한 사람으로 말미암아 죄가 세상으로 들어왔는데 죄가 무엇인지를 살펴보겠습니다.

• **창세기 3장**
4 뱀이 여자에게 이르되 너희가 결코 죽지 아니하리라
5 너희가 그것을 먹는 날에는 너희 눈이 밝아져 하나님과 같이 되어 선악을 알 줄 하나님이 아심이니라

하나님이 선악과를 먹으면 정령 죽는다고 말씀하셨는데 하나님의 말씀과 반대되는 이야기를 뱀이 하고 있습니다. 두 가지 약속을 받고 아담과 하와가 첫째는 죽지 않는다는 뱀의 소리를 들으니까 선악과를 따먹어도 죽지 않은 걸로 보였습니다. 그래서 선악과를 먹었습니다. 그 다음에 너희 눈이 밝아져 하나님과 같이 되어 선악을 알 줄 하나님이 아심이니라 선악이 무엇입니까? 이 땅에 사는 사람들에게 선은 육체고, 육체에 해가 되는 게 악입니다.

인간들이 살아오면서 사람들이 느끼는 죄는 행위적으로 남에게 피해를 입히는 범죄입니다. 성경에서 죄는 하나님의 말씀이 아닌 또 다른 지식, 하나님의 생각이 아닌 생각이 죄입니다. 선악과를 먹으면 결코 죽지 않는다, 하나님의 말씀은 거짓말이다, 뱀이 넣어준 생각이 바로 죄입니다.

눈이 밝아져 하나님처럼 선악을 알게 되는, 남의 세계가 아닌 내 세계를 만들어 준 것이 선악입니다. 인간의 선은 내 육신에게 유익이 되는 것은 선이고 유익이 되지 않는 것은 악이라는 거죠. 하나님의 선은 하나님은 선이고 하나님이 아닌 것은 전부가 악입니다. 뱀이 넣어준 것은 하나님의 말씀이 아니기 때문에 사망이 왔다고 기록을 하고 있습니다.

- **로마서 5장**
13 죄가 율법 있기 전에도 세상에 있었으나 율법이 없었을 때에는 죄를 죄로 여기

지 아니하였느니라
14 그러나 아담으로부터 모세까지 아담의 범죄와 같은 죄를 짓지 아니한 자들까지도 사망이 왕 노릇 하였나니 아담은 오실 자의 모형이라

하나님의 말씀이 율법입니다. 율법이 있기 전에, 하나님의 말씀을 듣기 전에는 우리가 살아가면서 무엇이 잘못됐는지 잘 모릅니다. 우리가 성경, 하나님의 말씀을 보면 알게 됩니다. "이게 틀렸구나, 신을 섬기는 것이 하나님에게 맞지 않는구나. 우리는 하나님을 섬기기 위해서 창조된 창조물이구나."

율법을 보지 않으면 무엇이 잘못됐는지 알 길이 없습니다. 율법이 없을 때는 죄를 죄로 여기지 아니하였다는 거지요. 율법이 없어서 죄가 틀린 것이 아니었던 때에도 여전히 사람들은 죽어갔습니다. 사망이 왕 노릇했습니다. 사망을 이겨내지 못했습니다. 사람들이 하나님의 말씀이 없었을 때도 여전히 죽어가고 있었던 것이지요. 죄를 알거나 모르거나 죄의 심판은 계속 이어지고 있었다는 겁니다.

15 그러나 이 은사는 그 범죄와 같지 아니하니 곧 한 사람의 범죄를 인하여 많은 사람이 죽었은즉 더욱 하나님의 은혜와 또한 한 사람 예수 그리스도의 은혜로 말미암은 선물은 많은 사람에게 넘쳤느니라
16 또 이 선물은 범죄한 한 사람으로 말미암은 것과 같지 아니하니 심판은 한 사람으로 말미암아 정죄에 이르렀으나 은사는 많은 범죄로 말미암아 의롭다 하심에 이름이니라

17 한 사람의 범죄로 말미암아 사망이 그 한 사람을 통하여 왕 노릇 하였은즉 더욱 은혜와 의의 선물을 넘치게 받는 자들은 한 분 예수 그리스도를 통하여 생명 안에서 왕 노릇 하리로다

아담이 뱀의 소리를 듣고 사망이 왔어요. 그런데 다시 이 사망을 이긴 분이 있습니다. 예수님이십니다. 우리가 뱀의 소리를 듣고 육신을 섬긴 삶 때문에, 그 지식 때문에 사망이 왔는데 예수님을 통해서 또 생명이 약속된 것입니다. 우리가 뱀의 지식을 버리고 하나님의 말씀, 예수님을 통하여 살게 되면 부활이 약속되는 것입니다.

18 그런즉 한 범죄로 많은 사람이 정죄에 이른 것 같이 한 의로운 행위로 말미암아 많은 사람이 의롭다 하심을 받아 생명에 이르렀느니라

우리가 육신을 섬기고 싶어서 섬기는 것이 아니라 죄가 육신을 섬기게 만들어요. 왜 육신을 섬기게 만드냐면 하나님을 못 보게 하기 위해서입니다. 하나님 말씀을 못 듣게 하기 위해서 우리 혼을 가지고 장난치고 있는 겁니다. 죄가 있는 사람은 육신밖에 보이지 않습니다. 그래서 말씀이 사람의 모습으로 온 분이 예수님입니다.

예수님의 말씀을 듣게 되면 우리가 죄 속에 갇혀 있고 묶여 있는 것이 보입니다. 거기서 빠져나올 수 있는 길을 성경이 제시하

고 있습니다. 아담이 뱀의 소리를 듣고 하나님의 말씀이 틀린 것 같아서 선악과를 먹었어요. 선악과를 따먹은 것은 죄의 유혹을 따라서 한 행동입니다. 그것은 하나님을 떠났다는 증표입니다. 범죄라는 것은 "당신의 말씀을 거짓으로 여기는 바입니다" 하면서 선악과를 따먹었다는 겁니다. 그것이 하나님에게는 범죄입니다. 그렇다면 의로운 행위는 뭘까요?

19 한 사람이 순종하지 아니함으로 많은 사람이 죄인 된 것 같이 한 사람이 순종하심으로 많은 사람이 의인이 되리라

한 사람이 순종하지 않았습니다. 순종을 왜 안 했어요? 어떤 하나님을 인정하지 않는다, 더 좋은 것이 있다고 생각해서입니다. 더 좋은 것이 있다고 느껴지는 것은 하나님이 아닌 다른 것에 중독이 되었다는 말이지요. 그래서 많은 사람이 죄인 됐어요. 우리는 죄인이 되고 싶어서 죄인 된 게 아닙니다. 아담이 뱀의 유혹을 받아 하나님을 떠나게 돼서 그 후손이기 때문에 하나님이 떠나보낸 아담의 죄가 남아있는 거죠.

한 사람이 순종하심으로 많은 사람이 의인이 되리라 그 다음에 예수님이 와서 하나님에게 순종했어요. 얼마나 순종했냐면 죽기까지 순종했어요. 그래서 우리가 예수님을 보면 우리 역시도 하나님에게 순종하게 된다는 거죠. "예수님의 삶이 올바른 삶이다." 예수님을 보고 우리가 말씀을 받게 되면 말씀이 우리를 죽기까지 순종하게 만들어줍니다.

20 율법이 들어온 것은 범죄를 더하게 하려 함이라 그러나 죄가 더한 곳에 은혜가 더욱 넘쳤나니
21 이는 죄가 사망 안에서 왕 노릇 한 것 같이 은혜도 또한 의로 말미암아 왕 노릇 하여 우리 주 예수 그리스도로 말미암아 영생에 이르게 하려 함이라

뱀이 하나님의 말씀은 틀렸다는 다른 지식을 우리한테 넣은 것은 우리를 지혜롭게 하기 위해서가 아닙니다. 우리를 하나님과 같이 그렇게 되게 하기 위해서가 아니라 실제적으로는 우리를 죽이기 위해서, 사망을 왕 노릇하게 하기 위해서 그 지식을 넣었습니다. 그런데 예수님이 이 땅에 오신 것은 우리에게 영생을 주시기 위해서입니다. 하나님이 우리 성경을 허락한 것은 우리에게 이 땅에서 부자가 되고 우리 육체에 편안을 주기 위해서가 아니라 우리에게 영생을 주기 위해서입니다.

　영원한 생명이 무엇입니까? 하나님입니다. 우리가 하나님을 받게 되면 하나님이 우리의 삶을 살게 하면 어떤 때는 거지로, 어떤 때는 부자로, 어떤 때는 총리로, 어떤 때는 선지자로 삽니다. 하나님을 주셔서 하나님에 맞는 그 시대에 하나님의 뜻에 따라 그렇게 살게 하려 함이라는 거죠. 하나님이 있는 하나님과 함께한 그 사람은 하나님의 생명이기 때문에 영생의 약속이 이루어진다는 것입니다.

• **로마서 6장**
1 그런즉 우리가 무슨 말을 하리요 은혜를 더하게 하려고 죄에 거하겠느냐
2 그럴 수 없느니라 죄에 대하여 죽은 우리가 어찌 그 가운데 더 살리요
3 무릇 그리스도 예수와 합하여 세례를 받은 우리는 그의 죽으심과 합하여 세례를 받은 줄을 알지 못하느냐
4 그러므로 우리가 그의 죽으심과 합하여 세례를 받음으로 그와 함께 장사되었나니

우리가 무슨 말을 하리요 은혜를 더하게 하려고 죄에 거하겠느냐 이 말은 예수님을 더 빛나게 하기 위해서 육신을 섬기겠느냐는 말입니다. 성령으로 잉태된 예수님이 십자가에 돌아가셨어요. 왜요? 육체는 이미 죄로 인하여 하나님으로 섬김을 받았어요. 범죄에 사용되었다는 겁니다. 그래서 예수님이 성령으로 잉태된 육체라도 꼭 죽어야 된다는 거지요.

하나님이 너는 흙이니 흙으로 돌아가라 땅은 너로 인하여 저주를 받으라고 하셨습니다. 흙이니 흙으로 돌아가라는 겁니다. 죽으라는 겁니다. 그래서 예수님이 옳다, 예수님이 맞다, 이 지식이 교훈이 맞다고 이야기하는 사람은 죄에 대해서 죽은 것입니다. 육신을 섬기는 생각이 끝났습니다. 그 생각을 나쁜 걸로 보고 다시는 육신을 섬기는 지식을 갖지 않습니다. 예수님이 지식이 옳기 때문입니다.

4 그러므로 우리가 그의 죽으심과 합하여 세례를 받음으로 그와 함께 장사되었나 니 이는 아버지의 영광으로 말미암아 그리스도를 죽은 자 가운데서 살리심과 같이 우리로 또한 새 생명 가운데서 행하게 하려 함이라

우리가 그의 죽으심과 합하여 세례를 받음으로 그와 함께 장사되었나니 죽어서 묻어버려서 끝나고 없어졌습니다. 왜 끝나고 장사되었나 하면 새롭게 살기 위해서입니다. 봄이 끝났다는 것은 여름의 시작이고, 여름이 끝났다는 것은 가을의 시작이라는 뜻입니다. 우리가 죽었다, 끝났다는 것은 새로운 세계의 시작이라는 것입니다. 우리가 죄에 대해서 끝났다면 의의 삶이 출발하는 시점이라는 거지요. 우리가 장사되고 죄와 육신을 섬기는 생각을 따라온 삶에서 끝이 났다는 것은 이제는 또 다른 세계 하나님의 의로운 삶 새 생명 가운데 행하려 하는 새로운 세계 출발입니다.

5 만일 우리가 그의 죽으심과 같은 모양으로 연합한 자가 되었으면 또한 그의 부활과 같은 모양으로 연합한 자도 되리라

예수님이 3일 동안 땅속에 있다가 부활하셨어요. 그리고 제자들과 40일을 있다가 아버지에게 올라갔습니다. 우리가 예수님과 함께 장사되었으면, 다시 하나님의 세계로 하나님을 위해서 부활되었으면, 우리는 예수님과 같은 삶을 산다는 거죠. 늘 아버지의 지식을 받아서 그 지식 안에서 산다는 겁니다. 우리는 죄에서 끝

나고 바로 예수님이 시작된 것입니다.

6 우리가 알거니와 우리의 옛 사람이 예수와 함께 십자가에 못 박힌 것은 죄의 몸이 죽어 다시는 우리가 죄에게 종 노릇 하지 아니하려 함이니
7 이는 죽은 자가 죄에서 벗어나 의롭다 하심을 얻었음이라

옛 사람이 예수와 함께 십자가에 못 박힌 것은 죄의 몸이 죽었다는 겁니다. 옛 사람이 뭡니까? 육신을 따라 삶을 살았던 것을 가지고 성경에서는 옛사람이라고 이야기합니다. 옛사람은 예수와 함께 십자가에 못박혔습니다. **죄의 몸이 죽어 다시는 우리가 죄에게 종 노릇 하지 아니하려 함이니** 예수님이 죽은 것은 죄의 마지막이 사망이라는 거죠. 우리가 살기 위해서 죄의 종노릇을 했는데 살아난 사람이 하나도 없습니다.

모든 사람이 육체를 섬기는 삶을 살았는데 이 땅에서 살아남은 사람이 없다는 겁니다. 우리가 죽게 된 이유가 이 땅에 모든 사람들이 육신을 섬기기 때문입니다. 살기 위해서는 그 죄에게 종노릇 하는 거기서 벗어나야 살 수 있다는 거지요. 우리가 죽은 자다, 죽었다는 것은 없어졌다, 없다, 보지 않는다, 듣지 않는다, 상대하지 않는다, 즉 불신한다는 것입니다. 그래서 우리가 육신을 섬기는 생각을 보지 않고 듣지 않겠다, 이게 옛 사람에 대해 죽었다는 겁니다. 그렇게 될 때 비로소 하나님의 말씀을 듣게 되고, 의롭다 하심을 얻게 됩니다.

8 만일 우리가 그리스도와 함께 죽었으면 또한 그와 함께 살 줄을 믿노니
9 이는 그리스도께서 죽은 자 가운데서 살아나셨으매 다시 죽지 아니하시고 사망이 다시 그를 주장하지 못할 줄을 앎이로라
10 그가 죽으심은 죄에 대하여 단번에 죽으심이요 그가 살아 계심은 하나님께 대하여 살아 계심이니
11 이와 같이 너희도 너희 자신을 죄에 대하여는 죽은 자요 그리스도 예수 안에서 하나님께 대하여는 살아 있는 자로 여길지어다

 이것이 무슨 말씀입니까? 예수님이 죽은 것은 죄에 대하여 단번에 죽었다는 겁니다. 예수님이 죽었다는 것은 우리 생각 때문에 죽었습니다. 예수님이 죽은 것은 우리 생각 때문에 죽었고, 살아나신 것은 하나님을 위해서 살아났습니다. 이제 하나님의 말씀만 듣겠다, 그것이 그리스도인의 예수님을 믿는 사람이라는 거죠.
 내 생각을 다시는 듣지 않겠다, 어차피 들어도 죽는 것이니 들을 필요가 없구나, 새로운 약속 영원한 생명을 약속하신 예수님 하나님의 말씀만 듣고 살겠다는 것이 예수님을 믿는 사람입니다. **하나님께 대하여는 살아 있는 자로 여길지어다** 살아 있다는 것은 무엇입니까? 나무가 죽었다 살았다는 의미를 생각해봅시다. 죽은 나무는 물을 받아들이지 못해요. 그것은 죽은 나무입니다. 살아 있는 나무는 물을 받아들입니다. **하나님께 대하여는 살아 있는 자로 여길지어다** 이 말씀은 하나님의 소리만 듣고 살라는 말씀입니다.

12 그러므로 너희는 죄가 너희 죽을 몸을 지배하지 못하게 하여 몸의 사욕에 순종하지 말고
13 또한 너희 지체를 불의의 무기로 죄에게 내주지 말고 오직 너희 자신을 죽은 자 가운데서 다시 살아난 자 같이 하나님께 드리며 너희 지체를 의의 무기로 하나님께 드리라
14 죄가 너희를 주장하지 못하리니 이는 너희가 법 아래에 있지 아니하고 은혜 아래에 있음이라

죄가 너희 죽을 몸을 지배하지 못하게 하여 몸의 사욕에 순종하지 말고 몸의 사욕이 죄라는 것입니다. 그래서 죄가 너희 몸을 지배하지 못하게 하라는 겁니다. 13절에서도 육신을 섬기는 데 사용되도록 하지 말라고 하셨습니다. 하나님께 드리라는 것은 말씀을 따라 행하라, 말씀을 위해서 살아라, 육체를 위해서 살지 말고 성경의 기록에 의해서 살라는 겁니다.

14 죄가 너희를 주장하지 못하리니 이는 너희가 법 아래에 있지 아니하고 은혜 아래에 있음이라 죄가 우리를 주장하지 못하는 위치가 어디인가 하면 우리가 말씀을 쳐다보고 있으면 이 생각이 사라진다는 겁니다. 우리가 말씀을 보지 않으면 바로 죄가 우리를 주장하게 되면서 몸뚱이가 보이게 됩니다. 내가 하나님을 보고 있지 않다는 증거가 내 몸이 보이고 생각이 보인다는 겁니다.

죄가 주장하지 못하게 하는 조건이 하나님을 바라보는 것입니

다. 그러면 죄는 거짓으로 드러나고 나쁜 것으로 드러나기 때문에 그 죄가 우리를 끌고 갈 힘이 없어집니다. 하나님을 보게 될 때 세상 사람들이 어떻게 하는가 하면 죄가 죄를 가지고 비판하고 없어져라 각오하고 맹세합니다. 이렇게 해서는 우리 생각에 변화가 일어나지 않는다는 거죠. 성경을 아무리 보고 아무리 해도 이 생각을 없앨 길이 없습니다. 죄가 주장하지 못하게 하려면 말씀을 바라보고 있어야 하고, 그동안 죄가 하나님으로 위장하지 못한다는 겁니다.

15 그런즉 어찌하리요 우리가 법 아래에 있지 아니하고 은혜 아래에 있으니 죄를 지으리요 그럴 수 없느니라

육신을 보는 것이 죄입니다. 육체를 생각하는 게 죄입니다. 그래서 육체를 보고 있는 사람은 하나님을 거부하는 사람입니다.

16 너희 자신을 종으로 내주어 누구에게 순종하든지 그 순종함을 받는 자의 종이 되는 줄을 너희가 알지 못하느냐 혹은 죄의 종으로 사망에 이르고 혹은 순종의 종으로 의에 이르느니라

죄의 종, 죄의 소리를 들으면 죽고 싶은 사람만이 죄의 소리를 듣습니다. 육신을 섬기는 것은 죽고 싶어서 환장한 사람들이고, 살고 싶은 사람은 순종의 종, 하나님의 소리를 듣고 삽니다.

17 하나님께 감사하리로다 너희가 본래 죄의 종이더니 너희에게 전하여 준 바 교훈의 본을 마음으로 순종하여

우리는 본래부터 죄의 종이었습니다. 우리 생각이 시키는 대로 살아왔습니다. 우리 생각이 죄라는 겁니다. 순종의 종, 이것은 말씀입니다. 이 말씀이 맞네, 말씀을 통해서 사물을 바라보게 됩니다. 그러면 죄가 보이고 이 죄가 사기라는 게 보입니다. 우리의 생각은 능력이 없습니다. 원함만 잔뜩 보여줘서 사람을 끌고갑니다.

능력이 없는 것을 보여주지 않고 원함만 가득 심어서 사람을 일평생 괴롭게 하다가 결국은 죽어서 지옥 가게 만드는 게 인간의 생각입니다. 그리고 이 전하여 준 바 교훈, 성경의 기록, 하나님의 말씀은 죄로부터 해방시키고 우리를 영원한 멸망 불못에 가지 않게 하기 위해서 이 세상에 존재하는 겁니다. 그래서 우리가 하나님의 세계에 들어갈 수 있는 조건은 그 교훈을 마음으로 순종하는 것입니다.

18 죄로부터 해방되어 의에게 종이 되었느니라

죄로부터 해방된 사람은 다시는 죄를 이야기하지 않습니다. 그런데 우리가 하나님을 믿는다고 이야기하면서 온통 육신에 관심이 있고, 돈에 관심이 있고, 명예와 물질에 관심이 있는 사람은 사기꾼입니다. 죄로부터 해방되어 있지 않기 때문에 그렇게 하는 겁니다. 죄로부터 해방되지 않은 사람이 의에게 종이 될 이유가 없는 것이지요.

19 너희 육신이 연약하므로 내가 사람의 예대로 말하노니 전에 너희가 너희 지체를 부정과 불법에 내주어 불법에 이른 것 같이 이제는 너희 지체를 의에게 종으로 내주어 거룩함에 이르라

우리가 하나님의 의에게 내어주지 않으면 깨끗하게 살 수 없습니다. 하나님이 없는 삶이 어떤 삶이냐 하면 부정과 불법의 삶입니다. 다 틀렸다는 겁니다. 부정과 불법, 거룩함이 아닌 것, 더러움이라는 거지요.

20 너희가 죄의 종이 되었을 때에는 의에 대하여 자유로웠느니라

내가 죄의 종, 죄를 옳다고 여길 때는 하나님이 어디 있냐고 합니다. 나한테 유익되는 것은 내 생각밖에 없어. 하나님이 어디 있어? 자유롭다는 거죠. 자유롭다는 것은 듣지 않는다, 상대하지 않는다, 섬기지 않는다, 보지 않는다, 이게 자유롭다는 겁니다. 우리는 민주주의국가이므로 공산주의에 대해선 자유로워요. 왜? 민주주의를 섬기고 있으니까 민주주의가 옳다고 하는 사람은 공산주의를 틀렸다고 할 수 있습니다. 자유라는 것은 불신이라는 거지요. 자유롭다, 어떤 것에 대해서 자유롭다는 것은 다시 이야기하면 그것을 인정하지 않는 마음입니다. 그래서 시집간 여자는 모든 남자에게 자유롭습니다. 왜요? 신랑 올 때만 화장하면 되지 다른 남자는 상관하지 않겠다, 자유롭다는 겁니다. 그래서 죄의 종이 되었을 때는 하나님에 대해서 자유롭습니다. "하나님이 어디 있어? 내 생각 안에는 하나님이 없어"라는 말입니다.

21 너희가 그 때에 무슨 열매를 얻었느냐 이제는 너희가 그 일을 부끄러워하나니 이는 그 마지막이 사망임이라

열심히 살았는데 살려고 발버둥 쳤는데 늙어서 죽어야 됩니다. 뭡니까 그게? 사기당한 겁니다. 열심히 살려고 노력했으면 계속 살아야지 마지막이 사망이라면 사기당한 것이지요. 누구한테요? 바로 자기한테입니다.

22 그러나 이제는 너희가 죄로부터 해방되고 하나님께 종이 되어 거룩함에 이르는 열매를 맺었으니 그 마지막은 영생이라
23 죄의 삯은 사망이요 하나님의 은사는 그리스도 예수 우리 주 안에 있는 영생이니라

우리 생각의 대가가 사망입니다. 그런데 사람들이 죽기 위해서 발버둥친다는 거지요. 공부를 죽기 위해서 하고, 돈을 죽기 위해서 벌고, 차를 죽기 위해서 사고, 여행을 죽기 위해서 갑니다. 왜? 죄의 삯은 사망이라고 이야기했습니다. 그러면 성경에는 어떻게 씌어있을까요? 하나님의 은사는 그리스도 예수 우리 주 안에 있는 영생이니라 사망이 아니다, 영생이라고 합니다.

이 증거가 이천년 전에 예수님이 죽었다가 살아났다는 것입니다. 예수님이 죽었다가 살아난 것이 생명입니다. 죄의 삯은 사망이요 라는 증거는 이 땅 모든 사람이 육체를 섬겨서 발버둥치지만 다 죽었으니까 그 삶이 사망인 것입니다. 예수님은 늘 인간의 생각이 틀렸다고 외치고 다니면서 죽었다가 살아났어요. 그래서 예수님의 말씀 그 행위는 영생이라는 겁니다. 죽었다가 또 살아났으니까 또 죽을 필요가 없지요.

• 로마서 7장
1 형제들아 내가 법 아는 자들에게 말하노니 너희는 그 법이 사람이 살 동안만 그를 주관하는 줄 알지 못하느냐

법이란 것은 뭡니까? 살기 위해서 만들어진 생각들입니다. 그 법이 어디까지만 사람을 주관하는가 하면 "돈을 벌어 늙어서 편하게 살아야지. 늙어서 편하게 살다 죽으면 아무것도 없지" 인간의 생각은 육체의 삶 그 선까지입니다. 살아있는 동안 육체의 죽음을 넘어선 더 이상의 세계를 보여주지 못합니다. 인간의 생각은 사람이 살 동안만 그를 주관한다는 겁니다.

2 남편 있는 여인이 그 남편 생전에는 법으로 그에게 매인 바 되나 만일 그 남편이 죽으면 남편의 법에서 벗어나느니라
3 그러므로 만일 그 남편 생전에 다른 남자에게 가면 음녀라 그러나 만일 남편이 죽으면 그 법에서 자유롭게 되나니 다른 남자에게 갈지라도 음녀가 되지 아니하느니라

우리 생각이 살아있는 동안 다른 생각을 볼 수 없다는 겁니다. 우리 생각은 육체가 살아있는 동안 육체밖에 안 보여줍니다. 그러면 죽어서 이놈의 것을 보려고 한다면 우리의 법을 죽여야 합니다. 없애야 합니다. 그래야 하나님의 법이 다시 오면 인간이 죽어서 영원한 세계를 보여줄 수 있습니다.

우리 인간의 법이 죽게 되면 하나님의 법을 받을 수가 있습니다. 그런데 인간의 법이 우리 마음에 살아 있는 한, 이 법이 아닌 모든 법을 거부하게 되어 있습니다. 그래서 우리의 남편이 살 동안 남편에게 매이지만 남편이 죽으면 자유로워집니다. 육신을 보는 법도 마찬가지로 죽여야 하나님의 영원한 법을 볼 수가 있는 겁니다.

내 법을 가지고 하나님의 법을 받으면 결국은 섞여서 더러운 법이 만들어집니다. 인간의 법과 하나님의 법이 섞이면, 인간의 법도 아니고 하나님의 법도 아니게 됩니다. 육체를 섬기는 것도 아니고 하나님을 섬기는 것도 아니고 중간에 섞여서 음녀, 즉 더러운 법이 됩니다. 그것이 대부분 종교인의 모습입니다. 세상 사

람도 아니고 하늘의 백성도 아닌 종교인은 더러운 사람입니다.

4 그러므로 내 형제들아 너희도 그리스도의 몸으로 말미암아 율법에 대하여 죽임을 당하였으니 이는 다른 이 곧 죽은 자 가운데서 살아나신 이에게 가서 우리가 하나님을 위하여 열매를 맺게 하려 함이라

예수님의 죽음이 우리 인생의 생각, 이 더러운 생각 때문이라고 인정이 되면 이제는 이 법을 듣지 않고 하나님에게로 가서 열매를 맺게 한다는 거죠. 하나님을 위하여 열매 맺는 게 무슨 뜻이냐 하면 하나님의 말씀만 듣게 되고 그 말씀이 이끄는 대로 끌려가서 하나님의 열매를 맺게 한다는 겁니다.

5 우리가 육신에 있을 때에는 율법으로 말미암는 죄의 정욕이 우리 지체 중에 역사하여 우리로 사망을 위하여 열매를 맺게 하였더니

육신에 있을 때란 뭡니까? 육신을 섬길 때, 육신의 유익을 생각할 때, 육신을 위해서 살게 되는 것을 육신에 있을 때라고 기록하고 있습니다. 그래서 육신에 있을 때 무슨 정욕이 발동되는가 하면 죄의 정욕이 발동됩니다. 그래서 사람들이 죽고 싶어서 안달이 나 있다는 겁니다. 세상 사람들이 "제발 나는 죽고 싶어요" 이러고 산다는 거죠. 인생의 목적이 "나는 죽고 싶어요"입니다.

6 이제는 우리가 얽매였던 것에 대하여 죽었으므로 율법에서 벗어났으니 이러므로 우리가 영의 새로운 것으로 섬길 것이요 율법 조문의 묵은 것으로 아니할지니라

얽매였던 게 뭡니까? "공부를 열심히 하면 좋은 직장을 얻을 수 있고, 좋은 직장을 얻으면 돈을 많이 벌 수 있고, 돈을 많이 벌면 좋은 집도 살 수 있고" 이런 식으로 얽매여 있다는 겁니다. 인간의 생각이 얽매였다는 것에 대해 죽었다는 것은 끝났다는 말입니다. 나는 내 생각하고 끝났다, 안 볼 것이다, 끝이라는 것이지요.

얽매였던 것에 대해 끝났다면 다시 출발이라는 겁니다. 이제부터 영을 섬겨야 합니다. 그래서 하나님의 기록을 섬기면 생각이 달라집니다. "새 하늘과 새 땅이 준비되었구나. 우리의 시민권은 하늘에 있구나. 이 땅은 저주받은 세상이구나. 여기서 찾을 것이 없구나. 하루바삐 죽어서 새 하늘과 새 땅에 가야겠구나." 이렇게 영이 새 하늘과 새 땅의 천국의 세계로 인도할 것입니다.

몸은 여기 있지만 마음은 천국에 가 있다는 겁니다. 이 세상의 제도를 배우면 무엇 하리, 돈을 벌면 무엇 하리. 짧은 생애 70년 견디고 나면 영원한 세계가 하나님의 세계 기쁨과 즐거움과 평안과 행복이 많이 존재하는 그 세계로 갈 것인데, 이 땅의 모든 삶이 내게 무슨 필요가 있을까 하는 마음이 됩니다. 이 마음이 해방받은 마음, 이 마음이 그리스도를 섬기는 마음, 이 마음이 하늘나

라에 시민권을 가진 마음입니다.

7 그런즉 우리가 무슨 말을 하리요 율법이 죄냐 그럴 수 없느니라 율법으로 말미암지 않고는 내가 죄를 알지 못하였으니 곧 율법이 탐내지 말라 하지 아니하였더라면 내가 탐심을 알지 못하였으리라

하나님의 법이 잘못됐느냐? 아닙니다. **율법으로 말미암지 않고는 내가 죄를 알지 못하였으니** 하나님의 말씀을 듣지 않고는 내가 얼마나 잘못됐는지 모릅니다. 그래서 법이 없으면 성경이 없으면 인간이 얼마나 잘못됐는지 무엇을 위해서 살아가는지 아무것도 모릅니다. 성경을 보니까 "내가 사망을 위해서 살아가고 있구나. 내가 죽을려고 환장했구나" 생각합니다. 성경을 안 보면 "뭐 다 그렇게 살다가 죽는 거 아니냐? 다 죽는데 당연한 거 아니야? 뭐가 잘못됐어?"라고 이야기한다는 거지요.

성경에 기록된 말씀을 보면 "내가 죽기 위해서 살고 있구나. 이 삶은 때려치워야지. 나는 안 살란다. 그리고 하나님의 말씀 외에는 듣지 않겠다." 그런다는 거지요. 이 선의 사상을 보지 않고선 죄의 사상이 드러나지를 않습니다. 이 지구의 모든 나라가 공산주의의 사상을 가지고 있다면 그것이 틀렸는지 맞는지, 뭐가 잘못됐는지 부작용이 뭔지 알 수 없습니다.

그런데 민주주의 사상이 있기 때문에 공산주의 사상이 틀렸구나, 이렇게 알 수 있는 거지요. 두 가지의 법이 존재하지 않으면 한 가지 법으로는 판단할 길이 없어요. 한 여자만 본 남자는 여자를 예쁘다 못났다 할 수가 없습니다. 두 사람을 봐야 기준이 되어 알 수가 있습니다. 못생긴 여자한테 가서 "저 여자 예쁘구나"라고 하고 예쁜 여자한테 가서는 "저 여자가 못났구나" 할 수가 있는 겁니다.

두 가지 법이 존재하지 않으면 한 가지 법으로는 진실을 알기 위해 충분하지 않습니다. 탐내지 말라고 한 법이 없으면 이 마음이 탐심이구나, 이것을 알 길이 없습니다. 그래서 날 때부터 있는 봉사가 있고, 태어난 뒤에 된 봉사가 있어요. 날 때부터 봉사된 사람은 어둠에 대해서 이야기를 해도 어둠이 뭔지 모릅니다. 또한 빛에 대해 이야기해도 빛이 뭔지 모르지요.

태어나서 빛을 보다가 실명이 된 봉사는 이제 어둠에 대해서도 알고 빛에 대해서도 압니다. 영적으로 정말 하나님의 말씀을 받지 않고는 내가 얼마나 잘못됐는지, 이 세상이 얼마나 잘못됐는지, 인간의 생각이 얼마나 잘못됐는지를 알 길이 없습니다. 하나님의 영을 받지 않으면 모든 것이 올바르다고 생각합니다. 내가 성경에 비추어 틀린 것도 올바르다고 생각하고, 내가 무슨 말을 하고 있는지 알 필요도 없습니다. 내가 하는 모든 것이 옳다는 겁니다.

우리가 죄에서 돌이켜서 죄의 세계가 끝나면 정말 하나님을 섬기는 하나님의 세계로 출발하는 겁니다. 우리는 죄의 세계에서 하나님을 자꾸 만나려고 합니다. 하나님의 말씀, 하나님의 세계에 들어가려고 하면 먼저 우리의 죄의 세계를 끝내야 합니다.

14

성령의 법

성령의 법

• 로마서 7장

8 그러나 죄가 기회를 타서 계명으로 말미암아 내 속에서 온갖 탐심을 이루었나니 이는 율법이 없으면 죄가 죽은 것임이라
9 전에 율법을 깨닫지 못했을 때에는 내가 살았더니 계명이 이르매 죄는 살아나고 나는 죽었도다
10 생명에 이르게 할 그 계명이 내게 대하여 도리어 사망에 이르게 하는 것이 되었도다
11 죄가 기회를 타서 계명으로 말미암아 나를 속이고 그것으로 나를 죽였는지라
12 이로 보건대 율법은 거룩하고 계명도 거룩하고 의로우며 선하도다

말씀이 오기 전에는 우리 생각이 살게 해준다고 믿고 열심히 노력합니다. 내 속에 온갖 탐심을 이루었죠. 율법이 없으면 죄가 죽은 것임이라 하나님의 율법이 없으면 우리의 죄도 죄가 아닌 것입

니다. 오히려 선이 된다는 거예요. 하나님의 율법을 우리가 보지 않으면 죄는 죽은 것이 되고 죄가 오히려 선이 되서 우리 인생을 이끌고 갑니다.

율법을 깨닫지 못했을 때에는 내가 살았더니 계명이 이르매 죄는 살아나고 나는 죽었도다 말씀에 죄의 삯은 사망이라고 했습니다. 죄의 값이 사망인 겁니다. 계명이 오니까 죄가 살아납니다. 육신을 섬기는 게 죄가 되고 그 값을 하나님이 사망이라고 이야기한 겁니다. 사망이니까 나는 죽는 겁니다.

열심히 살았지만 말씀을 만나면서 상황이 달라집니다. 하나님의 계명은 우리를 살리려고 우리에게 주신 것인데 오히려 계명에 이르므로 해서 내가 사망에 이르게 됩니다. 내가 죽기 위해서 살고 있었고 죽기 위해서 노력했다는 얘기밖에 안 되는 거지요. 사람들이 살기 위해서 육신의 생각을 섬기지만 결국은 우리를 처음부터 죽이려고 왔지 우리를 살게 하기 위해서 온 것이 아닙니다. 12절에 이르듯이 거룩한 하나님의 율법도 깨끗하고 계명도 깨끗합니다. 하나님이 깨끗하니까요.

13 그런즉 선한 것이 내게 사망이 되었느냐 그럴 수 없느니라 오직 죄가 죄로 드러나기 위하여 선한 그것으로 말미암아 나를 죽게 만들었으니 이는 계명으로 말미암아 죄로 심히 죄 되게 하려 함이라

계명은 우리의 상태를 가르쳐주기 위해 왔습니다. 하나님의 계명이 우리에게 오면서 우리에게 있는 죄가 심히 죄가 되게 만들었다는 겁니다. 우리 속에 있는 그것을 들춰봐야 계속 섬기든지 버리든지 이별을 하든지 다른 데로 돌아서든지 할 수 있습니다. 심히 죄 되게 한다는 것은 우리 속에 있는 것을 완전히 보여 준다는 뜻입니다. 그래서 진실을 알면 우리가 죄를 섬기다가 계명을 섬기게 되었다는 겁니다.

14 우리가 율법은 신령한 줄 알거니와 나는 육신에 속하여 죄 아래에 팔렸도다

죄 아래 팔렸기 때문에 육신에게 속하게 되었다는 거예요. 사람이 죄를 볼 수가 없으니까요. 죄는 어떨 때 보이냐 하면 계명을 섬길 때만 죄가 보입니다. 죄가 안 보이니까 육신에 속하여 육신을 섬기는 모습을 보면서 나는 죄를 섬깁니다. 죄가 눈에 안보여 죄를 섬기니까 육신이 보이고, 육신이 보이는 것은 죄 아래 팔린 겁니다.

15 내가 행하는 것을 내가 알지 못하노니 곧 내가 원하는 것은 행하지 아니하고 도리어 미워하는 것을 행함이라

사람들은 자기가 선을 행하는지 악을 행하는지 알지 못합니다. 모든 사람들에게 물으면 다 선하게 살고 싶다고 합니다. 그런데 실제 살아가는 삶은 악한 삶입니다.

16 만일 내가 원하지 아니하는 그것을 행하면 내가 이로써 율법이 선한 것을 시인하노니
17 이제는 그것을 행하는 자가 내가 아니요 내 속에 거하는 죄니라

사도 바울이 내가 원하는 것은 하나님을 믿고 하나님을 섬길 때 우리가 선하게 살 수 있다고 합니다. 그런데 내가 사는 것이 선하게 살지를 못한다는 거예요. 원함은 있는데 선하게 살 수가 없는 겁니다. 그러면 선하게 살고 싶은데 선하게 살지 못하는 것은 이유가 무엇일까요?

사도 바울은 자기 속에 죄가 있다고 이야기합니다. 사도 바울 속에 있는 죄가 무엇입니까? 육체의 일부분, 간이나 콩팥, 위장이나 대장, 이런 게 죄가 아닙니다. 우리 속에 그것 외에 무엇이 있냐 하면 생각이 있습니다. 사도 바울은 자기 생각이 죄라고 정확하게 보게 되었습니다.

우리 속에 있는 것이 죄가 보여줄지라도 계명을 보지 않으면 사도 바울처럼 내 속에 있는 것은 죄니라 이렇게 말할 수 없다는 겁니다. 하나님의 계명이 사도 바울 마음에 비춰지지 않으면 내 속에 있는 것이 죄라는 것을 볼 수 없습니다.

18 내 속 곧 내 육신에 선한 것이 거하지 아니하는 줄을 아노니 원함은 내게 있으나 선을 행하는 것은 없노라
19 내가 원하는 바 선은 행하지 아니하고 도리어 원하지 아니하는 바 악을 행하는도다

사도 바울은 내 속에 죄 밖에 없으니까 내 육신에는 육신을 섬기는 그 생각, 거기에는 선이 없다고 말합니다. 육신을 섬기는 그 자체가 죄라는 거예요. 육신을 섬기는 그 지식 때문에 내 마음에서는 선을 원하는데 선은 행하지 않고 도리어 악을 행합니다.

20 만일 내가 원하지 아니하는 그것을 하면 이를 행하는 자는 내가 아니요 내 속에 거하는 죄니라

사도 바울은 자기 속에 있는 생각, 생각의 법 이것이 죄라고 이야기하고 있습니다. 그리고 다윗도 자기가 죄악 중에 출생했고 어머니가 죄 중에 잉태했다, 내 속에 있는 것은 백 퍼센트 죄라고 이야기했습니다. 사도 바울도 자기를 보고 자기 속에 거하는 것은 자기가 아니라 죄라는 거예요. 모든 사람이 자기 생각이 자기인줄 아는데, 사도 바울이 볼 때 내 속에 거하던 것은 내가 아니요 내 속에 거하는 죄였던 것입니다.

사도 바울이나 다윗은 자기 생각을 듣고 살지 않았어요. 내 속에 거하는 것이 죄인데 그 죄를 숨길 이유가 없었겠지요. 두 사람은 육체의 생명이 끝나는 마지막까지 하나님을 찬송하고 하나님을 전하고 하나님을 섬기다가 죽었습니다.

22 내 속사람으로는 하나님의 법을 즐거워하되

내 속사람으로는 하나님의 법을 즐거워하되, 우리가 육신이 보이지 않는 에덴에서는 그 마음에 하나님을 담고 있었어요. 그래서 우리 속사람 마음에서는 하나님을 원하고 있었습니다. 사람들은 하나님을 이야기하면 성경은 나하고 안 맞아, 하나님은 나하고 안 맞아 이렇게 이야기합니다.

우리가 창조될 때 하나님의 형상을 따라 창조되었기 때문에 사람에게 딱 맞는 것은 하나님이에요. 인간의 피 끓고 있는 이 생각이 사람들과 맞지 않기 때문에 사망이 오고 병이 오고 수고가 오는 겁니다. 이것은 우리 인간에게 맞지 않는 지식을 택한 결과입니다. 일종의 부작용입니다. 그래서 내 속사람, 내 마음에는 하나님의 법을 즐거워하는 거예요.

23 내 지체 속에서 한 다른 법이 내 마음의 법과 싸워 내 지체 속에 있는 죄의 법으로 나를 사로잡는 것을 보는도다
24 내 마음의 법과 싸워 내 지체 속에 있는 죄의 법으로 나를 사로잡는 것을 보는도다

내가 육체가 안 보이면 하나님을 섬깁니다. 우리 속에 하나님의 법이 있었을 때에는 육체를 섬기지 않았습니다. 그런데 지체 속에 한 다른 법이 내게 존재하고 있다는 겁니다. 마음으로는 하나님을 원하고 있는데, 다른 법, 내 속에 거하는 죄가 문제입니다.

우리 스스로는 죄를 이길 수 있는 능력이 없다고 사도 바울이 간증을 하고 있어요. 마음에서는 하나님을 법을 원하고 있지만 지체 속에 다른 법, 죄가 하나님의 법을 잊게 하였다는 겁니다. 죄의 삯은 사망, 이 생각의 대가가 사망인데 우리 힘으로는 죄를 이길 수가 없습니다.

25 우리 주 예수 그리스도로 말미암아 하나님께 감사하리로다 그런즉 내 자신이 마음으로는 하나님의 법을 육신으로는 죄의 법을 섬기노라

우리 마음에 예수 그리스도 하나님의 영이 들어오면 하나님을 섬기게 되어 있습니다. 우리 스스로는 하나님을 섬길 수 있는 능력이 없고요. 하나님의 영이 없으니까 육신을 섬기는 죄의 법을 섬길 수밖에 없습니다. 하나님이 없었기 때문에 **마음으로는 하나님의 법을 육신으로는 죄의 법을 섬기노라** 이렇게 되는 겁니다.

• **로마서 8장**
1 그러므로 이제 그리스도 예수 안에 있는 자에게는 결코 정죄함이 없나니

말씀 안에 있는 자는 말씀을 죄라고 할 수 없기 때문에 말씀이 있는 자는 결코 정죄함이 없습니다. 죄인이다, 죄가 있다, 이렇게 못한다는 거예요. 그 속에 의가 있는 사람은, 예수님이 있는 사람은 죄에서 해방되는 것입니다.

2 이는 그리스도 예수 안에 있는 생명의 성령의 법이 죄와 사망의 법에서 너를 해방하였음이라

우리 인간은 본래 죄의 종이 아니라는 것입니다. 죄와 사망의 법에서 우리 스스로는 해방될 수가 없습니다. 그래서 수많은 사람들이 해탈을 하려고 노력을 하지요. 도를 닦는다, 성경을 본다, 온갖 노력을 하고 봉사를 많이 합니다. 결국은 노력으로는 내 속에 있는 죄와 사망의 법에는 아무런 영향을 끼치지 못합니다.

2절에 이르는 예수 안에 있는 생명의 성령의 법이 무엇일까요? 하나님의 말씀, 하나님의 계명입니다. 죄와 사망의 법에서 너를 해방하였음이라 비로소 죄에서 해방되고 풀려나서 독립됐습니다. 벗어나서 해탈했습니다. 하나님의 말씀이 우리 영혼에 임하게 되면 우리는 죄와 사망의 법에서 해방될 수 있다, 이길 수 있다는 겁니다.

말씀이 우리에게 들어오면 죄와 사망의 법에서 놓임을 받습니다. 다시 말하면 그 대신 생명과 성령의 법에 구속당한다는 것이지요. 우리는 죄의 종이든지 의의 종이든지 선택해야 합니다. 어떤 데서 종살이를 하도록 하나님이 창조했어요. 원래는 어떤 데가 아니라 의의 종으로 하나님의 종으로 살아가도록 하나님의 형상을 따라 창조하셨습니다.

3 율법이 육신으로 말미암아 연약하여 할 수 없는 그것을 하나님은 하시나니 곧 죄로 말미암아 자기 아들을 죄 있는 육신의 모양으로 보내어 육신에 죄를 정하사

4 육신을 따르지 않고 그 영을 따라 행하는 우리에게 율법의 요구가 이루어지게 하려 하심이니라

하나님이 자기 아들을 죄 있는 육신의 모양으로 인간의 모양으로 보내어 육신에 죄를 정하사 육신을 따르지 않고 예수님은 육신을 섬기지 않았습니다. 기록되었으되 하나님의 말씀을 섬겼습니다. 성경을 섬겼다는 거지요. 예수님으로 하여금 율법의 요구가 이루어지게 하셨습니다. 예수님이 영을 따라서 죽었다가 다시 부활하셨습니다. 육신을 따르지 않고 영을 따라서 율법의 요구, 하나님 말씀을 완벽하게 지켰던 것입니다. 그리고 부활까지 완전하게 이루었습니다.

5 육신을 따르는 자는 육신의 일을 영을 따르는 자는 영의 일을 생각하나니

하나님의 백성과 세상의 마귀의 자녀들은 딱 드러납니다. 대화를 하면 육신을 따르는 자는 육신의 일에 대해 이야기해요. 육신을 따르는 자가 무슨 이야기를 하겠습니까? 돈을 얼마나 벌었나, 공부를 얼마나 했나, 스포츠나 취미생활을 어떻게 하나, 늘 육신에 관계된 이야기를 합니다. 육신을 따르는 자는 앉으면 육신의 일만 이야기합니다. 영을 따르는 자는 영의 일을 주로 생각합니다. 영을 따르는 사람은 늘 하나님의 하시는 일과 하나님이 하실 일과 영원한 세계에 대한 것을 이야기합니다.

6 육신의 생각은 사망이요 영의 생각은 생명과 평안이니라

　육신의 생각으로는 육체를 아무리 위해 봐야 그 결과는 사망입니다. 성경 말씀에 사람의 나이로 강건하면 칠팔십 사는데 자랑할 건은 수고와 슬픔뿐입니다. 육신의 생각으로는 행복할 수가 없어요. 육신의 생각은 끝없이 탐욕과 원함으로 치달아서 스스로를 고달프게 합니다. 육신을 섬기는 것처럼 보이지만 오히려 육신을 힘들게 합니다. 육신의 생각의 마지막은 멸망, 사망입니다.
　우리가 가진 육신의 생각은 능력을 보여주지 않습니다. 그런데 **영의 생각은 생명과 평안이니라** 하나님의 말씀을 받게 되면 현실이 보입니다. 인간은 하나님이 만든 피조물이고, 하나님은 인간에게 능력을 주지 않았지요. 능력이 없는 데서 생각을 하면 작은 것 하나라도 감사하게 살 수 있습니다. 영의 생각을 받게 되면 가진 것이 없지만 모든 것을 가졌다고 느낍니다. 사람들 보기에는 아무것도 없고 못난 자 같으나 그 마음에는 천지를 창조한 하나님이 계십니다. 하나님을 바라보게 될 때 가장 편안하고 즐겁고 안식을 느낄 수 있습니다.

7 육신의 생각은 하나님과 원수가 되나니 이는 하나님의 법에 굴복하지 아니할 뿐 아니라 할 수도 없음이라
8 육신에 있는 자들은 하나님을 기쁘시게 할 수 없느니라

육신의 생각이 어디서 왔습니까? 뱀에게서 왔어요. 실제로 예수님이 이스라엘 백성들을 보고 너희 아비는 마귀니라 했거든요. 육신의 생각이 육신을 섬기는 그 생각이 하나님의 원수가 됩니다. 하나님의 원수가 마귀거든요. 마귀는 하나님의 법에 굴복하지를 못해서 저주를 받았고, 영원한 불못이 예비되어 있습니다.

육신을 생각하는 것은 마귀의 영인데 이 영이 육신을 보여주는 이유가 하나님을 못 보게 만들기 위해서입니다. 육신의 생각은 계속 육신을 높여 나가지 하나님을 생각하지 않습니다. 하나님과 원수가 될 뿐 아니라 육신의 생각과 하나님의 영은 함께할 수가 없습니다. 사람들은 육신의 생각과 하나님의 영이 함께하길 바란다는 거지요. 성경에서는 절대로 함께할 수 없다고 기록되어 있습니다. 육신에 있는 자들은 하나님을 기쁘게 할 수도 없고 하나님에게 맞출 수도 없습니다.

9 만일 너희 속에 하나님의 영이 거하시면 너희가 육신에 있지 아니하고 영에 있나니 누구든지 그리스도의 영이 없으면 그리스도의 사람이 아니라

우리 속에 하나님이 거하면 우리는 하나님만 이야기합니다. 육신에 대해서 이야기하지 않습니다. 헌금을 많이 하거나 봉사를 많이 하거나 기도를 많이 하는 것은 하나님의 일이 아니고 육신의 일입니다. 그것을 다하지 않더라도 하나님의 영이 있으면 그리스도 사람이고, 영이 없다면 그리스도의 사람이 아닙니다.

10 또 그리스도께서 너희 안에 계시면 몸은 죄로 말미암아 죽은 것이나 영은 의로 말미암아 살아 있는 것이니라

예수님이 우리 안에 있으면 몸은 죄로 말미암아 죽어도 영은 의로 말미암아 살아있다고 기록하고 있습니다. 사람들은 이천 년 전에 온 예수님이 사람과 같은 그 모습을 믿습니다. 그리스도가 누구입니까? 우리 안에서 나타나는 것이 하나님의 말씀이잖아요. 성경의 기록이죠. 그게 예수님, 그리스도입니다.

예수님이 우리 안에 있으면 우리는 몸을 섬기지 않습니다. 몸이 왜 죽었냐면 죄로 말미암아 죽었습니다. 하나님의 지식이 아닌 지식이 죄인데, 그 죄를 섬기지 않습니다. 왜? 몸에 죽음을 가지고 온 것이 그 지식이기 때문입니다.

예수님은 살아나셨어요, 부활하셨습니다. 부활했다는 것은 능력이 있다는 뜻입니다. 옳은 이가 무엇이냐? 의가 무엇이냐? 하면 결국은 능력이라는 겁니다. 죄는 무엇입니까? 죄는 무능력, 거짓입니다. 죄를 거짓이라고 표현해놨는데, 거짓의 아비라고 기록해놨는데 결국 죄라는 것은 무능력을 의미합니다. 이론만 가득하고 실제 이루어지지 않는 게 인생입니다. 영은 의다, 옳다, 다시 말하면 능력이 있다는 말입니다. 원하는 것이 다 이룰 수 있는 능력, 그것이 살아있는 것입니다.

11 예수를 죽은 자 가운데서 살리신 이의 영이 너희 안에 거하시면 그리스도 예수를 죽은 자 가운데서 살리신 이가 너희 안에 거하시는 그의 영으로 말미암아 너희 죽을 몸도 살리시리라

성경에서는 실제의 능력이 영이라고 이야기하고 있습니다. 성경의 기록이 영이고, 영을 능력이라고 증거하고 있습니다. 사람들이 이 세상에서 다 죽는데 우리가 살 수 있는 소망이 있다면 그것은 영에 있습니다. 살기 위해 노력한다면 영을 찾아나서야 된다는 겁니다. 어떻게 해서든 죽을 몸도 살리시는 그리스도 영을 우리 마음에 거하게 해야 합니다.

11절을 읽으면 인간의 지식으로 봤을 때 환상의 세계입니다. 사람의 생각으로 말씀을 보면 말씀이 전부 거짓으로 보여요. 처음부터 그랬으니까 하나님이 정령 죽으리라 그러셨는데 결코 죽지 않는다니 거짓말이라는 겁니다. 너희 눈이 밝아 하나님과 같이 되고, 선악을 알 줄 하나님이 안다는 겁니다. 그 뒤에는 능력이 있으리라 약속한 게 아니고 그래서 처음부터 우리를 속였다는 겁니다.

선악을 알면 우리가 결국 인간의 생각이 선이 되고 하나님은 악이 됩니다. 그 약속을 마귀가 뱀을 통해서 인간의 마음속에 넣어준 겁니다. 성경의 기록을 봤을 때 우리가 살 수 있는 길은 영을 찾아나가는 길입니다. 사람들이 사는 것은 공부를 많이 해서 육을 살리려고 육의 생명을 찾아서 달립니다. 성경은 그것이 잘 못됐다고 합니다. 영을 찾아서 살아야 합니다. 모든 세상을 포기하고 영을 위해서 살아야 죽을 몸도 살리십니다. 그 영으로 말미암아 우리가 죽어도 살아난다는 겁니다. 환상이지요.

12 그러므로 형제들아 우리가 빚진 자로되 육신에게 져서 육신대로 살 것이 아니니라

우리는 빚을 졌습니다. 하나님이 살 수 있도록 만들어놨는데 왜 죽으려고 합니까? 빚진 자다, 이것은 하나님이 살 길을 열어 놨다는 겁니다. 하나님이 이루어놨습니다. 예수님을 보내셔서 예수님이 죽었다가 다시 부활했습니다. 예수님의 부활은 성경의 기록이 능력이 있다, 진실이다, 진리다, 라는 표적입니다. 이적을 사람들의 눈을 볼 수 있도록 해놨으니 빚진 자라는 겁니다.

우리에게 하나님이 바라는 것은 영의 삶입니다. 육체에게 져서 육신대로 살지 말라고, 이 땅에 사는 사람들의 삶이 다 틀렸다고 하십니다. 성경을 기준으로 했을 때, 성경기록을 봤을 때 이 땅의 삶이 다 틀렸다는 겁니다. 그러면 어떻게 살아야 할지 13절에 씌어 있습니다.

13 너희가 육신대로 살면 반드시 죽을 것이로되 영으로써 몸의 행실을 죽이면 살리니

답이 나왔습니다. 육신대로 살면, 육신을 섬기는 생각대로 살면 반드시 죽는다는 겁니다. 선악과를 먹으면 정녕 죽으리라, 육신대로 살면 반드시 죽습니다. 영을 선택해서 육신을 따르는 행실을 죽이면 거꾸로 살 수 있다고 했습니다. 6.25 때 우리는 낙동강까지 밀려서 살 수 있는 희망이 없었습니다. 우리의 희망은 UN군이었습니다.

우리가 인간의 생각으로는 살아날 수 없다고 성경은 이야기하고 있어요. 육신의 생각대로 살면 반드시 죽는다는 겁니다. 우리 속에 일어나는 모든 생각들은 나를 죽이기 위해서 만들어져 있습니다. 살기 위해서 영으로써 육신의 생각을 죽여야 합니다. 뭘로요? 하나님의 말씀으로요. 몸을 움직이게 만드는 생각, 육신을 위하는 생각을 영으로써 죽여야 합니다.

14 무릇 하나님의 영으로 인도함을 받는 사람은 곧 하나님의 아들이라

하나님의 말씀을 따라 사는 사람이 곧 하나님의 아들입니다. 하나님의 말씀을 따라 살지 않는 것은 마귀의 아들입니다.

15 너희는 다시 무서워하는 종의 영을 받지 아니하고 양자의 영을 받았으므로 우리가 아빠 아버지라고 부르짖느니라

영은 두 가지가 있습니다. 하나는 양자의 영, 하나님의 영이지요. 하나는 종의 영입니다. 종의 영이 무엇이냐면 마귀입니다. 하나님이 자기의 종으로 부리기 위해서 창조했다는 겁니다. 마귀는 그래서 종의 영이라고 합니다. 그래서 마귀의 영은 열심히 하라고 합니다. 왜? 마귀의 영은 하나님이 창조할 때 이미 열심히 하는 것으로 만들었어요. 그래서 마귀에게 능력도 줬습니다.

사람은 하나님이 일을 시키기 위해서 창조된 것이 아니라 사랑을 주기 위해서 창조되었습니다. 하나님의 영을 주기 위해서 창조되었습니다. 우리 인간의 몸은 약하게 지어졌어요. 노동을 하게 하기 위해서 지어진 게 아니라 사랑을 받고 살게 하기 위해 지어졌습니다. 사랑을 받지 않으면 못살 정도로 약하게 지어졌다는 겁니다. 우리가 양자의 영을 받으면 영원히 살 수 있는데, 종의 영을 받으면 죽습니다. 이 세상에서 종의 영, 마귀의 영을 받았기 때문에 이렇게 힘들고 어렵게 살아가는 겁니다.

16 성령이 친히 우리의 영과 더불어 우리가 하나님의 자녀인 것을 증언하시나니
17 자녀이면 또한 상속자 곧 하나님의 상속자요 그리스도와 함께 한 상속자니 우리가 그와 함께 영광을 받기 위하여 고난도 함께 받아야 할 것이니라

우리가 상속자라는 것은 하나님의 모든 것을 누릴 수 있고 가질 수 있다는 말입니다. 우리가 그와 함께 영광을 받기 위하여 고난도 함께 받아야 할 것이니라 우리의 고난은 뭡니까? 우리 속에 종의 영에 중독되었기 때문에 육신이 있는 이상 종의 영이 끝없이 유혹한다는

거지요. 그것을 거부하는 것이 고난입니다. 우리가 죽기까지 육신의 생명이 다할 때까지 하나님의 영을 받기 위해서 생명을 걸어야 합니다. 하나님의 영을 받게 되면 하나님의 영의 인도함을 받아서 살아야하는 게 우리 인생들의 운명입니다.

15

완전한 믿음

완전한 믿음

• 디모데전서 1장
3 내가 마게도냐로 갈 때에 너를 권하여 에베소에 머물라 한 것은 어떤 사람들을 명하여 다른 교훈을 가르치지 말며
4 신화와 끝없는 족보에 몰두하지 말게 하려 함이라 이런 것은 믿음 안에 있는 하나님의 경륜을 이룸보다 도리어 변론을 내는 것이라

　다른 교훈을 가르치지 말라고 하였는데 다른 교훈이 무엇입니까? 하나님의 교훈이 아닌 것이 다른 교훈입니다. 다른 교훈은 신화입니다. 신화는 뭡니까? 사람의 생각으로 만든 신입니다. 끝없는 족보에도 몰두하지 말라하였는데 이 끝없는 족보는 또 무엇일까요? 인간이 옳다는 생각입니다.
　하나님의 믿음 안에서 경륜을 이루기보다 말씀의 어떤 뜻과 연관 지어 사람이 살아온 것에 비추어 중요성을 비교합니다. 인간

이 나오면서 하나님의 지식과 겨루어 변론을 내는 것입니다. 하나님의 지식과 또 다른 지식이 있으면 싸움이 일어난다는 거죠. 이 교훈의 목적은 성경을 기록한 하나님의 목적에 있습니다.

5 이 교훈의 목적은 청결한 마음과 선한 양심과 거짓이 없는 믿음에서 나오는 사랑이거늘

　이 교훈의 목적은 청결한 마음깨끗한 마음이지요. 육신의 지식이 없는 마음이라는 겁니다. 하나님의 말씀이 존재하는 마음, 하나님의 말씀이 들어올 수 있는 마음을 만드는 것이 이 교훈의 목적입니다. **선한 양심과 거짓이 없는 믿음에서 나오는 사랑이거늘**양심이 있는 마음은 우리 인간에게는 없습니다. 사도바울이 간증한 것처럼 육신에 선한 것이 없습니다. 그러면 선한 양심은 어디서 나오는가 하면 말씀에서 나옵니다.

　하나님의 지식 자체가 하나님을 위하는 것이 아니라 남을 위하는 지식이고 그것이 사랑입니다. 자기를 위하는 것이 욕심이라면 남을 위하는 것이 사랑입니다. 인간에게는 남을 위할 수 있는 지식이 없습니다. 자기를 위하는 것밖에 없지요. 그래서 인간의 사랑은 자기의 유익을 위해서 받는 것인데요.

　남녀의 사랑도 상대의 행복을 위해서 결혼하는 것이 아니라 자기의 행복을 위해서 합니다. 자기의 부족한 부분, 정욕을 채우기 위해서 사랑한다고 말합니다. 사실은 남을 위하는 것이 아니고 자기를 위하는 것입니다. 사랑이라는 것은 인간의 지식에서는 욕심밖에 없습니다. 하나님의 지식이 사랑입니다.

6 사람들이 이에서 벗어나 헛된 말에 빠져
7 율법의 선생이 되려 하나 자기가 말하는 것이나 자기가 확증하는 것도 깨닫지 못하는도다

말씀을 벗어나게 되면 헛된 말에 빠진다는 겁니다. 헛된 말이 무엇입니까? 사람들이 이 땅에 살아온 이야기가 헛된 말입니다. 우리는 원래 에덴에서 살아야 하는데 죄의 유혹으로 빠져서 세상으로 쫓겨 나왔지요. 쫓겨 나온 이 세상살이 끝없는 족보가 헛된 말이라는 겁니다. 잘못된 것이지요.

이 땅에 모든 사람들이 아무리 세상의 지식을 많이 쌓아도 세상에 왜 살게 됐는지 알 길이 없습니다. 그러니까 남이 사는 대로 사는 거예요. "내가 대통령 되면 사람들이 우러러보고 존경하니까 저 인생살이가 옳다", "내가 돈을 많이 벌면 좋은 차도 타고 좋은 집에 살 수 있으니까 저것이 옳다." 자기가 살아온 삶을 가르치려고 합니다.

율법의 선생처럼 내가 무엇을 많이 아는 듯이 남을 가르치려고 하고 항상 남 앞에 서 있지만 자신도 깨닫지 못했습니다. 내가 왜 이 말을 하는지, 내가 왜 사는지, 내가 왜 이 땅에 사는지 아는 사람이 없다고 성경은 기록하고 있습니다. 깨닫지 못한 겁니다.

8 그러나 율법은 사람이 그것을 적법하게만 쓰면 선한 것임을 우리는 아노라

하나님의 법을 하나님 법대로만 쓰면 정말 좋은 것임을 우리는 압니다. 우리에게 율법만큼 이익이 되는 지식도 없다는 말이지요.

9 알 것은 이것이니 율법은 옳은 사람을 위하여 세운 것이 아니요 오직 불법한 자와 복종하지 아니하는 자와 경건하지 아니한 자와 죄인과 거룩하지 아니한 자와 망령된 자와 아버지를 죽이는 자와 어머니를 죽이는 자와 살인하는 자며
10 음행하는 자와 남색하는 자와 인신 매매를 하는 자와 거짓말하는 자와 거짓맹세하는 자와 기타 바른 교훈을 거스르는 자를 위함이니
11 이 교훈은 내게 맡기신 바 복되신 하나님의 영광의 복음을 따름이니라

율법이 옳은 사람을 위하여 세운 것이 아니라는 겁니다. 틀린 자 때문에 율법이 온 것이지요. 해방시켜주기 위해서지요. 그래서 성경에서는 우리 사람들을 이렇게 말합니다. **오직 불법한 자와 복종하지 아니하는 자와 경건하지 아니한 자** 모두 하나님을 믿는 자가 아니지요. 복종치 않는 자는 듣지 않는 자를 말합니다.
  **죄인과 거룩하지 아니한 자와 망령된 자와 아버지를 죽이는 자와 어머니를 죽이는 자와 살인하는 자며, 음행하는 자와 남색하는 자와 인신 매매를 하는 자와 거짓말하는 자와 거짓맹세하는 자와 기타 바른 교훈을 거스르는 자를 위한 것이 율법입니다 바른 교훈을 거스르는 것은 올바로 사는 것이 잘못됐다고 느껴지기 때문입니다. 사람들이 이렇게 살고 싶은 것이 아니라 사람들은 선하게 살고 싶은데 선하게 살 수가 없습니다.

인간의 마음속에 들어 있는 지식이 정말 나쁩니다. 얼마나 나쁘냐 하면 결국은 상종하지 못할 만큼 나쁩니다. 그런데 우리가 이 지식을 옳다고 여기며 살아갑니다. 성경에서 우리에 대해서 상세하게 가르쳐주고 있습니다. 옳은 자가 아니고, 다 틀렸다고 합니다. 나쁘고 바른 교훈을 거스릅니다. 바른 교훈을 듣지 못하는 겁니다. 이 교훈이 복음입니다. 이 복음을 따라서 살 때만이 우리가 생명의 세계에 들어갈 수 있습니다. 이 교훈이 허락된 것은 우리가 틀린 자라서입니다.

**12 나를 능하게 하신 그리스도 예수 우리 주께 내가 감사함은 나를 충성되이 여겨 내게 직분을 맡기심이니
13 내가 전에는 비방자요 박해자요 폭행자였으나 도리어 긍휼을 입은 것은 내가 믿지 아니할 때에 알지 못하고 행하였음이라**

이 사람이 누구입니까? 사도바울입니다. 사도바울이 자기가 전에는 비방자였다고 합니다. 바른 교훈을 비방하는 자였다는 겁니다. 박해자요 폭행자였다고 합니다. 이 교훈을 믿는 사람을 박해하고 폭행했습니다. 내가 이 말씀을 믿지 못할 때 내가 사는 삶을 가지고 사도바울이 이야기를 했습니다.

사도바울은 세상 기준으로 참 많이 배운 사람입니다. 세상의 것을 많이 배우면 많이 배울수록 바른 교훈을 거스르게 되어 있습니다. 그래서 자기가 전에는 비방자요 박해자요 폭행자였다고 말합니다 믿지 아니할 때에 알지 못하고 행한 행동들입니다. 이 교훈을 믿지 않게 된다면 엉망으로 인생을 살아갈 수밖에 없다고 성경은 기록하고 있습니다.

14 우리 주의 은혜가 그리스도 예수 안에 있는 믿음과 사랑과 함께 넘치도록 풍성하였도다
15 미쁘다 모든 사람이 받을 만한 이 말이여 그리스도 예수께서 죄인을 구원하시려고 세상에 임하셨다 하였도다 죄인 중에 내가 괴수니라

사도바울이 인간의 생각에는 인간의 행위로는 흠이 없는 자라고 간증을 했습니다. 하나님의 말씀을 빼고 예수님을 빼고 나서 이야기해 보면 인간으로서는 완벽한 자입니다. 자기는 많이 배웠고 잘났고 태어나기 전에 모태 신앙이었고 너무 완벽했는데요, 하나님의 말씀을 받고 보니까 자기가 폭행자고 비방자고 박해자였습니다.

그리고 죄인 중의 내가 괴수니라, 내가 정말 나쁜 놈 중에 최고로 나쁜 놈이라고 고백합니다. 언제요? 말씀을 받고, 예수님을 만나고 나니까 내가 엉망이라는 것을 알게 되었습니다. 그러면 사도바울이 이 땅에서 배운 모든 것이 무엇입니까? 모든 것은 잘

못 배운 것입니다. 죄인 중에 괴수가 되기 위해 노력한 것밖에 안 됩니다.

16 그러나 내가 긍휼을 입은 까닭은 예수 그리스도께서 내게 먼저 일체 오래 참으심을 보이사 후에 주를 믿어 영생 얻는 자들에게 본이 되게 하려 하심이라

　사도바울 말이 예수님이 자기가 그렇게 나쁜 짓을 하고 살았는데도 오래 참았다고 합니다. 우리가 저지른 죄마다 심판을 했다면 이 땅에 단 하루도 살아날 사람이 없습니다. 예수님이 바로 재판하지 않고 오래 참으신 겁니다. 그리고 긍휼을 입게 해서 영생, 영원한 생명을 얻도록 이 사도바울이 본이 되게 하셨습니다. 군대를 이야기하면 사도바울을 조교로 삼으신 것입니다.

17 영원하신 왕 곧 썩지 아니하고 보이지 아니하고 홀로 하나이신 하나님께 존귀와 영광이 영원무궁하도록 있을지어다 아멘

　사도바울이 영원한 능력을 본 것입니다. 영원하신 왕, 영원한 능력, 썩지 아니하고 보이지 아니하고 홀로 하나이신 하나님에게서 영원한 능력을 보았습니다. 하나님께 **존귀와 영광이 영원무궁하도록 있을지어다 아멘** 끝없이 있을지어다, 라는 말입니다.

18 아들 디모데야 내가 네게 이 교훈으로써 명하노니 전에 너를 지도한 예언을 따

라 그것으로 선한 싸움을 싸우며
19 믿음과 착한 양심을 가지라 어떤 이들은 이 양심을 버렸고 그 믿음에 관하여는 파선하였느니라

디모데는 사도바울이 낳은 영적 아들입니다. "아들 디모데야." 사도바울은 결혼을 하지 않았거든요. 그러니까 아들 디모데는 영적인 아들인 것이지요. 영적 아들이라는 뜻은 하나님에게 받은 말씀을 디모데에게 전해주었다는 말입니다. 그래서 아들이라고 하는데 사도바울이 디모데에게 이 교훈을 명합니다.

사도바울은 자기의 세계가 끝났습니다. 사도바울은 자기의 간증 속에서 "나는 날마다 죽노라" 하며 모든 학문을 배설물로 여겼습니다. 자기의 모든 세계가 끝났다고 간증한 기록이 빌립보서에 있습니다. 여기서도 똑같은 마음입니다. 하나님의 세계에서 말씀을 버리게 되면 금방 마귀의 세계로 들어가 버리게 됩니다.

20 그 가운데 후메내오와 알렉산더가 있으니 내가 사탄에게 내준 것은 그들로 훈계를 받아 신성을 모독하지 못하게 하려 함이라

우리가 하나님을 떠나면 바로 사탄의 세계에서 살 수밖에 없습니다. 그 사탄이 나를 속이는 방법으로 나라는 세계를 만들어줍니다. 말씀을 보지 않으면 이 사탄의 세계를 가지고는 하나님의 세계를 알 길이 없습니다.

• **디모데전서 2장**
4 하나님은 모든 사람이 구원을 받으며 진리를 아는 데에 이르기를 원하시느니라

하나님은 우리가 구원을 받고 진리를 알기를 원하십니다. 그래서 우리에게 성경을 주셨습니다. 진리를 아는 데에 이르기를 원하셨지만 우리는 진리를 모르고 있습니다. 거짓을 알고 있습니다. 믿고 있지만 결국은 속고 있다는 겁니다. 구원은 뭡니까? 진리를 아는 것이 구원 아닙니까? 그런데 거짓을 믿고 있으니 진리를 모르는 것입니다. 그래서 구원을 받으며 진리를 아는 데에 이르기를 원하신다는 것은 진리를 아는 것이 거짓에서 구원받는 거라고 말씀하시는 겁니다. 이 진리는 하나님의 말씀이고, 결국은 하나님의 말씀을 아는 데에 이르기를 원한다는 뜻입니다.

5 하나님은 한 분이시요 또 하나님과 사람 사이에 중보자도 한 분이시니 곧 사람이신 그리스도 예수라

성령이 성령으로 잉태된 자니 이름을 예수로 하라 하셨습니다. 성령이 사람의 모습으로 이 세상에 온 분이 예수님입니다. 사람이지요. 사람의 모습으로 왔으니까요. 누가복음에 임마누엘 하나님이 우리와 함께 계시다, 라고 했습니다. 하나님이 사람의 모습으로 오신 분이 예수님이라는 말씀입니다.

6 그가 모든 사람을 위하여 자기를 대속물로 주셨으니 기약이 이르러 주신 증거니라

하나님이 당신의 예언을 이루기 위해서 하나님이 참이라는 사람에게 보여주기 위한 증거가 예수님이십니다.

7 이를 위하여 내가 전파하는 자와 사도로 세움을 입은 것은 참말이요 거짓말이 아니니 믿음과 진리 안에서 내가 이방인의 스승이 되었노라

사도바울이 하나님의 백성이 아닌 이방인의 스승이 되었습니다. 다시 말하면 우리에게 진리를 가르쳐주기 위한 선택이었습니다. 왜요? 거짓에서 우리를 해방을 시켜주기 위해서지요.

8 그러므로 각처에서 남자들이 분노와 다툼이 없이 거룩한 손을 들어 기도하기를 원하노라

기도가 무엇입니까? 하나님과의 대화입니다.

9 또 이와 같이 여자들도 단정하게 옷을 입으며 소박함과 정절로써 자기를 단장하고 땋은 머리와 금이나 진주나 값진 옷으로 하지 말고
10 오직 선행으로 하기를 원하노라 이것이 하나님을 경외한다 하는 자들에게 마땅한 것이니라

금이나 진주, 육신으로 나타나는 것이 아니라 선행으로 하기를

원하십니다. 선행은 뭡니까? 선한 행동은 말씀을 행동으로 옮기는 것이지요. 금이나 진주나 값진 옷은 육신을 표현하기 위한 것입니다. 육신을 섬기는 것이지요. 반면에 선행은 하나님을 나타내는 것입니다. 선행이 하나님을 경외하는 자는 선하게 행동하는 것이 마땅하다고 하셨습니다.

• **디모데전서 4장**
1 그러나 성령이 밝히 말씀하시기를 후일에 어떤 사람들이 믿음에서 떠나 미혹하는 영과 귀신의 가르침을 따르리라 하셨으니

성경에서 성령이 밝히 말씀하시기를 어떤 사람들이 믿음과 말씀에서 떠나 미혹하는 영과 귀신의 가르침을 따르리라고 하셨습니다. 귀신, 이 사탄은 천사장이였는데 하나님에게 자기의 모습에 홀려서 하나님에게 도전을 했습니다. 지극히 높은 자와 비기리라, 했거든요. 그래서 하나님에게 저주를 받았습니다. 그 천사장을 따르다가 저주받은 천사들이 귀신입니다.

후에 어떤 사람들이 믿음에서 떠나 미혹하는 영과 귀신의 가르침을 따를 것이라고 성경은 말하고 있습니다. 믿음에서 떠난 가르침은 인간의 생각이요, 그 천사들의 지식입니다. 인간의 생각은 한없이 자기를 높입니다. 아담이 귀신의 가르침을 따르게 되니까 감히 피조물 주제에 하나님에게 "내가"라는 단어를 썼지 않습니까? 내가 벗었음으로 두려워 숨었나이다 하나님하고 나란히 수평의

관계를 유지하려고 합니다.

내가, 라는 단어를 내세웠다는 것은 남의 말을 듣지 않겠다는 표현입니다. 내 소리를 하겠다는 것이지요. 더 나아가 진정한 뜻은 하나님보다 높이 있다는 것입니다. 귀신의 가르침을 따르면 자기가 신격화가 됩니다. 세상 모든 사람들이 자기의 생각을 기준으로 삼습니다. 내가 살면서 좋다고 느낀 것은 지금도 좋고 내일도 좋고 죽을 때까지 좋은 것입니다. 내가 나쁘다고 느꼈다면 누가 무슨 소리를 해도 싫다고 합니다. 틀렸다는 겁니다. 미혹하는 영, 귀신의 가르침을 따르면 자기가 신이 됩니다.

2 자기 양심이 화인을 맞아서 외식함으로 거짓말하는 자들이라

외식이 뭡니까? 우리는 육체를 보려고 지어진 사람이 아닙니다. 외식이라는 것은 육체를 섬긴다는 말입니다. 껍데기에 관심이 있다는 말입니다. 우리가 식당에 가면 음식에 관심이 있어야 하는데 "아줌마, 예쁜 그릇에 아무거나 담아주세요"라고 말하는 셈입니다.

우리 육체는 혼을 담는 그릇이고, 혼은 영을 담는 그릇입니다. 이 혼에게 어떤 영이 담겨 있느냐를 볼 눈이 없는 겁니다. 그래서 거짓된 영이 담겨 있는 사람은 육신에 관심이 있습니다. 그 안에 어떤 영이 들어 있는지, 영의 상태가 좋은지 나쁜지에는 관심이 없습니다. 내 육체가 얼마나 잘났나, 얼마나 예쁜가, 남들보다 얼마나 잘났는가에 관심을 가지는 사람이 외식하는 사람들입니다.

육신의 이야기를 하는 것이 거짓말입니다. 그것이 귀신의 가르침입니다. 귀신들의 거짓말입니다. 사람의 세계에서 거짓말은 내 마음에 있는 생각과 하는 말이 다를 때 거짓말이라고 합니다. 있었던 일이 아닌 것을 만들어내는 것이 거짓말입니다. 성경의 세계에서 거짓말은 능력이 없는 것이 거짓말입니다.

참말은 무엇입니까? 하나님이 빛이 있어라 하메 빛이 있었고, 이게 참말입니다. 우리 인생에서의 말은 우리는 빛이 있어라 하메 빛이 생길 수가 없거든요. 능력이 없는 말이 거짓말입니다.

5 하나님의 말씀과 기도로 거룩하여짐이라

우리가 깨끗해지려면 하나님의 말씀과 기도밖에 우리를 깨끗하게 할 수 없습니다. 우리가 깨끗하다는 게 아니라 하나님이 거룩하기 때문에 그 하나님이 우리 속에 임하면, 깨끗함이 임하면 우리가 깨끗해집니다. 깨끗함이 임하지 않는 것은 더러움입니다.

6 네가 이것으로 형제를 깨우치면 그리스도 예수의 좋은 일꾼이 되어 믿음의 말씀과 네가 따르는 좋은 교훈으로 양육을 받으리라

성경에서는 끊임없이 말씀을 강조하고 있습니다. 이 말씀이 좋은 교훈입니다. 그래서 이 말씀이 우리를 바꾸어놓을 수 있습니다. 우리가 무엇을 하려고 하면 더더욱 말씀과 멀어집니다.

7 망령되고 허탄한 신화를 버리고 경건에 이르도록 네 자신을 연단하라

망령되고 허탄한 신화가 무엇입니까? 인간의 생각 아닙니까? 경건은 무엇입니까? 하나님이 두려워 떠는 것입니다. 우리가 경건에 이르도록 자신을 연단하는 것은 무엇일까요? 우리 생각을 버리고 망령되고 허탄한 신화를 버리고 경건에 이르도록 네 자신을 연단하라 말씀의 뜻을 받아서 다니라는 뜻입니다. 그러면 그 말씀이 하나님을 두려워하고 섬기게 합니다. 하나님의 대해서 가르치는 것입니다.

8 육체의 연단은 약간의 유익이 있으나 경건은 범사에 유익하니 금생과 내생에 약속이 있느니라

인간의 생각대로 열심히 하면 조금의 유익은 있어요. 우리 육체가 살 수 있도록 양식은 구할 수 있습니다. 경건은 범사에 유익하니 금생과 내생에 약속이 있느니라 말씀은 현시대에도 복을 받지만 오는 세상에도 살아날 수 있고, 하나님의 세계에 들어갈 수 있는 약속이 있습니다.

9 미쁘다 이 말이여 모든 사람들이 받을 만하도다

모든 사람이 받을 만하다는 게 무엇일까요? 하나님의 말씀입니다. 그리고 우리가 말씀 속에서 살지 않으면 결국은 저주 속에서 금생과 내생에 약속이 없다는 말입니다. 약속은 오직 말씀 안에 있습니다.

10 이를 위하여 우리가 수고하고 힘쓰는 것은 우리 소망을 살아 계신 하나님께 둠이니 곧 모든 사람 특히 믿는 자들의 구주시라

하나님의 말씀을 믿는다, 받아들인다, 순종한다, 인정한다, 이 말은 사람들에게 구주가 된다는 뜻입니다. 구주가 된다, 힘이 된다는 겁니다.

11 너는 이것들을 명하고 가르치라
13 내가 이를 때까지 읽는 것과 권하는 것과 가르치는 것에 전념하라

무엇을요? 말씀! 말씀을 명하고 가르치라고 하십니다. 하나님이 이르실 때까지 말씀을 읽고 권하고 가르치라는 것입니다.

- **디모데전서 6장**
3 누구든지 다른 교훈을 하며 바른 말 곧 우리 주 예수 그리스도의 말씀과 경건에

관한 교훈을 따르지 아니하면
4 그는 교만하여 아무 것도 알지 못하고 변론과 언쟁을 좋아하는 자니 이로써 투기와 분쟁과 비방과 악한 생각이 나며
5 마음이 부패하여지고 진리를 잃어 버려 경건을 이익의 방도로 생각하는 자들의 다툼이 일어나느니라

　예수님의 말씀을 안 들으면 교만해집니다. 사탄의 교훈은 우리를 신으로 만듭니다. "너희 눈이 밝아 하나님과 같이 되어," 즉, 하나님을 만들어준다는 겁니다. 하나님이 만들어지면 교만하여지면, 아무것도 알려고 하지 않습니다. 아담이 말했듯이 "내가"라는 단어를 쓰게 됩니다. 내가 느끼고 생각하고 경험한 것 외에는 아무것도 알지 않겠다는 것입니다. 사람들이 모여서 대화를 하면 온통 자기 생각만 옳다고 이야기합니다.
　변론과 언쟁을 좋아하는 자니 이로써 투기와 분쟁과 비방과 악한 생각이 나며, 마음이 부패하여지고 진리를 잃어 버려 참을 알 수가 없습니다. **경건을 이익의 방도로 생각하는 자들의 다툼이 일어나느라** 하나님을 섬기는데 왜 섬기느냐 하면 이익의 방도로 섬깁니다. 내가 천국 가기 위해서, 내가 이 땅에서 복 받기 위해서, 내가 잘 살기 위해서, 내가 병이 안 들기 위해서, 온통 육체에 관심이 있고 이익의 방도로 생각하는 자들의 다툼이 일어납니다. 그래서 내가 믿는 믿음이 최고이고, 내가 믿는 하나님이 최고라고 생각합니다.

6 그러나 자족하는 마음이 있으면 경건은 큰 이익이 되느니라

　자족하는 마음이 있으면 말씀이 들립니다. 탐욕이나 원함이 없어지면 하나님의 말씀이 들리게 됩니다. 바라는 게 없으면 경건은 큰 이익이 되느니라. 경건은 하나님, 즉 말씀 앞에서 떨고 두려워함입니다.

7 우리가 세상에 아무 것도 가지고 온 것이 없으매 또한 아무 것도 가지고 가지 못하리니
8 우리가 먹을 것과 입을 것이 있은즉 족한 줄로 알 것이니라

　우리가 세상에 올 때 아무것도 가지고 온 것이 없어요. 그리고 세상을 떠날 때 아무것도 가지고 갈 것이 없어요. 그러면 이 땅에서 몇 십 년을 사는 동안 우리가 얻으려고 하는 것은 무엇입니까? 가지고 온 것도 없고 가지고 갈 것도 없다면 영원히 내 것은 없지 않습니까? 지금 우리가 내 것을 가지려고 하는 것이 내 것이 되는 것이 아니라 속고 있는 겁니다.

9 부하려 하는 자들은 시험과 올무와 여러 가지 어리석고 해로운 욕심에 떨어지나니 곧 사람으로 파멸과 멸망에 빠지게 하는 것이라

　이 땅에서 부하려 하는 자들은 왜 부하려고 할까요? 잘나고 싶고 몸이 편하고 싶기 때문에 부자가 되려고 합니다. 이런 자들은 시험과 올무와 여러 가지 어리석고 해로운 욕심에 떨어지나니 곧 사람으로 파멸과 멸망에 빠지게 하는 것이라 부하려고 하는 자들은 이렇게 됩니다.

10 돈을 사랑함이 일만 악의 뿌리가 되나니 이것을 탐내는 자들은 미혹을 받아 믿음에서 떠나 많은 근심으로써 자기를 찔렀도다

　돈을 사랑하는 것이 일만 악의 뿌리입니다. 돈이 무엇입니까? 이 세상의 능력이지 않습니까? 성경의 능력이 하나님 말씀이라면, 육체를 행복하게 해줄 수 있고 편하게 해줄 수 있는 것이 돈입니다. 돈을 사랑하는 것은 돈을 사랑하는 것이 아니고, 돈을 사랑하는 것은 육체를 사랑하는 것입니다. 육체를 사랑하는 것은 육체를 사랑하는 것이 아니라 뱀이 넣어준 사탄의 지식을 사랑하는 것입니다. 미혹을 받아 믿음에서 떠나 많은 근심으로써 자기를 찔렀도다
　사탄의 지식은 우리를 사망으로 몰아넣습니다. 그래서 이 잘못된 지식을 사랑하는 것은 결국 자기를 죽이는 것입니다.

11 오직 너 하나님의 사람아 이것들을 피하고 의와 경건과 믿음과 사랑과 인내와 온유를 따르며
12 믿음의 선한 싸움을 싸우라 영생을 취하라 이를 위하여 네가 부르심을 받았고 많은 증인 앞에서 선한 증언을 하였도다

육체에 관한 지식을 피하라고 합니다. 그리고 하나님의 지식, 의와 경건, 믿음과 사랑, 인내와 온유를 따르라고 하십니다. 이것이 무엇입니까? 말씀입니다. 하나님의 교훈, 하나님의 지혜를 따르라는 겁니다. 육신을 위하는 탐욕을 피하라는 겁니다. 하나님의 사람은 이것들을 피합니다. 그리고 말씀을 따릅니다. 믿음의 선한 싸움을 싸우라 믿음이 아닌 것은 거부해라 이겨라, 이 말입니다. 영생을 취하라 영생, 영원한 생명을 취하라고 합니다. 영원한 생에 대해서는 16절에 나옵니다.

16 오직 그에게만 죽지 아니함이 있고 가까이 가지 못할 빛에 거하시고 어떤 사람도 보지 못하였고 또 볼 수 없는 이시니 그에게 존귀와 영원한 권능을 돌릴지어다 아멘

죽지 아니함이 어디에 있어요? 오직 그에게만 있습니다. 그가 누구입니까? 하나님이지요. 하나님은 말씀입니다. 말씀은 영생입니다. 그에게만 죽지 아니함이 있고 영생을 취하라 말씀을 취하라는 말입니다.

만왕의 왕이시며 만주의 주, 죽지 아니함, 완전한 능력을 가지신 분이라는 뜻입니다. 하나님은 완전한 능력을 가지셨습니다. 완전한 능력이 말씀입니다. 만물이 그로 말미암아 지은바 되었고, 말씀으로 이루셨습니다.

17 네가 이 세대에서 부한 자들을 명하여 마음을 높이지 말고 정함이 없는 재물에 소망을 두지 말고 오직 우리에게 모든 것을 후히 주사 누리게 하시는 하나님께 두며
18 선을 행하고 선한 사업을 많이 하고 나누어 주기를 좋아하며 너그러운 자가 되게 하라

인간의 생각이 용납되지 않는 부분입니다. 성경의 기록만 마음에 담아서 살라는 것입니다. 인간에게는 선이 없는데 선을 행하라고 하십니다. 하나님이 인정되면 그런 사람이 된다는 겁니다.

19 이것이 장래에 자기를 위하여 좋은 터를 쌓아 참된 생명을 취하는 것이니라

선을 행하고 나누어주기를 좋아하고 남의 세계를 인정하고 살게 되면 이것이 장래에 자기를 위하여 좋은 터를 쌓아 참된 생명을 취하는 것입니다. 살 수 있는 길을 가게 됩니다. 하나님을 만날 수 있습니다.

20 디모데야 망령되고 헛된 말과 거짓된 지식의 반론을 피함으로 네게 부탁한 것을 지키라
21 이것을 따르는 사람들이 있어 믿음에서 벗어났느니라 은혜가 너희와 함께 있을지어다

망령되고 헛된 말과 거짓된 지식의 반론을 피함 뱀이 넣어준 인간의 생각을 피하라는 것입니다. 이것을 따르는 사람들이 있어서 믿음과 말씀

에서 벗어났기 때문입니다. 말씀을 따라가면 은혜가 하나님의 보호하심이 우리에게 있을 것입니다.

16

자기의 포기로 이룬 기적

자기의 포기로 이룬 기적

• 룻기 1장

21 내가 풍족하게 나갔더니 여호와께서 내게 비어 돌아오게 하셨느니라 여호와께서 나를 징벌하셨고 전능자가 나를 괴롭게 하셨거늘 너희가 어찌 나를 나오미라 부르느냐 하니라

• 룻기 1장

1 사사들이 치리하던 때에 그 땅에 흉년이 드니라 유다 베들레헴에 한 사람이 그의 아내와 두 아들을 데리고 모압 지방에 가서 거류하였는데

　룻기 1장 21절에서 말씀하셨습니다. 내가 풍족하게 나갔더니 여호와께서 내게 비어 돌아오게 하셨느니라 우리가 하나님의 세계가 안 보이는 이유가 있습니다. 하나님이 왜 안 보이냐 하면 내가 너무 잘났기 때문에 하나님이 안 보입니다. 그래서 나오미도 베들레헴에서

모압 지방으로 갔어요. 1장 21절 간증에 보면 내가 풍족하게 나갔더니 내가 능력이 많으니까 상대적으로 하나님의 세계가 기근으로 보인다는 거죠.

흉년이 든 게 아닙니다. 하나님의 세계에는 흉년이 없습니다. 하나님은 완전한 능력을 가지셨는데 하나님의 세계에 무슨 흉년이 있습니까? 하나님의 세계가 보이지 않게 되면 내 세계가 풍년이고 내 세계가 풍족하고 내 세계가 살 수 있을 것 같고 내게 불행이 닥치지 않을 것 같습니다. 내게 무엇이 있는 것 같으면 상대적으로 남의 세계가 약하게 느껴집니다. 그래서 이 사사들이 치리할 때 베들레헴에 흉년이 듭니다.

2 그 사람의 이름은 엘리멜렉이요 그의 아내의 이름은 나오미요 그의 두 아들의 이름은 말론과 기룐이니 유다 베들레헴 에브랏 사람들이더라 그들이 모압 지방에 들어가서 거기 살더니

이 사람들이 베들레헴에서 떠나와서 모압 지방으로 갔습니다. 우리가 육신을 위한 생각을 신뢰하게 되면 하나님의 세계에 관심이 없고 이 세상에 관심이 있습니다. 그래서 이 사람들이 모압 지방에 온 겁니다.

3 나오미의 남편 엘리멜렉이 죽고 나오미와 그의 두 아들이 남았으며
4 그들은 모압 여자 중에서 그들의 아내를 맞이하였는데 하나의 이름은 오르바요

하나의 이름은 룻이더라 그들이 거기에 거주한 지 십 년쯤에
5 말론과 기룐 두 사람이 다 죽고 그 여인은 두 아들과 남편의 뒤에 남았더라

　나오미라는 여자는 풍족해서 더 잘 살기 위해 육신의 행복을 위해 모압 지방에 왔습니다. 하나님이 없는 이방 지방입니다. 우리 자신에 대한 신뢰가 있으면 있을수록 하나님의 세계를 떠나서 이렇게 다른 곳으로 갑니다. 하나님의 세계를 떠나니까 남편이 죽고 아들 둘이 죽고 사망의 역사가 일어난 겁니다. 다 죽고 모압 지방에서 맞이한 며느리 둘하고 나오미 혼자 남았습니다. 다 망하고 나니까 이제 하나님의 소리가 들립니다.

6 그 여인이 모압 지방에서 여호와께서 자기 백성을 돌보시사 그들에게 양식을 주셨다 함을 듣고 이에 두 며느리와 함께 일어나 모압 지방에서 돌아오려 하여
7 있던 곳에서 나오고 두 며느리도 그와 함께 하여 유다 땅으로 돌아오려고 길을 가다가

　하나님의 세계에 들어간 사람들을 보면 다 망해서 자기의 소망이 끊어지니까 하나님의 세계가 보입니다. 이 여인 나오미도 남편이 죽고 사랑스러운 자식 두 아들도 죽고 나니까 모압 지방에서 여호와께서 자기 백성을 돌보시사 그들에게 양식을 주셨다 비로소 하나님의 세계가 보이는 겁니다. 하나님의 세계가 보이니까 모압 지방에서 유다 땅으로 돌아오려고 길을 갑니다.

8 나오미가 두 며느리에게 이르되 너희는 각기 너희 어머니의 집으로 돌아가라 너희가 죽은 자들과 나를 선대한 것 같이 여호와께서 너희를 선대하시기를 원하며
9 여호와께서 너희에게 허락하사 각기 남편의 집에서 위로를 받게 하시기를 원하노라 하고 그들에게 입 맞추매 그들이 소리를 높여 울며
10 나오미에게 이르되 아니니이다 우리는 어머니와 함께 어머니의 백성에게로 돌아가겠나이다 하는지라

이스라엘 지방에는 맏아들이 장가를 가서 죽으면 둘째 아들이 형수와 살게 하는 법이 있습니다. 그래서 나오미가 며느리들을 보니까 참 불쌍해서 "너희가 이제 돌아가라, 나는 남편이 없어서 자식을 낳지도 못하고 너희는 다른 곳에 시집가서 잘 살아라"라고 했습니다. 여호와께서 너희에게 허락하사 각기 남편의 집에서 위로를 받기 원하는다는 것은 남편을 다시 맞이하라는 뜻이지요. 시집을 가라는 겁니다. 소리 높여 울며 이 며느리들이 시어머니를 따라가겠다고 했습니다. 시집을 가라고 해도 가지 않고 "우리는 어머니의 백성, 어머니의 나라에 가겠습니다."라고 한 겁니다.

11 나오미가 이르되 내 딸들아 돌아가라 너희가 어찌 나와 함께 가려느냐 내 태중에 너희의 남편 될 아들들이 아직 있느냐
12 내 딸들아 되돌아 가라 나는 늙었으니 남편을 두지 못할지라 가령 내가 소망이 있다고 말한다든지 오늘 밤에 남편을 두어 아들들을 낳는다 하더라도
13 너희가 어찌 그들이 자라기를 기다리겠으며 어찌 남편 없이 지내겠다고 결심하겠느냐 내 딸들아 그렇지 아니하니라 여호와의 손이 나를 치셨으므로 나는 너희로

말미암아 더욱 마음이 아프도다 하매
14 그들이 소리를 높여 다시 울더니 오르바는 그의 시어머니에게 입 맞추되 룻은 그를 붙좇았더라

여기서 나오미가 며느리 둘한테 똑같은 이야기를 했어요. "자 딸들아, 이제 가라. 내가 지금 아이를 낳을 수도 없지만 아이를 낳는다고 해도 그 아이가 언제 커서 너희랑 살겠느냐. 너희 남편이 되겠느냐. 너희가 나를 따라오면 너희에게는 아무것도 남은 것이 없다. 네가 나를 따라오는 것보다 따라오지 않는 것이 너희에게 더 유익이 된다"고 했습니다.

그러니까 오르바라는 며느리는 시어머니한테 작별인사를 하고 자기의 행복을 찾아 갔어요. 룻은 아무것도 없다는 소리를 듣고도 시어머니를 쫓아갑니다. 두 가지 다른 사람이 나왔습니다. 성경에서는 꼭 두 가지의 모습이 나와요. 한 사람은 능력 있는 자의 모습, 하나님의 위치에 마음이 가 있는 사람, 내게 소망이 있는 사람, 내게 능력이 있다는 것을 믿는 사람, 살 수 있다는 소망을 가진 사람입니다. 그리고 다른 한 사람은 다 망해먹고 아무것도 내게 유익이 되지 않을 것 같지만 성경의 지식을 따라가는 사람입니다. 한 사람은 성경을 거부하는 사람이지요.

15 나오미가 또 이르되 보라 네 동서는 그의 백성과 그의 신들에게로 돌아가나니 너도 너의 동서를 따라 돌아가라 하니

16 룻이 이르되 내게 어머니를 떠나며 어머니를 따르지 말고 돌아가라 강권하지 마옵소서 어머니께서 가시는 곳에 나도 가고 어머니께서 머무시는 곳에서 나도 머물겠나이다 어머니의 백성이 나의 백성이 되고 어머니의 하나님이 나의 하나님이 되시리니
17 어머니께서 죽으시는 곳에서 나도 죽어 거기 묻힐 것이라 만일 내가 죽는 일 외에 어머니를 떠나면 여호와께서 내게 벌을 내리시고 더 내리시기를 원하나이다 하는지라
18 나오미가 룻이 자기와 함께 가기로 굳게 결심함을 보고 그에게 말하기를 그치니라

 오르바가 떠나가는 것을 보고 나오미가 룻에게 말합니다. "너도 가라, 너도 동서 따라 너의 행복을 찾아서 가라." 룻은 어머니와 함께 하겠다고 하나님을 따르겠다고 합니다. 룻이 어머니를 이야기하고 있지만 사실은 자기를 이야기하고 있는 겁니다. "나는 나 자신의 것을 포기했습니다." 어머니의 백성, 어머니의 생각, 어머니의 하나님, 어머니의 신이 나의 신이 되리니, 라고 했습니다.
 룻은 하나님의 세계를 본 것입니다. 시아버지가 죽고 남편이 죽고 사망의 역사를 보았습니다. 그래서 생명의 세계로 들어가기 위해 자기의 모든 것을 끝낸 겁니다. 자기의 세계가 사망의 세계라는 것을 룻은 알았습니다. 그래서 남편과 아들 둘이 죽고 양식마저 떨어져서 완전 거지가 되고 자기가 왔던 곳으로 돌아가는 시어머니를 따라갑니다. 어머니의 백성 어머니의 하나님을 따르

기 위해서입니다.

　죽는 일 외에 내가 어머님을 떠나면, 내 행복을 찾아간다면 하나님께서 벌 위에 벌을 더 내리기를 원한다고 말합니다. 이제 내 삶은 없다, 이 말입니다. 내 삶이 있다면 하나님으로 인한 삶이고, 내 기쁨을 원한다면 하나님의 기쁨을 느끼고, 내 행복을 위한다면 하나님의 세계에서 살겠다는 것입니다.

　룻은 어머니에게 내 세계는 끝이 났습니다. 내 세계는 포기했습니다. 이제 내 세계로 살지 않을 것입니다. 어머니의 생각으로 어머니의 하나님을 따라서 살겠다는 뜻입니다. 자기의 세계가 끝났기 때문에 죽는 일 외에는 어머님을 떠나지 않겠다고 합니다. 이 땅에 이 말을 할 수 있는 사람이 얼마나 있겠습니까? 오직 성경밖에는 없다는 거지요. 성경밖에는 이런 말을 할 수 있는 사람이 없습니다.

18 나오미가 룻이 자기와 함께 가기로 굳게 결심함을 보고 그에게 말하기를 그치니라
19 이에 그 두 사람이 베들레헴까지 갔더라 베들레헴에 이를 때에 온 성읍이 그들로 말미암아 떠들며 이르기를 이이가 나오미냐 하는지라
20 나오미가 그들에게 이르되 나를 나오미라 부르지 말고 나를 마라라 부르라 이는 전능자가 나를 심히 괴롭게 하셨음이니라

　사람들이 네가 나오미가 아니냐 합니다. 나오미의 뜻이 희락, 능력이잖아요 그래서 나오미는 자기가 능력이 있는 줄 알고 자기

에게 희락이 있는 줄 알고 떠났었는데, 돌아오면서 자기를 발견했다는 겁니다. "나는 나오미가 아니고, 내 속에 있는 생각이 나오미가 아니고, 희락이 아니고, 능력이 아니고, 괴로움이었습니다." "아, 나는 괴로움이다. 나는 나오미가 아니고 마라다." 어찌 시어머니하고 며느리의 마음이 이렇게 똑같을 수가 있습니까? 하나님을 만난 자들은 자기 속에 괴로움이라는 것을 정확하게 느낍니다.

20 나오미가 그들에게 이르되 나를 나오미라 부르지 말고 나를 마라라 부르라 이는 전능자가 나를 심히 괴롭게 하셨음이니라

전능자가 괴롭게 했다는 게 무슨 뜻입니까? 하나님이 얼마나 시간이 있어서 나오미를 따라가서 괴롭히겠어요? 하나님이 괴롭히는 것이 아니라 하나님을 떠난 우리 인생이 괴로움을 당한다는 거죠. 능력을 떠난 자가 무능력 속에 가면 괴로울 수밖에 없습니다. 하나님이 괴롭히는 것이 아니라 하나님을 떠나가게 된 나오미가 괴로울 수밖에 없는 것입니다. 생명을 떠나간 나오미의 식구가 사망 속에 갇힐 수밖에 없습니다. 사망의 역사를 이길 수가 없습니다. 생명을 떠난 그가 어떻게 사망을 이길 수가 있겠습니까?

21 내가 풍족하게 나갔더니 여호와께서 내게 비어 돌아오게 하셨느니라 여호와께서 나를 징벌하셨고 전능자가 나를 괴롭게 하셨거늘 너희가 어찌 나를 나오미라 부르느냐 하니라

내가 풍족해서 나갔어요. 간증 잘 하고 있잖아요. 내가 어디서 나갔어요? 하나님에게서 나갔다는 겁니다. 여호와께서 내게 비어 돌아오게 하셨느니라 하나님을 떠난 인생이 괴로움밖에 없는데 그 괴로움을 안고 살 수는 없잖아요. 그래서 버릴 수밖에 없었다는 겁니다. 여호와께서 나를 징벌하셨고 전능자가 나를 괴롭게 하셨거늘 하나님의 은혜가 내리지 않으면 내가 괴로워진다는 겁니다.

하나님을 떠난 인생, 나오미는 하나님에 대해서 잘 알고 있습니다. 하나님이 내게 은혜를 내리지 않고 내가 나갔을 때 따라와서 도와주지 않았기 때문에 내가 괴로웠다는 겁니다. 하나님이 모압까지 와서 은혜를 베풀었으면 안 괴로웠겠지요. 하나님을 떠난 나오미를 하나님이 따라가서 은혜를 베풀 이유가 무엇입니까? 하나님을 떠난 인생은 괴롭게 살 수밖에 없습니다.

"사람의 나이 강건하면 7~80 자랑할 것은 수고와 슬픔뿐이니라."고 이미 말씀하셨습니다. 하나님을 떠난 인생은 그렇게밖에 살 수 없습니다. 실제 하나님이 없는 나오미는 나오미가 아니라 마라라는 겁니다. 희락이 아니라 괴로움입니다. 이 땅의 모든 사람들이 일평생 돈 벌고, 여행 가고, 맛있는 음식도 먹으며 잠시의 즐거움은 있지만 그 시간이 지나면 여전히 괴로움 속에서 무엇을

찾아서 헤매 다닙니다.

• **룻기 2장**
2 모압 여인 룻이 나오미에게 이르되 원하건대 내가 밭으로 가서 내가 누구에게 은혜를 입으면 그를 따라서 이삭을 줍겠나이다 하니 나오미가 그에게 이르되 내 딸아 갈지어다 하매
3 룻이 가서 베는 자를 따라 밭에서 이삭을 줍는데 우연히 엘리멜렉의 친족 보아스에게 속한 밭에 이르렀더라

지금 이 세상에서는 시어머니가 돈을 많이 준다고 해도 시어머니 귀찮다고 합니다. 그런데 룻이라는 여인은 양식이 다 떨어져서 먹을 게 없으니 밭에 가서 이삭이라도 주어다 그거라도 끓여 먹으려고 허락을 구합니다. 내가 이삭 주우러 가는데 허락을 해달라고 합니다. 지금 인간의 지식으로는 내가 이삭 주우러 가면 허락이고 뭐고 있습니까? 내가 안 주우면 어떻게 먹고 살겠느냐며 시어머니를 무시할 텐데 룻의 마음은 완전히 바닥에 떨어져 있습니다.

세상에 교만이 뭡니까? 자기의 생각을 믿는 것이 교만입니다. 거만은 무엇입니까? 거만은 자기의 생각을 행동으로 옮기는 것이 거만이지요. 룻은 자기의 세계를 완전히 끝내니까 이삭을 주워 가지고 시어머니를 봉양하는데도 허락을 받고 갑니다. 내가 남의 밭에 이삭을 줍는 것도 **은혜를 입으면 그를 따라서 이삭을 줍겠나이다라고**

합니다.

이삭이 뭡니까? 곡식을 다 베어서 걷어가고 떨어진 것, 버려진 것이 이삭입니다. 그것도 은혜를 입으면 줍겠나이다, 라고 하니 그것을 주울 수 있는 능력도 내게는 없다는 것입니다. 완전히 마음이 겸손의 바닥까지 내려갔습니다. 겸손은 자기에게는 믿을 것이 없는 게 겸손이잖습니까? 자기를 신뢰할 수 없는 그 마음이 겸손한 마음이고, 교만한 마음은 자기를 신뢰하는 마음입니다. 룻이 자기의 세계가 완전히 끝나버린 것을 간증하고 있습니다. 시어머니도 자기의 세계가 끝나버렸어요. 내 세계는 괴로움이다 해 놓았는데 그 이야기를 들을 사람이 어디에 있습니까?

• 룻기 3장

1 룻의 시어머니 나오미가 그에게 이르되 내 딸아 내가 너를 위하여 안식할 곳을 구하여 너를 복되게 하여야 하지 않겠느냐
2 네가 함께 하던 하녀들을 둔 보아스는 우리의 친족이 아니냐 보라 그가 오늘 밤에 타작 마당에서 보리를 까불리라
3 그런즉 너는 목욕하고 기름을 바르고 의복을 입고 타작 마당에 내려가서 그 사람이 먹고 마시기를 다 하기까지는 그에게 보이지 말고
4 그가 누울 때에 너는 그가 눕는 곳을 알았다가 들어가서 그의 발치 이불을 들고 거기 누우라 그가 네 할 일을 네게 알게 하리라 하니
5 룻이 시어머니에게 이르되 어머니의 말씀대로 내가 다 행하리이다 하니라
6 그가 타작 마당으로 내려가서 시어머니의 명령대로 다 하니라
7 보아스가 먹고 마시고 마음이 즐거워 가서 곡식 단 더미의 끝에 눕는지라 룻이

가만히 가서 그의 발치 이불을 들고 거기 누웠더라
8 밤중에 그가 놀라 몸을 돌이켜 본즉 한 여인이 자기 발치에 누워 있는지라
9 이르되 네가 누구냐 하니 대답하되 나는 당신의 여종 룻이오니 당신의 옷자락을 펴 당신의 여종을 덮으소서 이는 당신이 기업을 무를 자가 됨이니이다 하니
10 그가 이르되 내 딸아 여호와께서 네게 복 주시기를 원하노라 네가 가난하건 부하건 젊은 자를 따르지 아니하였으니 네가 베푼 인애가 처음보다 나중이 더하도다
11 그리고 이제 내 딸아 두려워하지 말라 내가 네 말대로 네게 다 행하리라 네가 현숙한 여자인 줄을 나의 성읍 백성이 다 아느니라

　　룻의 시어머니가 룻에게 안식할 곳을 구해주려고 합니다. 너를 복되게 하여야 하지 않겠느냐 해서 자기의 친족 중에 보아스라는 사람에게 가라고 합니다. 그 사람이 타작을 하고 나서 밤에 다 먹고 마신 뒤에 그가 눕거든 이불을 들고 들어가라는 거예요. 그리고 보아스가 말합니다. 네게 복 주시기를 원하노라 네가 가난하건 부하건 젊은 자를 따르지 아니하였으니 보아스의 말을 보면 늙은 사람입니다. 네가 베푼 인애가 처음보다 나중이 더하도다 이제 룻의 마음에는 시어머니의 말씀밖에 없습니다.
　　이 남자가 나를 원하지 않는데 그 잠자리에 여자로서 들어간다는 거지요. 인간의 생각이 옳다는 마음이 조금이라도 있으면 이렇게 하지 못합니다. 세상 사람들의 생각은 자기에 맞는 사람, 자기에 맞는 형편, 자기 생각에 맞는 대로 골라갑니다. 룻이라는 여자는 시어머니가 말을 하면 그대로 합니다. 자기 세계가 끝난 사

람의 마음입니다.

시어머니는 룻에게 남자에게 가라고 시킵니다. 또 이불 밑에 들어가면 그가 시키는 대로 하라고 합니다. 그리고 룻은 어머니의 말씀대로 내가 다 행하리이다 하니라 말씀 외에는 아무 감정이 남아 있지 않다는 거예요. 룻이라는 여인은 시어머니 명령대로 다 합니다. 보아스가 이 룻을 보고 말합니다. 네게 복 주시기를 원하노라 네가 가난하건 부하건 젊은 자를 따르지 아니하였으니 이 말은 룻에게 룻이 자기 생각의 세계가 있으면 이렇게 하지 않는다는 뜻입니다. 늙은 보아스에게 오지 않는다는 것입니다. 그래서 여호와께서 복 주시기를 원하노라 하면서 룻이라는 이 여인이 나중에 보아스하고 결혼을 하게 됩니다.

• **룻기 4장**

13 이에 보아스가 룻을 맞이하여 아내로 삼고 그에게 들어갔더니 여호와께서 그에게 임신하게 하시므로 그가 아들을 낳은지라

14 여인들이 나오미에게 이르되 찬송할지로다 여호와께서 오늘 네게 기업 무를 자가 없게 하지 아니하셨도다 이 아이의 이름이 이스라엘 중에 유명하게 되기를 원하노라

15 이는 네 생명의 회복자이며 네 노년의 봉양자라 곧 너를 사랑하며 일곱 아들보다 귀한 네 며느리가 낳은 자로다 하니라

16 나오미가 아기를 받아 품에 품고 그의 양육자가 되니

17 그의 이웃 여인들이 그에게 이름을 지어 주되 나오미에게 아들이 태어났다 하여 그의 이름을 오벳이라 하였는데 그는 다윗의 아버지인 이새의 아버지였더라

이 여인이 낳은 아들이 누구냐면 다윗왕의 할아버지입니다. 이스라엘 사람들은 절대로 모압이나 암몬 자손과 결혼을 하지 않고, 이방인들하고 말도 하지 않습니다. 그런데 모압 지방인 룻이 자기의 세계를 완전히 포기하면서 이스라엘 다윗의 자손과 결혼합니다. 다윗의 자손을 통해서 하나님이 이 땅에 오셨다는 겁니다. 예수님이죠. 그래서 예수님이 오시는 길에 그 통로로 쓰임을 받았다는 겁니다.

하나님에게 그것도 이스라엘의 여인이 아니라 이방 여인인데, 남자에게 시집을 갔던 그 여인이 다윗왕의 할아버지를 낳는 그런 엄청난 세계 속으로 들어오게 된 이유가 무엇입니까? 자기가 완전하게 포기되어 지면서 이 엄청난 세계에 들어오게 됐다는 거죠. 그래서 하나님이 우리에게 가르쳐주는 교훈이 무엇인가 하면 우리의 속에 있는 육신의 생각 때문에 저주가 우리의 몸에 저주가 내려져 있다는 겁니다.

우리가 육신을 섬기는 이 지식이 완전히 포기되어지고 하나님을 섬기는 지식을 받게 되면 이 땅에서 그가 천하든 잘났든 하나님 세계에 들어가면서 엄청난 하나님의 세계를 만날 수 있는 기적이 일어난다고 이 룻기를 통해서 우리에게 말씀하고 계신 겁니다.

17

마음의 기적 할례

마음의 기적 할례

• 로마서 1장

14 헬라인이나 야만인이나 지혜 있는 자나 어리석은 자에게 다 내가 빚진 자라
15 그러므로 나는 할 수 있는 대로 로마에 있는 너희에게도 복음 전하기를 원하노라
16 내가 복음을 부끄러워하지 아니하노니 이 복음은 모든 믿는 자에게 구원을 주시는 하나님의 능력이 됨이라 먼저는 유대인에게요 그리고 헬라인에게로다
17 복음에는 하나님의 의가 나타나서 믿음으로 믿음에 이르게 하나니 기록된 바 오직 의인은 믿음으로 말미암아 살리라 함과 같으니라

사도바울이 헬라인이나 야만인이나 지혜 있는 자나 어리석은 자에게 다 내가 빚진 자라고 했습니다. 빚진 자라는 것이 무엇입니까? 빚진 자는 돈을 빌려준 자에게 사정을 하고 겸손하고 종노릇해야 합니다. 사도바울이 하나님의 말씀을 받고 나서는 모든 사람을 보면 구원을 시켜야 하는데 사람들이 말씀을 듣지 않습니

다. 말씀을 싫어하니까 통 사정을 해가면서 복음을 전합니다.

16 내가 복음을 부끄러워하지 아니하노니 이 복음은 모든 믿는 자에게 구원을 주시는 하나님의 능력이 됨이라 하나님의 능력이 복음이라는 말입니다. 하나님의 말씀 안에 하나님의 능력이 있습니다. 하나님의 능력을 느낄 수 있는 사람이 누구냐면 복음을 믿는 자입니다. 믿는다는 것이 "내가 하나님을 지금부터 믿을게"라고 결심합니다. 이게 믿는 게 아닙니다.

하나님을 믿는다는 것은 자기가 끝났다는 의미입니다. 자기를 안 믿는다는 거지요. 사람들이 "나는 하나님도 믿고 나도 믿어" 이렇게 말하는데 이건 믿는 게 아닙니다. 믿는 척 하는 것이지요. 하나님의 복음이 믿어지면 이 세계는 딱 포기하게 됩니다. 왜? 저 하나님이 계시는 새 하늘과 새 땅이 있는데 이 세상에서 살고 싶은 마음이 있겠습니까? 자연히 이 세상을 따라가지 않죠. 어딜 따라가겠어요? 복음을 따라간다는 겁니다.

요즘 사람들의 믿음은 복음에는 관심이 없어요. "교회 가는데 천국 보내주시겠지. 이렇게 가는데 하나님이 안 보내주시겠나?" 착각하고 교회 다닙니다. 하나님의 능력은 복음 안에 있습니다. 복음은 하나님의 말씀입니다. 하나님의 말씀이 우리 마음에 그대로 이루어지면 이 땅은 저주받은 땅이고, 우리는 하나님을 떠나 마귀를 따라다니는 마귀의 자식임이 보일 때 비로소 믿음을 가진 자라고 할 수 있습니다.

복음이라는 것은 하나님의 말씀을 가지고 복된 소리다, 하나님의 음성을 가지고 복음이다, 말씀을 가져다 복음이다, 이렇게 말하는데 복음에는 하나님의 의가 나타나서 믿음으로 믿음에 이르게 한다고 하셨습니다. 우리가 열심히 우리의 생각으로 믿음에 이르게 하는 게 아니고, 믿음으로, 믿음을 다른 말로 하면, 말씀으로 말씀에 이르게 하는 것입니다.

우리가 순종한다, 받아들인다, 인정한다고 말씀을 인정하면, 말씀이 우리에게 죄라고 이야기합니다. 그러면 말씀을 우리가 인정했을 때 우리의 내면적인 것은 다윗처럼 "제가 죄악 중에 출생하였음이요 제 모친이 죄 중에 잉태하였나이다"라고 말할 수 있습니다. 내 속에 있는 모든 것은 죄입니다. 그래서 말씀을 순종하게 되고 말씀만 보고 듣게 된다는 것입니다.

그 말씀이 또한 말씀으로 인도하고, 또 인도한 말씀이 또 말씀으로 천국을 보내주고, 죄를 보여주고, 하나님을 보여줍니다. 인간의 생각이 들어간 믿음은 가짜입니다. 순수하게 말씀으로 말씀에 이르게 해야 한다는 뜻입니다. 하나님의 말씀만 말씀의 세계로 인도할 수 있지 인간의 세계는 육신을 섬기는데 인간의 생각이 들어온다는 것은 이미 하나님을 불신한다는 겁니다. 인정하지 않는다는 겁니다. **기록된 바 오직 의인은 믿음으로 말미암아 살리라 함과 같으니라** 말씀으로만 믿음으로만 살아야 한다는 겁니다.

18 하나님의 진노가 불의로 진리를 막는 사람들의 모든 경건하지 않음과 불의에 대하여 하늘로부터 나타나나니

하나님의 진노가 불의로 인간이 생각으로 진리 하나님의 말씀을 막는 사람들에게 나타납니다. 인간의 생각이 진리를 막고 있습니다. 불의는 인간의 생각입니다. 하나님의 의가 아닌 것이 불의입니다. 의가 아닌 것이 무엇입니까? 인간의 생각이잖아요. 인간의 생각은 하나님을 섬기게 하는 것이 아니라 육체를 섬기게 합니다. 이것을 보고 하나님은 불의라고 합니다.

불의로 무엇을 막습니까? 진리를 막아요. 진리가 뭡니까? "진리가 너희를 자유롭게 하리라." 예수님이 무엇이라고 말씀하셨어요? 내가 곧 길이요 진리요 생명이니. 그러면 예수님이 뭡니까? 말씀이잖아요. 예수님을 막는 사람들은 자기 생각으로 막습니다. **모든 경건하지 않음과 불의에 대하여 하늘로부터 나타나나니** 하나님의 진노가 인간의 생각을 신뢰하는 자들에게 나타난다는 겁니다. 인간의 생각이 존재하는 것은 하나님을 막기 위해서이기 때문입니다.

우리 생각이 나를 죽이고 있어요. 왜? 예수님이 "내가 곧 길이요 진리요 생명이니"라고 하셨습니다. 예수님을 봐야 하는데 예수님을 못 보게 하기 위해서 이 땅의 일을 이야기합니다. 육신의 생명을 이야기하고 육신의 정욕을 이야기합니다. 명분을 세우는 이유의 뜻이 무엇이냐면 진리를 막기 위해서 하나님을 막기 위해서 말씀을 막기 위해서입니다.

19 이는 하나님을 알 만한 것이 그들 속에 보임이라 하나님께서 이를 그들에게 보이셨느니라
20 창세로부터 그의 보이지 아니하는 것들 곧 그의 영원하신 능력과 신성이 그가 만드신 만물에 분명히 보여 알려졌나니 그러므로 그들이 핑계하지 못할지니라

하나님의 능력이 만물에 보였다는 겁니다. 우리 인간에게도 보였습니다. 심장이 뛰어서 피를 만들고, 호흡으로 피를 돌려서 생명이 살도록 했습니다. 콧구멍 속에는 코털을 만들어서 먼지가 못 들어오게 했습니다. 사람의 몸만 생각해도 이것이 자연스럽게 진화되었다면 지금도 진화하고 있어야 합니다. 우리의 육신은 약한데도 어떤 과학이라는 이름으로 수학으로 계산으로 인간을 이야기합니다. 세상에서도 나무는 산소를 불어내고 사람은 이산화탄소를 불어냅니다. 이 땅 모든 만물에게 창조주가 있다는 것을 분명히 나타내고 있습니다.

21 하나님을 알되 하나님을 영화롭게도 아니하며 감사하지도 아니하고 오히려 그 생각이 허망하여지며 미련한 마음이 어두워졌나니
22 스스로 지혜 있다 하나 어리석게 되어
23 썩어지지 아니하는 하나님의 영광을 썩어질 사람과 새와 짐승과 기어다니는 동물 모양의 우상으로 바꾸었느니라

21 하나님을 알되 하나님을 영화롭게도 아니하며 감사하지도 아니하고 그 생각이 허망하여지며 이 말씀은 무슨 뜻입니까? 하나님이 없다, 라고 합니

다. 입으로는 하나님이 있어요. 많은 사람들이 사람의 생각으로 하나님을 믿어요. 그 목적은 육신을 위해서 믿는 것입니다. 하나님을 영화롭게 할 이유가 없죠. 하나님의 뜻을 알 필요가 없습니다. 하나님에 대한 감사도 할 필요가 없습니다. 왜? 자기의 생각밖에 없으니까요.

22 스스로 지혜 있다 하나 어리석게 되어

모든 사람들은 스스로가 잘났고 올바릅니다. 이 땅에 죄인은 하나도 없습니다. 다 의인입니다. 지혜 있다고 하는 그 지식이 사람을 어리석게 만든다는 겁니다. 하나님의 영광, 하나님의 뜻은 썩어지지 않습니다. 능력이 있다는 겁니다. 그런데 스스로 지혜 있다 해서 **사람과 새와 짐승과 기어다니는 동물 모양의 우상으로 바꾸었느니라** 이렇게 된 것입니다.

　우리가 종교를 보면 뭔가를 손으로 만들어서 거기에다 제를 올립니다. 왜 그걸 만드는가 하면 보이는 것에 의존하기 때문에 그것에다 제사를 지내는 것입니다. 보이지 않는 것에 대한 불신을 의미합니다. 인간의 생각은 보이지 않는 것에 대해서는 불신합니다. 보이는 것만 믿고 보이지 않는 것은 믿지 않습니다. 그래서 뭔가를 자꾸 만들어 가지고 그것을 섬기려고 합니다. 눈에 보여야 믿음이 가니까요.

24 그러므로 하나님께서 그들을 마음의 정욕대로 더러움에 내버려 두사 그들의 몸을 서로 욕되게 하셨으니
25 이는 그들이 하나님의 진리를 거짓 것으로 바꾸어 피조물을 조물주보다 더 경배하고 섬김이라 주는 곧 영원히 찬송할 이시로다 아멘

하나님의 진리를 거짓 것으로 바꾸어 피조물을 조물주보다 더 경배하고 여기서 거짓 것이 무엇입니까? 진리는 선악과를 먹으면 정녕 죽는다, 이게 진리입니다. 선악과를 먹으면, 선악을 알게 하는 나무의 열매를 먹으면 죽습니다. 거짓은 뭡니까? 결코 죽지 않는다, 오히려 너희 눈이 밝아 하나님과 같이 되어 선악을 알게 된다, 이게 거짓입니다. 진리를 아니라고 하는 그것이 거짓이잖아요.

하나님을 섬기느냐 육체를 섬기느냐의 문제입니다. 진리를 섬기는 것이 하나님이고, 하나님의 진리 말씀은 하나님을 섬겨요. 하나님을 옳다고 하고 하나님이 있다고 하고 하나님을 신이라고 합니다. 육체를 섬기게 하는 게 거짓이지요. 진리를 아니라고 하는 것, 그래서 우리가 하나님을 섬기지 못하게 하는 것이 거짓입니다. 이것이 뭡니까? 인간의 생각이라는 거지요.

조물주 하나님은 보이지 않습니다. 하나님은 영이시기 때문에 보이지 않습니다. 거짓의 지식이 보이지 않는 것을 섬기지 못하게 하기 위해서 보이는 것을 섬기게 합니다. 그래서 우리가 우상의 조각들을 만들어 거기에 복을 빌고 있는 겁니다. 우리가 최종적으로 육신을 섬기는 것도 보이기 때문이지요. 육신은 보이지

않습니까? 그래서 섬기는 겁니다. 하나님은 보이지 않으니까 섬기지 않는 겁니다. 불신하는 겁니다.

26 이 때문에 하나님께서 그들을 부끄러운 욕심에 내버려 두셨으니 곧 그들의 여자들도 순리대로 쓸 것을 바꾸어 역리로 쓰며

하나님이 그들을 부끄러운 욕심에 내버려두셨습니다. 부끄러운 욕심이 뭡니까? 진리는 사랑이죠. 인간의 생각은 욕심입니다. 그리고 부끄럽다, 부족하다, 못났다, 이 말이잖아요. 우리의 육신을 섬기는 지식은 못났고 능력 없고 더럽고 추접하고 능력이 없기 때문에 정상적으로 살 수가 없는 거지요.

28 또한 그들이 마음에 하나님 두기를 싫어하매 하나님께서 그들을 그 상실한 마음대로 내버려 두사 합당하지 못한 일을 하게 하셨으니

그들이 마음에 하나님 두기를 싫어한다고 하셨습니다. 여기서도 하나님은 뭡니까? 하나님은 영이잖아요. 하나님 두기를 싫어한다는 것은 무엇입니까? 말씀을 우리 마음에 두기를 싫어한다는 겁니다. 그러면 말씀을 마음에 두기 싫어하는 이유가 무엇입니까? 이미 하나님이 아닌 것을 마음에 두고 있다는 거잖아요. 그것이 옳다고 생각하니까 하나님을 마음에 두기 싫은 것이지요.

기준이 어디입니까? 죄가 기준입니다. 자기가 기준인데 이 말

씀이 인간의 생각과 안 맞는 겁니다. 그래서 마음에 두기를 싫어하는 것이지요. 하나님께서 그들을 그 상실한 마음대로 내버려 두사 합당하지 못한 일을 하게 하셨으니 상실한 마음, 이것이 인간의 생각입니다. 합당하지 못하다는 틀렸다는 거잖아요. 우리 마음에 하나님을 거부하는 거짓된 지식부터 정리를 해야 합니다. 그래야 하나님이 우리 마음에 들어오실 수 있습니다. 하나님을 거부하는 이 지식이 존재하는 이상 하나님은 사람의 마음에 들어올 수가 없습니다.

• 로마서 2장
1 그러므로 남을 판단하는 사람아 누구를 막론하고 네가 핑계하지 못할 것은 남을 판단하는 것으로 네가 너를 정죄함이니 판단하는 네가 같은 일을 행함이니라

사람들이 자기가 형편이 좋아서 도둑질을 안 했다고 도둑질한 사람을 욕합니다. 그 사람이 도둑질한 사람의 형편 속에 그대로 들어가면 똑같이 할 수밖에 없습니다. 왜요? 생각이 똑같기 때문입니다. 그런데 형편이 다르다고 "나는 저 사람보다 나은 사람이야"라고 합니다. 사실은 똑같은 형편에 처했을 때 하루를 굶어서 도둑질하는 사람이 있고, 십 일을 굶어서 도둑질하는 사람이 있고, 한 달을 굶어서 도둑질하는 사람이 있다고 합시다. 하루를 굶고 도둑질하는 사람이나 한 달을 참다가 도둑질하는 사람이나 결국은 그 고통을 참지 못하면 도둑질하는 사람이 된다는 것입니다.

2 이런 일을 행하는 자에게 하나님의 심판이 진리대로 되는 줄 우리가 아노라

우리 생각이 옳다고 남을 욕하는 것은 나는 내 생각대로 살겠다는 뜻입니다. 하나님은 그 사람을 옳다고 하는 것이 아니라, 하나님의 심판이 진리대로 말씀대로 성경대로 되는 줄 우리가 아노라, 하셨습니다. 성경의 기록에 기준해서 성경을 인정했느냐 안 했느냐가 중요합니다. 인정했으면 성경대로 살았느냐 못 살았느냐에 따라서 심판이 이루어진다는 겁니다.

3 이런 일을 행하는 자를 판단하고도 같은 일을 행하는 사람아 네가 하나님의 심판을 피할 줄로 생각하느냐

하나님은 하나님이 없는 모든 인생이 똑같다고 이야기합니다. 선을 행하는 자나 악을 행하는 자나 똑같은 겁니다. 하나님의 선이라는 기준은 하나님이 선이고, 하나님이 아닌 것은 모든 것이 죄입니다.

4 혹 네가 하나님의 인자하심이 너를 인도하여 회개하게 하심을 알지 못하여 그의 인자하심과 용납하심과 길이 참으심이 풍성함을 멸시하느냐

무슨 말씀입니까? 하나님이 인자해서 모든 사람이 하나님에게 돌아오기를 바라고 참아준다는 겁니다. 한 가지 잘못을 했을 때 거기에 대한 심판을 하면 이 땅에 한 사람도 살아남을 사람이 없습니다. 그런데 하나님이 천 년 이천 년 몇 천 년 심판을 안 하고 참아주니까 인간들이 고마워하기는커녕 "하나님은 없어" 이런다는 겁니다. 하나님의 인자하심이 너를 인도하여 회개하게 하심을 알지 못하여 그의 인자하심과 용납하심과 길이 참으심이 풍성함을 멸시하느냐 심판을 안 하니까 하나님을 멸시하느냐 없다고 하느냐 그 뜻입니다.

5 다만 네 고집과 회개하지 아니한 마음을 따라 진노의 날 곧 하나님의 의로우신 심판이 나타나는 그 날에 임할 진노를 네게 쌓는도다

고집이 뭡니까? 자기 사랑, 자기의 생각이 옳다는 것이 고집 아닙니까? 자기에 대한 집착이지요. 이 고집이 회개하지 아니한 마음을 따라 진노의 날, 진노의 날이 언제입니까? 하나님이 전체를 심판하는 날, 그 날에 임할 진노를 네게 쌓는도다. 가만히 내버려두면 그 고집대로 사니까 이 죄목이 계속 쌓이는 겁니다. 하나님에게 돌아가는 것이 아니라 끝까지 자기를 주장합니다.

6 하나님께서 각 사람에게 그 행한 대로 보응하시되
7 참고 선을 행하여 영광과 존귀와 썩지 아니함을 구하는 자에게는 영생으로 하시고

참고 선을 행한다는 겁니다. 죄에 유혹을 받지 않고 참는 것입니다. 선을 행하는 게 뭡니까? 하나님을 따라 행한다는 거죠. 하나님은 무엇입니까? 사랑이잖아요. 사랑을 행하여 선을 행하여 영광과 존귀와 썩지 아니함을 구하는 자는 영생을 얻습니다. 썩지 않는 것은 능력이지요. 능력은 하나님밖에 없습니다.

8 오직 당을 지어 진리를 따르지 아니하고 불의를 따르는 자에게는 진노와 분노로 하시리라

당을 왜 짓습니까? 혼자가 약하기 때문에 당을 짓습니다. 여러 사람이 모이면 혼자 힘보다는 세지니까요. 그래서 당을 지어 진리를 따르지 아니하고 말씀을 따르지 않습니다. 말씀을 안 따르는 이유는 말씀보다 불의가 좋아서입니다. 그래서 불의를 따르는 자에게는 진노와 분노로 하시리라 이 사람들은 하나님에게 정면으로 도전하는 사람들입니다.

9 악을 행하는 각 사람의 영에는 환난과 곤고가 있으리니 먼저는 유대인에게요 그리고 헬라인에게며

악을 행하는 자, 악이 뭡니까? 하나님의 말씀이 선이고, 악은 육신을 섬기는 생각이 악입니다. 육신을 섬기는 자에게는 환난과 곤고가 기다립니다. 육신을 아무리 섬기면 뭐합니까? 말씀이 없는 육신은 아무 생명이 없습니다. 육신을 섬겨봐야 돌아오는 것은 아무것도 없습니다.

10 선을 행하는 각 사람에게는 영광과 존귀와 평강이 있으리니 먼저는 유대인에게 요 그리고 헬라인에게라

선을 행하는 자 하나님을 섬기는 사람이지요. 그 사람에게는 영광과 존귀와 평강이 있다고 하셨습니다. 왜? 하나님에게 능력이 있기 때문입니다.

11 이는 하나님께서 외모로 사람을 취하지 아니하심이라

하나님은 육체에 관심이 없어요. 성경 속에 있는 영에만 관심이 있습니다.

12 무릇 율법 없이 범죄한 자는 또한 율법 없이 망하고 무릇 율법이 있고 범죄한 자는 율법으로 말미암아 심판을 받으리라

범죄한 자, 내가 하나님을 믿으면서 죄를 짓는 것, 자기 생각을 따라하는 자도 망하고, 하나님의 믿지 않고 생각을 따라 하는 자도 망합니다. 둘 다 망한다는 거예요. 범죄는 왜 해요? 생각을 신뢰하기 때문에 생각을 행동으로 옮기는 것이 범죄입니다. 인간의 생각이 죄라는 거예요.

13 하나님 앞에서는 율법을 듣는 자가 의인이 아니요 오직 율법을 행하는 자라야

의롭다 하심을 얻으리니

하나님 앞에서 말씀을 계속 듣고 있는 것이 의인이 아니라고 합니다. 그러면 하나님의 율법을 행하는 자가 되어야 의로운 것입니다. 하나님의 율법을 듣고 있는 자는 믿지 않는다는 거예요. 듣고만 있고 행하지 않으면 소용이 없습니다. 행하는 자는 율법이 옳다고 느껴지기 때문에 그것에 따라 산다는 뜻입니다. 결국은 말씀을 받지 않는 상태에서 나는 의인이다, 나는 말씀을 듣고 오늘도 교회에 간다, 그래서 나는 의인이라고 하지만 그것은 의인이 아닌 것입니다. 내게는 하나님이 있다, 그리고 하나님의 뜻대로 산다, 이것이 의인입니다. 오직 행하는 자만이 의인인 것입니다.

14 (율법 없는 이방인이 본성으로 율법의 일을 행할 때에는 이 사람은 율법이 없어도 자기가 자기에게 율법이 되나니
15 이런 이들은 그 양심이 증거가 되어 그 생각들이 서로 혹은 고발하며 혹은 변명하여 그 마음에 새긴 율법의 행위를 나타내느니라)
16 곧 나의 복음에 이른 바와 같이 하나님이 예수 그리스도로 말미암아 사람들의 은밀한 것을 심판하시는 그 날이라

인간의 하나님을 믿지 않아도 공자님이 말씀하셨어요. 생각으로 선하게 살기를 원한다는 거예요. 고발하고 변명하여 그래서 우리

마음에 선하게 살고 싶은 마음은 있다, 이런 겁니다. 우리 마음이 사실은 말씀을 원하고 육신의 생각은 원하지 않는데, 이 육신이 연약하기 때문에 말씀이 아닌 육신을 보게 만들어서 죄에게 끌려가는 것입니다.

17 유대인이라 불리는 네가 율법을 의지하며 하나님을 자랑하며
18 율법의 교훈을 받아 하나님의 뜻을 알고 지극히 선한 것을 분간하며
19 맹인의 길을 인도하는 자요 어둠에 있는 자의 빛이요
20 율법에 있는 지식과 진리의 모본을 가진 자로서 어리석은 자의 교사요 어린 아이의 선생이라고 스스로 믿으니
21 그러면 다른 사람을 가르치는 네가 네 자신은 가르치지 아니하느냐 도둑질하지 말라 선포하는 네가 도둑질하느냐
22 간음하지 말라 말하는 네가 간음하느냐 우상을 가증히 여기는 네가 신전 물건을 도둑질하느냐
23 율법을 자랑하는 네가 율법을 범함으로 하나님을 욕되게 하느냐
24 기록된 바와 같이 하나님의 이름이 너희 때문에 이방인 중에서 모독을 받는도다

하나님의 종교인들에 대해서 쓴 것입니다. 종교인들은 사람들한테 하나님을 믿어라, 하나님의 지식이 올바르다, 하나님을 믿지 않으면 잘 살 수가 없고 천국에 갈 수가 없다, 이렇게 가르칩니다. 그런데 정작 자기는 가르치지 않습니다. 사람들에게 모든 것을 가르쳐주면서 자기는 하지 말라는 것을 그대로 합니다. 21, 22, 23절에 도둑질과 간음과 우상 숭배, 율법을 범함에 대해 말

씀하십니다.

우리가 하나님을 섬길 수는 있습니다. 하나님을 믿고 섬길 때 내 자신이 하나님을 인간의 생각으로 섬기게 되면 남에게 하나님 이야기를 잘 하고 자기는 하나님을 불신하는 위치에서 생활하게 됩니다. 하나님이 이방인, 즉 하나님을 믿지 않는 사람들에게 욕을 먹는 이유가 하나님을 믿는 사람 때문이라는 거예요. 자기를 돌아보지 않는다는 거예요. 하나님을 믿는 사람은 많은데 가짜라고 성경은 기록하고 있습니다.

25 네가 율법을 행하면 할례가 유익하나 만일 율법을 범하면 네 할례는 무할례가 되느니라

하나님이 할례를 받으라고 한 것은 하나님의 말씀에 관심을 가지라는 것입니다. 사람들은 내가 하나님에게 올바른 자가 되기 위해서 할례를 받는다고 합니다. 그런데 할례를 받고 율법을 범하면 할례 받은 게 아무 소용이 없지요. 율법을 왜 범해요. 틀렸다는 거지요. 율법은 지킬 필요가 없다, 이 법은 법이 아니다, 이것은 결국 하나님을 불신하는 겁니다.

26 그런즉 무할례자가 율법의 규례를 지키면 그 무할례를 할례와 같이 여길 것이 아니냐
27 또한 본래 무할례자가 율법을 온전히 지키면 율법 조문과 할례를 가지고 율법을

범하는 너를 정죄하지 아니하겠느냐

할례를 받지 않는 자가 율법을 온전히 지키면, 율법 조문과 할례를 가지고 율법을 범하는 너를 정죄하여 잘못 됐다고 하지 아니하겠느냐는 말입니다.

28 무릇 표면적 유대인이 유대인이 아니요 표면적 육신의 할례가 할례가 아니니라

표면적이란 게 무슨 뜻입니까? 내가 내 생각으로 하나님을 섬기는 것입니다. 하나님을 섬기는 하나님의 백성이 유대인인데 유대인이 아니라는 거예요. 생각으로 하는 그것은 하나님을 섬기는 게 아닙니다. 표면적 육신의 할례가 할례가 아니니라 내가 표피를 잘라냈다고 해서 그것이 하나님의 말씀을 지켰다는 뜻이 아니라는 거예요.

29 오직 이면적 유대인이 유대인이며 할례는 마음에 할지니 영에 있고 율법 조문에 있지 아니한 것이라 그 칭찬이 사람에게서가 아니요 다만 하나님에게서니라

유대인이 표면적 생각으로 하나님을 믿는 사람은 하나님을 믿는 게 아니라는 거예요. 이면적인 유대인이라는 거예요. 할례는 마음에 할지니 마음에 하는 할례가 뭡니까? 마음의 껍데기가 뭐예요? 인간의 생각이 하나님의 말씀을 못 듣게 만든다는 겁니다. 하나님 있으면 나한테 보여줘 봐, 이것은 하나님을 거부하는 인간의 생각입니다. 할례를 마음에 하라는 것은 인간의 생각을 벗겨내라는 거예요. 잘라내서 없애라는 거예요.

　인간의 생각을 없애야 하나님의 말씀을 들을 수 있다는 겁니다. 인간의 생각, 마음에 할례, 인간의 생각이 마음에 들어 있으면 하나님의 말씀을 거부하게 되어 있습니다. 할례는 마음에 할지니 영에 있고 율법 조문에 있지 아니한 것이라 영에 있고 율법 조문에 있지 아니하다, 이게 뭡니까? 사람이 옳다고 하는 곳에 있지 아니하다는 겁니다. 율법 조문은 인간의 생각을 이야기하고 있어요. 영은 하나님의 말씀, 하나님을 이야기합니다.

　그 칭찬이 사람에게서가 아니요 다만 하나님에게서니라 우리끼리 사람이 옳다, 너 하나님 믿으면 옳다, 이렇게 말하는 게 아니라는 겁니다. 하나님이 너의 믿음이 옳다고 해야 합니다. 칭찬이 하나님에게만 있습니다. 칭찬이 하나님에게 있는 사람은 특징이 있어요. 하나님의 칭찬을 받는 사람은 성경을 옳다고 하는 사람입니다.

　성경이 하나님이니까 인간의 생각이 많이 나오는 것은 인간의 생각에게 칭찬을 받는 것이지요. 설교를 해서 교회를 부흥시키려고 하면, 인간의 생각에 맞는 소리를 어떻게든 만들어 내야 합니다. 인간이 듣기 좋아하는 소리를 들으면 부흥되지요. 사람들이 많이 모입니다. 인간의 생각에 맞는 소리를 하면 사람들이 많이 모일 수밖에 없지요.

17. 마음의 기적 할례

그런데 칭찬이 하나님에게서니라 하면 여기는 사람이 안 옵니다. 하나님의 소리는 인간의 소리와 원수지간입니다. 인간의 생각과 하나님의 생각은 원수라는 겁니다. 그래서 둘 중에 하나를 선택해야 하는데 사람을 위해서 설교를 하는 자가 있고, 하나님을 위해서 설교를 하는 자가 있어요. 하나님을 위해서 하나님의 말씀을 전하면 사람들한테 돌로 맞아 죽어요. 그리고 사람을 위해서 설교를 잘 하면 그 교회는 사람으로 넘쳐납니다.

• 로마서 8장
7 육신의 생각은 하나님과 원수가 되나니 이는 하나님의 법에 굴복하지 아니할 뿐 아니라 할 수도 없음이라
8 육신에 있는 자들은 하나님을 기쁘시게 할 수 없느니라

육신의 생각은 하나님과 원수가 됩니다. 그래서 인간의 생각을 가지고 있는 사람이 하나님의 말씀을 들으면 분이 일어난다는 거예요. 분이 일어나고 듣기가 싫고 무슨 말인지 이해가 가지 않습니다. 다시는 듣고 싶지 않은 소리가 하나님의 소리입니다. 원수의 소리니까요. 그래서 우리가 하나님의 말씀을 들으려고 하면 우리의 모든 것을 버리고 와서 들어야 아니면 계속 싸움만 일어납니다.

18

생각의 세계

생각의 세계

• **요한복음 14장**
6 예수께서 이르시되 내가 곧 길이요 진리요 생명이니 나로 말미암지 않고는 아버지께로 올 자가 없느니라

　예수님이 말씀하셨습니다. 내가 곧 길이요 진리요 생명이니 예수님이 내가 곧 길이다, 내 말을 듣는 것이 너희가 갈 길이라고 하셨습니다. 내 말대로 살라는 겁니다. 내 말이 아닌 것은 잘못된 길이고, 예수님 말씀이 진리요, 참이라는 거죠. 예수님이 내가 참이다, 진리다, 라고 이야기한다면 내가 아닌 모든 것은 거짓이라는 말입니다.
　예수님이 아닌 모든 것은 거짓이다, 그러면 우리가 하나님을 믿는 것이 거짓이라는 겁니다. 예수님이 내가 진리다, 내가 참이

다, 라고 하신 겁니다. 하나님을 믿는 사람은 참이냐 거짓이냐 하는 말씀입니다. 이 말씀을 자세히 마음으로 보면 내가 진리다, 라는 것은 내가 아닌 것은 거짓이라는 말입니다. 사람들이 하나님을 많이 믿어요. 하나님을 믿는데 예수님이 하나님을 믿는 것은 거짓이라는 겁니다. 그리고 내가 생명이라고 했거든요. 뒤에 이어서 말씀하셨습니다. 나로 말미암지 않고는 아버지께로 올 자가 없느니라.

7 너희가 나를 알았더라면 내 아버지도 알았으리로다 이제부터는 너희가 그를 알았고 또 보았느니라

　예수님이 뭐라고 말씀하셨습니까? 이제부터는 너희가 그를 알았고 누구를? 아버지를 알았습니다. 또 보았느니라 예수님을 통해 하나님을 보았다는 겁니다. 마태복음에 임마누엘 하나님이 우리와 함께 계시다 그는 하나님의 본체이시나 동등됨을 취하지 아니하고, 라고 나와 있습니다. 7절의 말씀은 예수님이 즉, 하나님이 제자들 눈앞에 나타났습니다. 제자들이 본 것은 예수님인데 아버지 하나님이라는 겁니다.
　예수님이 내가 곧 길이요 진리요 생명이니 내가 하나님이라는 거죠. 예수님은 자기를 하나님이라고 하셨고, 내가 아닌 모든 것은 거짓이라고 하셨습니다. 자기가 생명이라는 겁니다. 예수님이 참이고, 예수님이 생명이고, 예수님이 길이고, 그리고 예수님이 하나님입니다. 예수님은 성경의 말씀입니다. 예수님이 아닌 모든 것이 무엇이냐? 우상이라는 겁니다. 우상에 대해서 한번 찾아보겠습니다.

• **고린도전서 8장**

1 우상의 제물에 대하여는 우리가 다 지식이 있는 줄을 아나 지식은 교만하게 하며 사랑은 덕을 세우나니
2 만일 누구든지 무엇을 아는 줄로 생각하면 아직도 마땅히 알 것을 알지 못하는 것이요
3 또 누구든지 하나님을 사랑하면 그 사람은 하나님도 알아 주시느니라

　우상의 제물이 뭡니까? 우상의 지식입니다. 제물이 뭐냐 하면 지식이라는 겁니다. 하나님의 말씀이 아닌 지식, 그게 우상의 제물입니다. 인간의 생각을 말하고 있어요. 그 지식은 교만하게 하는 지식입니다. 교만은 뭡니까? 높인다는 겁니다. 왜 높여요? 하나님을 만나지 못하게 하기 위해서 높입니다. 사랑은 또 덕을 세운다고 하셨습니다.

　사랑은 무엇입니까? 하나님의 지식이지요. 우상의 제물은 육체를 섬기는 생각, 인간의 생각이 우상의 지식이고요. 사랑은 하나님의 지식, 말씀의 지식이지요. **만일 누구든지 무엇을 아는 줄로 생각하면 아직도 마땅히 알 것을 알지 못하는 것이요** 이 말씀이 묘한 말씀입니다. 나는 하나님을 알고 있다고 생각하지만 사실은 모른다는 겁니다. 안다는 것은 무엇입니까? 믿는다는 것입니다. 믿는다는 것은 무엇입니까? 지식이 있다는 거죠.

무엇을 안다고 생각하면 내가 알고 있기 때문에 남의 소리를 들을 수가 없습니다. 이게 우상의 지식입니다. 내가 무엇을 알고 있다면 그 다음에 남의 소리를 들을 수 없어요. 우리가 스스로 모른다고 생각할 때 남의 소리를 듣습니다. 우리 속에 소망이 없을 때 남의 소리를 듣는다는 거죠. 그리스도인은 아무것도 모르는 자의 위치에 있어야 하는 겁니다. 왜요? 하나님의 소리를 듣기 위해서지요.

아는 자의 위치에 있는 것은 우상의 제물, 우상의 지식을 가지고 있기 때문입니다. 무엇을 아는 것처럼 나타내는데 자기가 주장하는 것도 알지 못합니다. 그래서 아는 줄 생각하지만 마땅히 알아야 할 것은 알지 못합니다. 하나님을 알게 되면 우리가 알고 있는 모든 것이 잘못되었다는 것을 알게 되기 때문에 우리가 마땅히 아는 줄로 생각할 수 없습니다. 그래서 늘 하나님의 뜻을 살피게 됩니다. 3절에서 하나님을 사랑한다고 한 건 무슨 뜻입니까? 하나님에게 맞춘다는 거지요. 하나님의 뜻을 살핀다는 겁니다. 하나님의 것으로 산다는 겁니다. 그러면 하나님도 우리의 마음을 알아주십니다.

**4 그러므로 우상의 제물을 먹는 일에 대하여는 우리가 우상은 세상에 아무 것도 아니며 또한 하나님은 한 분밖에 없는 줄 아노라
5 비록 하늘에나 땅에나 신이라 불리는 자가 있어 많은 신과 많은 주가 있으나**

세상에서는 많은 신이 있습니다. 많은 신은 누가 만들었어요? 하나님이 많은 신을 만드신 게 아니고, 인간의 생각이 많은 신을 만들었습니다. 세상에 종교가 한 500가지가 있는데요. 이 500가지 종교를 만든 것이 인간의 생각입니다. 성경에서는 신이 하나님 한 분밖에 없습니다. 나머지는 다 인간의 생각이 만들었어요. 인간의 생각을 옳다고 하기 위해서, 인간의 생각이 하나님의 생각을 거부하게 하기 위해서 종교를 만들었습니다.

6 그러나 우리에게는 한 하나님 곧 아버지가 계시니 만물이 그에게서 났고 우리도 그를 위하여 있고 또한 한 주 예수 그리스도께서 계시니 만물이 그로 말미암고 우리도 그로 말미암아 있느니라

하나님이 만물을 내었는데 다른 신은 없었습니다. 만물을 만들 때 하나님 한 분밖에 없었습니다. 그런데 인간의 생각이 많은 신과 많은 주를 만들어서 그것을 섬깁니다. 이유는 하나님을 못 만나게 하기 위해서입니다.

7 그러나 이 지식은 모든 사람에게 있는 것은 아니므로 어떤 이들은 지금까지 우상

에 대한 습관이 있어 우상의 제물로 알고 먹는 고로 그들의 양심이 약하여지고 더러워지느니라

이 지식이 무슨 지식입니까? 하나님의 지식, 말씀입니다. 이 지식은 모든 사람들에게 있는 것이 아닙니다. 우상의 제물은 모든 사람에게 있어요. 하나님의 지식은 모든 사람에게 있는 것이 아니라고 성경이 이야기했습니다. 우리에게는 우상에 대한 습관이 있습니다. 인간의 생각으로 "나는 하나님을 믿어" 하면서 하나님을 믿는다는 착각 속에 있습니다. 그래서 내가 하나님께 헌금을 내면 내가 돈을 좋아하기 때문에 하나님을 엄청 섬긴 걸로 착각합니다. 내가 봉사를 하면 그게 선인줄 알고 내가 하나님을 위해서 하는 모든 일들이 선이라고 이야기합니다. 그것은 하나님에 대한 멸시입니다.

8 음식은 우리를 하나님 앞에 내세우지 못하나니 우리가 먹지 않는다고 해서 더 못 사는 것도 아니고 먹는다고 해서 더 잘사는 것도 아니니라

음식이 뭡니까? 육신을 위하는 것입니다. 육신을 위하는 생각을 많이 받는다고 해서 우리가 더 잘살고, 그것을 받지 않는다고 해서 우리가 못사는 게 아닙니다. 그러면 무엇이어야 합니까? 하나님에게 달려 있다는 겁니다.

9 그런즉 너희의 자유가 믿음이 약한 자들에게 걸려 넘어지게 하는 것이 되지 않도록 조심하라
10 지식 있는 네가 우상의 집에 앉아 먹는 것을 누구든지 보면 그 믿음이 약한 자들의 양심이 담력을 얻어 우상의 제물을 먹게 되지 않겠느냐
11 그러면 네 지식으로 그 믿음이 약한 자가 멸망하나니 그는 그리스도께서 위하여 죽으신 형제라

무슨 말씀인가 하면, 하나님을 만난 사람은 더 이상 육신의 생각과 육신의 행위에 얽매이지 않습니다. 하나님의 지식을 받은 자들은 자유자입니다. 무엇을 열심히 해서 하나님에게 복을 받는 게 아닙니다. 하나님만 바라보면 모든 것에 자유가 옵니다. 하나님이 있는 것은 선이고 하나님이 없는 것은 악이기 때문에 어떤 일을 한다 할지라도 그것이 악이 될 수 없습니다.

하나님의 지식이 있는 자가 하는 그런 행동을 사람들이 보고 "저 하나님 말씀 받은 사람도 저렇게 사는데 나도 저렇게 살아도 되겠네." 하면서 우상의 욕심을 채우려고 합니다. 그러면 그것으로 인해서 하나님에게 돌아갈 수 없기 때문에 그 사람이 멸망하게 됩니다.

그는 그리스도께서 위하여 죽으신 형제라 모든 사람들이 예수님의 표적을 보고 하나님에게 돌아오게 하기 위해서 십자가의 표적이 이루어졌는데요. 지식 받은 자의 모습 속에서 우리가 율법을 어겨도 되는 것처럼 살게 된다면, 다른 사람들은 하나님의 지식을 받지 않

고 그렇게 살아버린다는 거죠. 그게 옳은 줄 알고요. 그래서 그렇게 하면 잘못됐다는 겁니다.

12 이같이 너희가 형제에게 죄를 지어 그 약한 양심을 상하게 하는 것이 곧 그리스도에게 죄를 짓는 것이니라
13 그러므로 만일 음식이 내 형제를 실족하게 한다면 나는 영원히 고기를 먹지 아니하여 내 형제를 실족하지 않게 하리라

우리 그리스도인들은 어떤 죄의 법에 묶여 있지 않은 자유자지만 이 죄의 법에 묶여 있는 사람이 흉내를 낼까봐 우리도 자유롭게 살아서는 안 된다고 말씀하고 계신 겁니다.

• **고린도전서 9장**
16 내가 복음을 전할지라도 자랑할 것이 없음은 내가 부득불 할 일임이라 만일 복음을 전하지 아니하면 내게 화가 있을 것이로다

사도바울이 복음을 전해도 자랑할 것이 없다고 합니다. 자신이 꼭 해야 할 일이라고 합니다. 이것밖에 할 것이 없다는 겁니다. 복음을 전하는 것 이외에는 옳은 게 없다는 말입니다. 복음을 전하지 않으면 화가 있으니까요. 하나님의 말씀을 전하고 있을 때는 하나님의 말씀을 보고 있는 중입니다. 하나님의 말씀을 전하지 않게 되면 마귀의 지식이 우리를 끌고 갑니다. 그래서 복음을

전할지라도 자랑할 것이 없고 또 복음을 전하지 않으면 복음이 아닌 다른 지식에 끌려가기 때문에 내가 복음을 전하지 않으면 화가 있는 겁니다. 화가 뭡니까? 인간의 육신을 섬기게 하는 지식이 화입니다.

27 내가 내 몸을 쳐 복종하게 함은 내가 남에게 전파한 후에 자신이 도리어 버림을 당할까 두려워함이로다

몸을 쳐서 복종하게 한다고 하셨습니다. 몸을 쳐서 복종하게 한다는 것은 몸을 위하지 않는다는 뜻이지요. 몸에 관계된 것은 듣지 않는다는 겁니다. 내가 말씀을 전하고 나중에 내 육신의 소리를 들어주면 버림을 당하게 될까 두려워합니다. 솔로몬 왕이 어릴 때 왕이 되어 하나님께 나아갔습니다.
 "이 많은 백성들을 심판할 수 없으니 지혜를 주십시오. 하나님의 지혜를 주십시오."
 내 지혜로는 이 백성을 다스릴 수 없습니다. 이 말은 내 지혜는 틀렸습니다, 내게는 능력이 없으니까 하나님 당신이 해주십시오, 라는 뜻입니다. 수많은 일들이 하나님의 능력으로 솔로몬을 통해 이루어졌습니다. 사방으로 솔로몬의 이름이 퍼지게 된 것은 하나님이 지혜를 주셨기 때문입니다.
 하나님이 솔로몬에게 이방여인을 사귀지 말라고 했습니다. 솔로몬이 나중에 지혜를 자기의 능력으로 착각하고 이방여인과 결혼을 해서 하나님을 떠났습니다. 화려한 솔로몬의 생애가 자신이 약할 때는 하나님의 지혜를 원했지만 자기가 강해지니까 하나님의 말씀을 거부했습니다. 솔로몬의 아버지는 나단 선지자를 통해서 자기 모습의 비춤을 받고 "내가 죄악으로 출생하였음이요, 내 모친이 죄 중에 잉태하고" 자기에게 악밖에 없다는 것을 알고 하나님과 죽을 때까지 함께 할 수밖에 없다고 생각했습니다. 사도 바울이 우상의 제물에 대해서 말했습니다.

• **고린도전서 10장**
19 그런즉 내가 무엇을 말하느냐 우상의 제물은 무엇이며 우상은 무엇이냐
20 무릇 이방인이 제사하는 것은 귀신에게 하는 것이요 하나님께 제사하는 것이 아니니 나는 너희가 귀신과 교제하는 자가 되기를 원하지 아니하노라

이방인이 제사하는 것은 귀신에게 하는 것이요 하나님의 말씀이 아닌 것은 귀신의 것이라는 말입니다. 인간의 생각으로 "내가 열심히 하면 하나님께서 천국 보내주겠지." 하는 것은 하나님을 향한 것이 아니고 귀신을 향한 것입니다. 그래서 인간의 생각이 귀신이라고 말하는 겁니다. 뱀으로부터 받은 육신을 보게 만드는 이 지식이 귀신의 지식입니다.

　귀신은 뭡니까? 저주받은 천사들의 영이 귀신의 영입니다. 인간이 볼 수 있는 한계는 육신을 섬기는 지식 이외에는 없습니다.

귀신밖에 없다는 겁니다. 사람의 마음에는 귀신의 영, 불순종의 영, 육신을 보게 하는 영, 이것밖에 없습니다. 우리 인간의 마음 속에 있는 것은 육신을 보게 만들고 육신 이상을 생각하기 싫어합니다. 하나님의 말씀이 들려도 육신에 관계된 것이 아니라고 거부해버립니다. 우상이 뭐냐? 하나님의 말씀이 아닌 모든 것이 우상이고, 하나님의 말씀이 아닌 모든 것이 귀신입니다.

20 무릇 이방인이 제사하는 것은 귀신에게 하는 것이요 하나님께 제사하는 것이 아니니 나는 너희가 귀신과 교제하는 자가 되기를 원하지 아니하노라
21 너희가 주의 잔과 귀신의 잔을 겸하여 마시지 못하고 주의 식탁과 귀신의 식탁에 겸하여 참여하지 못하리라

무슨 말씀입니까? 하나님의 말씀과 인간의 생각을 섞을 수가 없다는 겁니다. 하나님의 말씀과 인간의 생각은 같이 갈 수가 없습니다. 그래서 주의 잔과 귀신의 잔을 겸하여 마시지 못하고 인간의 생각을 따라 살고 말씀도 따라 살고 이렇게 같이 할 수는 없습니다. 주의 식탁과 귀신의 식탁에 겸하여 참여하지 못하리라 하나님 말씀을 사람의 생각과 섞어서 따를 수가 없다는 말씀입니다.

22 그러면 우리가 주를 노여워하시게 하겠느냐 우리가 주보다 강한 자냐

귀신의 잔을 받아 마신다는 것은 하나님에게 노여움을 사는 행

동입니다. 하나님을 거부하고 멸시하는 겁니다. 그래서 주를 노여워하게 할 거냐고, 우리가 그렇게 강한 존재냐고 묻습니다. 하나님의 말씀을 들으라는 것이지요. 33절을 읽어봅시다.

33 나와 같이 모든 일에 모든 사람을 기쁘게 하여 자신의 유익을 구하지 아니하고 많은 사람의 유익을 구하여 그들로 구원을 받게 하라

   우리가 하나님의 세계에 들어가려고 할 때 하나님의 세계를 거부하는 이유가 있어요. 인간의 생각에 유익을 구하기 때문에 하나님을 거부하게 되는 겁니다. 인간의 생각은 육체의 유익을 구합니다. 하나님의 유익은 지식의 상태, 생각의 세계, 지식의 세계를 이야기하니까 육체에 사실상 도움이 안 되는 것처럼 들립니다.
   하나님의 지식은 자신의 유익을 구하지 아니하고 그러면 남의 유익을 구하게 되는 것이지요. 그들로 구원을 받게 하라 사람들이 하나님을 찾게 하라고 하십니다. 자기를 위해서 살면 하나님을 거부하게 하는 것이고, 남을 위해서 살면 그 사람들을 다 하나님에게로 인도하게 되는 겁니다.

• 디모데후서 4장
2 너는 말씀을 전파하라 때를 얻든지 못 얻든지 항상 힘쓰라 범사에 오래 참음과 가르침으로 경책하며 경계하며 권하라

하나님이 우리에게 내리신 사명이 있습니다. 그것이 뭐냐면 **말씀을 전파하라는 것입니다. 때를 얻든지 못 얻든지 항상 힘쓰라고** 하셨습니다. 항상 말씀과 함께 살아가라는 겁니다. 우리가 말씀으로 사는 게 생각처럼 이루어지지 않는다 하더라도 말씀 안에서 참으라고 하셨습니다. **오래 참음과 가르침으로 경책하며 경계하며 권하라**

3 때가 이르리니 사람이 바른 교훈을 받지 아니하며 귀가 가려워서 자기의 사욕을 따를 스승을 많이 두고

바른 교훈은 뭡니까? 하나님의 말씀이지요. 말씀을 듣지 아니하면 **귀가 가려워서 자기의 사욕을 따를 스승을 많이** 둔다고 했습니다. 돈을 벌어야 된다, 출세해야 된다, 좋은 차를 사고 싶다, 집을 사야 된다, 육신에 좋은 것을 먹어야 된다, 육신이 편해야 된다, 온통 내 몸에 대한 욕심을 따를 스승, 생각이 많이 들어옵니다. 육신을 위한 생각이 없어질 수 있는 과정이 하나님의 말씀밖에는 없습니다. 사욕을 따를 스승을 두고 싶지 않다고 해서 안 두는 것이 아니라 말씀이 떠난 그 자리에 악이 그 사람을 잡고 가는 것입니다.

4 또 그 귀를 진리에서 돌이켜 허탄한 이야기를 따르리라

말씀에서 돌아서게 하는 것은 말씀이 아닌 지식이 우리를 말씀에서 돌아서게 하여 허탄한 이야기를 따르게 합니다. 아무것도 없는 세계로 데려가는 게 인간의 생각입니다.

5 그러나 너는 모든 일에 신중하여 고난을 받으며 전도자의 일을 하며 네 직무를 다하라

고난을 받을 수도 있습니다. 자기라는 세계를 위한 세계가 아니기 때문에 고난이 생길 수도 있습니다. 영적 고난이겠죠. 그래도 전도자의 역할을 다하며 하나님의 말씀을 따라 살아가라는 말씀입니다.

6 전제와 같이 내가 벌써 부어지고 나의 떠날 시각이 가까웠도다
7 나는 선한 싸움을 싸우고 나의 달려갈 길을 마치고 믿음을 지켰으니
8 이제 후로는 나를 위하여 의의 면류관이 예비되었으므로 주 곧 의로우신 재판장이 그 날에 내게 주실 것이며 내게만 아니라 주의 나타나심을 사모하는 모든 자에게도니라

선한 싸움이 무슨 싸움입니까? 하나님의 아들이 나타난 것은 마귀의 일을 멸하기 위함입니다. 하나님의 일은 인간의 생각을 없애는 일입니다. 하나님이 아들이신 예수님을 보내서 하시고자 한 일은 하나님의 지식으로 인간의 지식을 포기시키는 것입니다. 잃어버린 창세기, 뱀으로 인해서 잃어버린 우리 마음에 말씀을 부활시키는 것이 하나님의 뜻입니다. 성경이 선한 싸움, 선을 넣기 위한 싸움이라는 거지요.

　선한 싸움을 싸우고 나의 달려갈 길을 마치고 믿음을 지켰으니 이 믿음이 말씀입니다. 말씀을 지켰다, 하나님과 함께 했다는 뜻입니다. 8절 말씀처럼 우리가 마지막까지 말씀을 전하는 것으로 이 세상의 것들이 아닌 하늘의 것들을 전하고 다녀야 합니다. 우리가 생명을 얻을 수 있는 길이 그 길이라고 성경은 말씀하고 계십니다.